BIBLIOTECA DE
ARBITRAJE

Eugenio Dalmotto
(Director)

Carlos Antonio Agurto Gonzáles
Sonia Lidia Quequejana Mamani
María-Pía Guadalupe Díaz Díaz
Benigno Choque Cuenca
(Coordinadores Generales)

TITO CARNACINI
Ex Rector y Profesor Ordinario de la Universidad de Bolonia
(Italia)

ARBITRAJE

Presentación
Eugenio Dalmotto
Profesor Asociado
Universidad de Turín
(Italia)

Edición al cuidado de
Carlos Antonio Agurto Gonzáles
Sonia Lidia Quequejana Mamani
María-Pía Guadalupe Díaz Díaz
Benigno Choque Cuenca

Ediciones Olejnik

Título: Arbitraje

Traducción de Santiago Sentís Melendo.

Edición: 2021.

Ediciones Olejnik
Huérfanos 611, Santiago-Chile
E-mail: contacto@edicionesolejnik.com
Web site: http://www.edicionesolejnik.com

ISBN: 978-956-392-209-7

Diseño de carátula: Ena Zuñiga

Diagramación: Hayden Méndez. hayden.mendezq@gmail.com

Impreso en Argentina 2021 Printed in Argentina

Presentación

Tito Carnacini y la voz «*Arbitrato rituale*» del *Novissimo digesto italiano*[*]

Eugenio Dalmotto
Profesor Asociado
Universidad de Turín

1.- La vida y las obras de Carnacini

Nacido en Bolonia el 29 de junio de 1909, Carnacini, uno de los mayores juristas italianos de la mitad del siglo pasado, se graduó en Derecho en la universidad de su ciudad en 1930. Desde 1934 enseñó derecho procesal civil primero en la Universidad de Urbino, posteriormente en Ferrara y en la de

[*] Este ensayo constituye la presentación, antes que la traducción en español, al libro *Arbitraje*, edición al cuidado de Carlos Antonio Agurto Gonzáles, Sonia Lidia Quequejana Mamani y Benigno Choque Cuenca, con un prólogo de Lucero Celeste Ramírez Izaguirre, por Ediciones Olejnik de Santiago de Chile. El libro que se presenta es la reedición de la versión traducida en idioma español por Santiago Sentís Melendo (publicada en 1961, también con el título *Arbitraje*, por Ediciones Jurídicas Europa-América de Buenos Aires) de la voz «*Arbitrato rituale*» de Tito Carnacini, publicada en el *Novissimo digesto italiano*, volumen. I, parte 1, Turín, Utet, 1958, pp. 874-923. La renovada publicación de la voz enciclopédica de Carnacini inaugura, bajo mi dirección y la coordinación de Carlos Antonio Agurto Gonzáles, Sonia Lidia Quequejana Mamani, María-Pía Guadalupe Díaz Díaz y Benigno Choque Cuenca, la colección Biblioteca de Arbitraje de Ediciones Olejnik (http://www.edicionesolejnik.com).

Traducción al idioma español de Carlos Antonio Agurto Gonzáles y Sonia Lidia Quequejana Mamani.

Módena. Coherentemente con sus ideales liberales, después del armisticio del 8 de septiembre de 1943, participó en la resistencia contra las tropas alemanas y a los colaboracionistas, poniendo a disposición del local del Comité de Liberación Nacional su competencia jurídica para la redacción de decretos y documentos.

En 1949 fue convocado a la milenaria *Alma Mater Studiorum*.

Ingresó en el ateneo de Bolonia como profesor de derecho del trabajo, con la necesidad de asegurarse la didáctica en la materia. Posteriormente, cuando la cátedra estuvo vacante por la jubilación del profesor titular, retornó al derecho procesal civil, sucediendo a Enrico Redenti, del cual había sido discípulo, a quien dedicó un afectuoso texto como escrito conmemorativo[1]. Desarrolló las funciones de decano de la Facultad de Derecho y en el periodo de 1968 a 1976, denso de profundas transformaciones en el plano de la afirmación de nuevos derechos y de cambios de costumbre, ejerció el cargo de rector de la Universidad de Bolonia. Entre 1972 a 1976 coordinó la Conferencia de los rectores de las universidades italianas. Participó en la Asociación internacional de derecho procesal, del cual fue nombrado secretario. Desde 1963 dirigió la prestigiosa *Rivista trimestrale di diritto e procedura civile*, fundada en 1947, por Antonio Cicu y Enrico Redenti. Por veinte años, hasta su muerte, acaecida en 1983, fue además el indiscutido presidente de la *Associazione italiana fra gli studiosi del processo civile*.

Se ocupó inicialmente sobre la ejecución forzada, sobre la que publicó algunos ensayos y su primera monografía, de 1936, que se tituló *Contributo alla teoria del pignoramento*[2], mereciendo el elogio de Francesco Carnelutti[3]. Un año después, cambiando incluso de materia de estudio, mantuvó la perspectiva comparada aplicada ya en su libro anterior, publicó, en cambio, su segunda monografía, dedicada a *Il litisconsorzio nelle fasi di gravame*[4], que expresaba el declarado intento de proporcionar una aproximación concreta en vista de la reforma del código de procedimiento civil de 1865, cuyas propuestas fueron recibidas por el legislador.

En 1940 durante el servicio como oficial de marina, fue trasladado al Ministerio de Justicia y nombrado entre los miembros del comité ministerial que dispuso el texto definitivo del nuevo código sobre el proceso civil, que entró en vigor en 1942. Brindó su contribución, en primer lugar, al tercer

1 Cfr. CARNACINI, *La vita e le opere di Enrico Redenti*, en: *Rivista trimestrale di diritto e procedura civile*, 1964, pp. 1-27. Significativamente uno de los últimos trabajos de Carnacini fue la publicación en 1980 del primer volumen de la tercera edición, actualizada y reelaborada junto a Mario Vellani, del manual de su maestro (*Diritto processuale civile*, Giuffrè, Milán, cuya segunda edición, publicada en tres volúmenes, entre 1952 a 1953, que fue traducida también en español por Santiago Sentís Melendo y Marino Ayerra Redís, Buenos Aires, Ediciones Jurídicas Europa-America, 1957).

2 Cedam, Padua, 1936, pp. VIII-320.

3 Cfr. CARNELUTTI, *Recensione* a CARNACINI, *Contributo alla teoria del pignoramento*, en: *Rivista di diritto processuale*, 1936, p. 73.

4 Cedam, Padua, 1937, pp. VI-221. Sobre la obra, para una valoración también positiva, cfr. CARNELUTTI, *Recensione* a CARNACINI, *Il litisconsorzio nelle fasi di gravame*, en: *Rivista di diritto processuale*, 1937, p. 371.

libro, dedicado a la ejecución forzada, sobre el cual, al mismo tiempo, publicó la edición provisoria de su tercera monografía, *Espropriazione individuale e pluralità di creditori*[5], específicamente concentrada en los aspectos históricos[6]. En ese periodo colaboró, además, en la redacción del sexto libro, sobre la tutela de los derechos, del código civil y en la redacción de la exposición de motivos al Rey.

Después de la segunda guerra mundial, sostuvo la conservación del código de procedimiento civil de 1940, que en nombre de una fácil y demagógica «desfascistización», más que por reales exigencias, se habría querido radicalmente modificarlo o incluso abrogarlo para retornar al anacrónico código de 1865.

En particular, Carnacini se introdujo en la corriente de pensamiento, expresada casi unanimemente de la cultura jurídica de ese tiempo, que reinvindicaba a la doctrina en razón de haber contribuido a la promulgación de códigos sustancialmente neutros respecto a las contingencias políticas. En dicho contexto, la posición de Carnacini fue la de defender, no solo en sede académica sino también frente del auditorio menos dispuesto de los abogados, la opinión según el cual no era necesario abolir *tout court* la legislación procesal introducida durante la dictadura fascista. Según Carnacini, en efecto, habría sido suficiente eliminar las referencias al ordenamiento corporativo, aportando las revisiones que se demostraron oportunas en base a los «datos proporcionados por la aplicación que se ha efectuado»[7]. La opinión reformadora, en realidad demoledora, prevaleció, incluso con las modificaciones que introdujo la ley n. 581 del 14 de julio de 1950, no obstante el código de procedimiento civil de 1940 fue mantenido.

La atención de Carnacini por la producción legislativa no fue menor, traduciéndose en frecuentes comentarios, intervenciones y propuestas[8]. El derecho procesal civil continúo a ser el objeto de posteriores publicaciones científicas, entre las cuales se distinguió, respecto a las dedicadas a materias mayormente específicas, el ensayo *Tutela giurisdizionale e tecnica del processo* de 1951[9].

---

5 Tipografia Luigi Parma, Bolonia, 1941, pp. 1-111.

6 La culminación de la obra, nunca publicada en edición definitiva, fue publicada en la voz póstuma «Intervento dei creditori nell'esecuzione forzata», en: *Enciclopedia giuridica*, vol. XVII, Treccani, Roma, 1989.

7 Cfr. CARNACINI, *Relazione sulla riforma del codice di procedura civile*, en: ALPA, BORSACCHI y RUSSO (edición al cuidado de), *Atti del primo Congresso nazionale giuridico forense del secondo dopoguerra (settembre-novembre 1947)*, Il Mulino, Bolonia, 2008, p. 61 y ss., part. p. 82 y ss.

8 Cfr. el panorama ofrecido por VELLANI, *Tito Carnacini processualista*, en: *Rivista trimestrale di diritto e procedura civile*, 1984, p. 638 y ss. Por último, Carnacini participó en los trabajos de la Comisión Liebman como presidente de la subcomisión concerniente a la ejecución forzada y a los procesos especiales.

9 En: *Studi in onore di Enrico Redenti*, vol. II, Milán, 1951, p. 693 y ss., también en traducción española en: *Revista de la Facultad de Derecho de México*, 1953, p. 97 y ss.

Carnacini se interesó también del derecho del trabajo, enseñando por algunos años esta materia, y no desdeño la actividad de abogado, iniciada muy joven en el estudio jurídico, que era entonces uno de los más afamados en Italia, de su maestro Redenti[10]. Esto le permitió mantener siempre el contacto con el derecho viviente, sobre el cual ejercitó una fuerte influencia, para no caer, como a veces sucede con los estudiosos puros del Derecho, en una esteril abstracción. Como escribió en *Il tempo pieno e i docenti di discipline giuridiche*[11], de hecho, no es ningún misterio que existen disciplinas, incluidas las que él prefería, «con un contenido esencialmente práctico y concreto, que por su característica no pueden ignorar la realidad en su continuo devenir».

2.- LOS ESCRITOS SOBRE EL ARBITRAJE

Lo que nos importa en esta sede son las contribuciones realizadas por Carnacini en la materia de arbitraje.

Quizás en desacuerdo con su alma liberal, en la que la convicción de la irreprimibilidad de las formas de resolución de conflictos en las que la autonomía de las partes encomienda la decisión a un sujeto privado debe haber sido fuerte, estuvo constantemente en el corazón el estudio del instituto arbitral.

El interés de Carnacini por el arbitraje se manifestó desde que estaba trabajando en sus dos primeras monografías.

De hecho, en 1937, bajo el código de procedimiento civil de 1865, coordinó para la segunda edición del Digesto italiano, es decir para el Nuevo Digesto Italiano, la voz «Árbitros»[12], escrito junto a Mario Vasetti (graduado también en la Universidad de Bolonia y que posteriormente se dedicó a la magistratura). Esta comprendía, además que el arbitraje ritual, también el irrituale, así como otros tipos de arbitraje, como el arbitraje extranjero, vinculado a las exigencias del comercio internacional, y el necesario, que no deriva de la voluntad de las partes que se vincula a una larga tradición, es actualmente prohibido por los artículos 24 y 102 de la Constitución, de los cuales se deriva la regla según la cual el derecho de obtener tutela del juez estatal puede ser derogado, recurriendo a los árbitros, solo por libre elección.

Tampoco se pasaron por alto figuras similares al arbitraje, pero «bien diferenciadas y diversas»[13], como «el instituto de lo arbitral y la discutida figura de los árbitros, que en realidad no forman parte del derecho procesal,

10 Cfr. el mismo CARNACINI, *La vita e le opere di Enrico Redenti*, cit., p. 14 y ss.

11 En: *Rivista trimestrale di diritto e procedura civile*, 1979, p. 267, donde también se encuentra la consideración que famosos juristas como Giuseppe Chiovenda, Francesco Carnelutti, Enrico Redenti y Piero Calamandrei «han ejercitado también la abogacía y no solo en escala nacional, tratando profundamente y alimentando sus indagaciones teóricas de gran o pequeño aliento y, por ende, por su enseñanza», mientras muchos procesalistas contemporáneos se han «limitado solamente al recinto académico», por lo que fueron olvidados (p. 268).

12 En: *Nuovo digesto italiano*, vol. I, parte 2, Utet, Turín, 1937, pp. 648-712.

13 CARNACINI y VASETTI, voz «*Arbitri*», vol. I, parte 2, Utet, Turín, 1937, capítulo I, § 1, p. 651.

sino más bien del derecho sustancial», debido que, «mientras el juez conoce una situación litigiosa, el árbitro, en cambio, está convocado a determinar una relación jurídica, que es en sí misma pacífica, un elemento no definido por las partes»[14].

En 1958, para la tercera edición del Digesto italiano, es decir para el *Novissimo digesto* italiano, Carnacini tuvo la ocasión de retomar la materia, esa vez con la vigencia del nuevo código de procedimiento civil de 1940, en un texto que, escrito en plena madurez, se convertiría en un clásico de la literatura jurídica.

Nos referimos a la voz «Arbitraje ritual»[15].

Esta voz se colocó en un lugar central con respecto a las diversas dedicadas a la materia, en la misma edición, a la institución analizada, entre otros, la de Redenti sobre el compromiso y la cláusula arbitral, la de Vasetti sobre arbitraje no formal, arbitraje y arbitrajes extranjeros y las de carácter histórico de Franco Bonifacio y Lydia Garetto[16]. Tampoco cabe duda de que por completitud, generalidad y sistematización, así como gracias a la autoridad y amplia difusión del Digesto italiano, la contribución de Carnacini influyó fuertemente en la doctrina y la jurisprudencia, terminando por reflejarse, a través de ellas, en las reformas que se produjeron años después.

Posteriormente Carnacini regreso ha ocuparse del arbitraje con el ensayo de 1958 sobre *Le questioni di legittimità costituzionale nell'arbitrato rituale*[17], el amplio artículo de 1963 sobre *I documenti da depositare con il lodo*[18]¸ y los tratamientos de 1968 sobre *Le controversie di lavoro e l'arbitrato irrituale come procedimento*[19] y sobre *L'istituto dell'arbitrato nelle controversie di lavoro* de 1969[20].

---

14 Carnacini y Vasetti, voz «*Arbitri*», loc. cit.

15 En: *Novissimo digesto italiano*, vol. I, parte 1, Utet, 1958, pp. 874-923. La publicación se publicó también en traducción española de Santiago Sentís Melendo, con el título *Arbitraje,* Ediciones Jurídicas Europa-América, Buenos Aires, 1961, y que se ha publicado nuevamente, con el mismo título y traducción, por Ediciones Olejnik de Santiago de Chile.

16 Cfr. Redenti, voz «Compromesso (Diritto processuale civile)», en: *Novissimo digesto italiano*, vol. III, Utet, Turín, 1959, p. 786 y ss., ahora también en: *Scritti e discorsi giuridici di un mezzo secolo*, vol. I, Giuffrè, Milán, p. 490 y ss., de la que existe una traducción española con el título *El compromiso y la cláusola compromisoria*, Ediciones Juridicas Europa-America, Buenos Aires, 1961, hoy nuevamente disponible en Ediciones Olejnik, Santiago del Chile, 2018; Vasetti, voz «Arbitrato irrituale», en: *Novissimo digesto italiano*, vol. I, parte 2, Utet, Turín, 1958, pp. 874-923; Id., voz «Arbitraggio», ivi, pp. 823-837; Id., voz «Arbitrato estero», pp. 839-846; Bonifacio, voz «Arbitro e arbitratore. Diritto romano», ivi, pp. 925-928; Garetto, voz «Arbitro e arbitratore. Diritto intermedio», ivi, pp. 928-930.

17 En: *Rivista trimestrale di diritto e procedura civile*, 1958, pp. 881-890, ahora en: *Scritti giuridici in memoria di Piero Calamandrei*, vol. V, Cedam, Padua, 1958, p. 507 y ss.

18 En: *Rivista trimestrale di diritto e procedura civile*, 1963, pp. 597-626, ahora en: *Scritti giuridici in onore di Arturo Carlo Jemolo*, vol. II, Giuffrè, Milán, 1963, p. 815 y ss.

19 En: *Rivista trimestrale di diritto e procedura civile*, 1968, p. 629 y ss., ahora en: *Studi in onore di Francesco Santoro-Passarelli*, vol. V, Jovene, Nápoles, 1972, p. 97 y ss.

20 En: AA.VV., *Problemi in tema di arbitrato nelle controversie di lavoro*, Giuffrè, Milán, 1969, p. 1 y ss.

3.- La actual clave de lectura de la voz «*Arbitrato rituale*»

En la voz «Arbitraje ritual», Carnacini admirablemente siguió las indicaciones de los directores del *Novissimo digesto italiano*, presentando el instituto en el contexto cultural de su tiempo y exponiendo con integridad, sin renunciar nunca y ofreciendo un planteamiento personal operativo, la regulación del arbitraje ritual como se había venido desarrollando, en la interpretación de la doctrina y en la aplicación de la jurisprudencia, con la entrada en vigencia del código de 1940.

Se podría interrogar si, cumplida la labor de ilustrar de la mejor forma la regulación de la materia de ese tiempo, la obra de Carnacini, que se remonta a 1958, conserva aún interés.

Ciertamente, muchas cosas han cambiado.

Con el impulso del renovado interés en la institución a la que han contribuido los estudiosos del proceso civil, dentro de un movimiento más amplio, en Italia la regulación del arbitraje se ha modificado repetidamente, primero con la ley n. 28 del 9 de febrero de 1983, posteriormente con la ley n. 25 del 5 de enero de 1994 y, finalmente, con el decreto legislativo n. 40 de 2 de febrero de 2006, en muchas partes anticipado, en la específica materia del arbitraje societario, por el decreto legislativo n. 5 del 17 de enero de 2003[21].

Las reformas han mejorado notablemente, con la concurrencia de la jurisprudencia, la calidad de la disciplina, abandonando el disfavor tradicionalmente reservado a la utilización de árbitros, que hoy el legislador parece incluso querer alentar, esperando aligerar la excesiva carga de trabajo del juez estatal[22].

---

21 No es posible, en esta sede, ofrecer una bibliografía completa sobre las diversas reformas. Me limitaré solo a recordar algunos textos de carácter general más recientes, que fotografían el estado actual y del cual es posible extraer indicaciones sobre la situación pasada. Entre los tratados y las obras colectivas, cfr. Mantucci (dirigido por), *Trattato di diritto dell'arbitrato*, cit., previsto en diversos volúmenes, de que se ha publicado el primer volumen; Alpa y Vigoriti (dirigido por), *Arbitrato. Profili di diritto sostanziale e di diritto processuale*, Wolters Kluwer Italia-Utet, Milán, 2013, pp. XXXII-1518; Punzi, *Disegno sistematico dell'arbitrato*, Cedam, Padua, 2012, vol. I, pp. XLIV-691, vol. II, pp. XV-823 y vol. III, pp. XVI-919; Rubino-Sammartano, *Il diritto dell'arbitrato*, Cedam, Padua, 2010, VI ed., pp. XLII-1895; Rubino-Sammartano (dirigido por), *Arbitrato, ADR, conciliazione*, cit., pp. XXXIX-1368.Entre los comentaristas, Benedettelli, Consolo y Radicati di Brozolo, *Commentario breve al diritto dell'arbitrato*, Wolters Kluwer Italia-Cedam, Milán, pp. XLIX-1335; Carpi (dirigido por), *Arbitrato*, Zanichelli, Bolonia, 2016, III ed., pp. XIV-1177; Carpi (dirigido por), *Arbitrati speciali*, Zanichelli, Bolonia, 2016, II ed., pp. X-678; Salvaneschi, *Arbitrato*, Zanichelli, Bolonia, 2014, pp. XXX-1049. Entre los manuales y monografías, Barbieri y Bella, *Il nuovo diritto dell'arbitrato*, Cedam, Padua,2007, pp. XVIII-619; Bove, *La giustizia privata*, Wolters Kluwer Italia-Cedam, Milán, 2018, IV ed., pp. VII-399; Zucconi Galli Fonseca, *Diritto dell'arbitrato*, Bononia University Press, Bolonia, 2016, pp. 1-515. Respecto al arbitraje societario, remito a mi *L'arbitrato nelle società*, Zanichelli, Bolonia, 2013, pp. IX-401.

22 En este sentido, ejemplar se presenta el artículo 1 del decreto ley n. 132 del 12 de septiembre de 2014, modificado posteriormente por la ley n. 162, connotativamente titulado «Medidas urgentes de desjurisdicionalización y otras intervenciones respecto al retraso en materia de proceso civil», que debería haber hecho fluir en sede arbitral

Todo esto de ninguna manera resta valor a la importancia que aún tiene la obra de Carnacini, en una perspectiva no solo histórica sino también del derecho positivo, para el conocimiento y la interpretación del derecho italiano actual del arbitraje ritual.

Pero es obvio advertir que la voz «*Arbitrato rituale* » de 1958 debe ser actualmente contemplada teniendo en cuenta constantemente las reformas antes mencionadas, que entre otras cosas muchas veces se entienden y justifican precisamente para superar los problemas de aplicación y desarmonías señaladas por el mismo Carnacini.

4.- EL CONTENIDO DE LA OBRA

Pasando más detalladamente al contenido de la voz «*Arbitrato rituale*», la obra se divide en cuatro partes o, siguiendo de la terminología adoptada en los códigos, «capítulos».

La primera parte, minimalistamente titulada «Notas Introductorias», introduce el texto, explicando cual será el carácter de la exposición, trazando la historia más reciente del instituto, ofreciendo una síntesis de las opiniones sobre la naturaleza jurídica del arbitraje y desarrollando consideraciones al respecto.

Continuan las partes sobre el «procedimiento arbitral», sobre la «sentencia arbitral» y sobre las «impugnaciones», de acuerdo a la estructura de «capítulos» en que el código de procedimiento civil entonces dividía la materia[23], con exclusión de los capítulos sobre «árbitros», debido a que la materia del «compromiso y de la cláusula compromisoria» había sido asignada a Redenti.

4.1.- *LA PARTE SOBRE «NOTAS INTRODUCTORIAS»*

Las consideraciones introductorias[24] son necesarias de ser recordadas en detalle.

En primer lugar, Carnacini declara que no se ocupa de los aspectos históricos, ni del arbitraje irritual, ni del arbitraje, ni del arbitraje regulado

---

parte del contencioso pendiente ante la autoridad judicial, pero quedo inaplicado por lo inadecuado de las previsiones legislativas que debería haber poseído al regular el fenómeno y por la ausencia de apreciables incentivos, incluso fiscales. Sobre el particular, remito a mi *L'arbitrato deflattivo dei processi pendenti e la classe forense*¸ en: *Giurisprudenza italiana*, 2015, pp. 1264-1278.

23 El título VIII, «*Dell'arbitrato*», contenido en el libro IV del código de procedimiento estaba originalmente compuesto por cinco capítulos: capítulo I, «*Del compromesso e della clausola compromissoria*»; capítulo II, «*Degli arbitri*»; capítulo III, «*Del procedimento*»; capítulo IV «*Della sentenza*»; capítulo V, «*Delle impugnazioni*». Posteriormente, la ley n. 25 del 1994 ha renominado el capítulo IV en «*Del lodo*» y fue introducido el capítulo VI, «Dell'arbitrato *internazionale*» y el capítulo VII, «*Dei lodi stranieri*». Finalmente, el decreto legislativo n. 40 del 2006, ha redenominado el capítulo I, titulándolo «*Della convenzione d'arbitrato*» y ha sustituido el capítulo IV con el capítulo «*Dell'arbitrato secondo regolamenti precostituiti*».

24 Cfr. CARNACINI, voz «Arbitrato rituale», vol. I, parte 1, Utet, Turín, 1958, capítulo I, §§ 1-5, pp. 876-881.

por un ordenamiento extranjero o exterior, ni del arbitraje obligatorio o necesario, que en el pasado había considerado examinar en una única voz redactada con Vasetti, pero que esta vez había considerado preferible repartir en voces diversas. Asimismo, expresó no ocuparse del compromiso y de la clausula compromisoria, «comprendida el nombramiento y la aceptación de los árbitros así como sus derechos y deberes»[25], prevaleciendo la opinión que confirma el modelo seguido incluso en el pasado de dedicar a estos argumentos una específica voz.

A continuación, precisa que no se propuso refundar los estudios sobre el arbitraje ritual, así como podría haberse prometido ante su decadencia en los tiempos en que la concepción publicista del juicio civil parecía destinada al triunfo, que incluso había profetizado la muerte del instituto, evidentemente «negado por la experiencia», como el autor apunta con una pizca de polémica en torno a los excesos estatales que se habían presenciado en la entonces aún reciente historia[26].

Expone, por ende, el propósito, aparentemente modesto pero en realidad muy exigente de «ofrecer un marco, necesariamente compendioso, del procedimiento arbitral regulado por la ley vigente en Italia, sin descuidar los grandes problemas que se presentan: indicaremos la solución que se le suele dar, aunque no dejemos de insinuar paulatinamente los motivos de nuestra posible disidencia»[27].

Esto también en la perspectiva del problema «siempre abierto y actual» de una «mejor regulación por obra de la ley», debido a que, si bien hubo avances respecto a los artículos 8 al 34 del antiguo código de procedimiento civil de 1865 derivado de la influencia francesa, los artículos 806 a 831 fueron

---

25 Carnacini, voz «Arbitrato rituale», cit., § 1, p. 876. El tema de los arbitrajes aflora en la tercera parte de la obra, dedicada en las impugnaciones y, en particular, en los §§ 48 y 49, sobre el irregular nombramiento de los árbitros y en la sentencia que disponía quien no podía ser árbitro, donde fue criticada la prohibición para los extranjeros, impuesta «con una disposición tonta como incongruente», de asumir la función arbitral (p. 916), que había sido abrogado solo por la ley n. 20 de 1983, retornando a la regla, como nunca oportuna, reconocida por el código de 1865, de la simple subsistencia de la capacidad de ejercicio.

26 Cfr. Carnacini, voz «Arbitrato rituale», cit., § 1, p. 876. Entre los más hostiles al arbitraje se encontraban Lodovico Mortara, como atestigua su *Commentario del codice e delle leggi di procedura civile*, III ed., Vallardi, Milán, s.d. pero 1923, p. 36 y ss. Sobre el tema, cfr. Cipriani, *Le sentenze di Mortara sull'arbitrato*, en: *Rivista dell'arbitrato*, 1992, p. 656 y ss., que reconduce esta hostilidad al hecho que Mortara, como muchos hombres surgidos de la lucha por la unidad e independencia italiana, «amaba mucho el Estado», pero no el autoritario y dictatorial, en que había surgido el ordenamiento italiano, sino el Estado «libre y moderno», donde la función jurisdiccional no podía ser otro cuya «atribución exclusiva e imprescindible de la soberanía», por ejercitarse mediante la «magistratura ordinaria, constituida por el Estado, obligada a ejercer justicia en base a la ley», en modo que «otros no pueden ser concebidos si no como "órganos impropios" de jurisdicción». Por ello, no sería casualidad que Montara, invirtiendo el orden del código de procedimiento civil de 1865, en su Manual y en sus Instituciones, se haya ocupado del arbitraje solamente en las páginas conclusivas, anticipando así «la solución que había sido acogida por el código de procedimiento civil de 1940».

27 Carnacini, voz «Arbitrato rituale», op. loc. cit.

considerados como «la parte de nuestra legislación procesal civil que más se espera para una reelaboración completa, para adaptarla a las necesidades más recientes y tal vez para implementar, incluso con la colaboración de extranjeros competentes, un texto que podría ser de interés para otros países con un concepto legal similar al nuestro»[28].

Enumera las ventajas del arbitraje ritual en relación al juicio ante el juez estatal, identificadas por un lado en la mayor aptitud de los árbitros para pronunciarse de acuerdo con la equidad, como se permite pedirles[29], y por otro en la circunstancia de que el arbitraje ritual representa « el único medio por el cual, evitando también la publicidad del proceso, tanto el juez como el juicio se adaptan a la controversia, porque el primero es elegido (...) dependiendo de la controversia individual, mientras que la conducta del segundo es establecida, incluso aquí de vez en cuando, por las mismas partes o, en su defecto, por los propios árbitros»[30].

En cambio, guarda silencio sobre los valores de la celeridad del procedimiento y la estabilidad tendencial del laudo, en el que hoy se insiste mucho, pero que en su momento no debió haber sido tan advertido tanto por el menor frenesí del mundo empresarial como por la menor duración de los juicios ante el juez estatal[31].

Además, guarda silencio, evitando pasar de la comparación entre el arbitraje y el proceso a la comparación entre los diferentes tipos de arbitraje conocidos en el ordenamiento jurídico italiano, en cuanto a la idoneidad del laudo ritual para asumir el valor de una sentencia, probablemente dando por sentada esta ventaja del arbitraje ritual sobre el no ritual, aunque el tema tal vez hubiera merecido alguna atención, sobre todo porque el posible contenido de equidad del laudo, la libertad de elegir el sujeto más adecuado para resolver la controversia concreta, la falta de publicidad del procedimiento caracterizan ambos arbitrajes (y de hecho, si bien según el texto original del código de 1940, en el arbitraje ritual, los árbitros tenían la obligación de presentar la decisión dentro de los cinco días siguientes a la firma, haciéndola pública, en el arbitraje no formal siempre fue posible mantenerlo en secreto).

---

28 CARNACINI, voz «Arbitrato rituale», cit., § 2, p. 877.

29 «También si hoy no es más la única vía para obtener una decisión de equidad en cualquier controversia sobre derechos disponibles, debido a que el código vigente, con una innovación que no ha encontrado asisedo en la práctica, que quizás merituaba, permite a las partes concordar la exigencia del mismo juez togado (art. 114), cuando se desea un pronunciamiento con eficacia de sentencia desvinculada de la regla de derecho, a menudo reconducible a otros árbitros»: así CARNACINI, «Arbitrato rituale», op. loc. cit.

30 CARNACINI, voz «Arbitrato rituale», op. loc. cit.

31 Por cuanto resulte difícil actuar respecto a la ausencia de dato fácilmente comparable, resulta atendible que la duración de las causas civiles de primer grado en Italia no es que haya aumentado entre la época en que la voz fue escrita y el inicio del nuevo siglo: cfr. BIANCO, GIACOMELLI, GIORGIANTONIO, PALUMBO y SZEGO, *La durata (eccessiva) dei procedimenti civili in Italia: offerta, domanda o rito?* en: *Rivista di politica economica*, 2007, pp. 3-54, part. p. 8, gráfico n. 1. Una actuación análoga, que no se ha acentuado más, concierne a los grados de impugnación.

Observa, resaltando implícitamente un elemento de debilidad del arbitraje ritual respecto al no ritual, que actualmente ha cesado debido a la transformación de la presentación del laudo de obligación en simple facultad posibilitada por la reforma debida a la ley núm. 28 de 1983 y posteriormente perfeccionada por la ley núm. 25 de 1994, que «un factor decisivo en la difusión del arbitraje ritual no puede apreciarse, en cambio, en el deseo común de las partes de escapar del peligro fiscal», debido a que el laudo es «depositado en el registro de la Pretura, a su vez obligado a transmitirlo en el registro dentro de los cinco días de la promulgación del decreto de ejecutoriedad (...): tanto es así que para evitar la fiscalización, se ha generalizado la costumbre de recurrir, más que a los árbitros rituales, aunque estén autorizados a decidir con equidad, y que esta es precisamente una de las razones. Practicar la fortuna de esta figura, aún no reconocida explícitamente por el legislador patrio»[32].

Sintetiza los términos del eterno debate entre las dos tesis distintas que atribuyen al arbitraje ritual un carácter judicial o puramente privado, con sus inevitables corolarios, tomando posición por la primera[33].

Para justificar la preferencia expresada, Carnacini resume los rasgos fundamentales de la institución en la configuración debida a la codificación de 1940, consciente de que «se hace un trabajo en vano cuando se trata de arbitraje y de su esencia misma sin tener los pies firmemente arraigados en el derecho positivo; sin embargo esto, a su vez, no parece ser el resultado de un concepto claro, por lo que el intérprete, a la espera de una mejor y más orgánica regulación, termina moviéndose en aguas inseguras»[34], por otro lado, atribuir una importancia decisiva al hecho de que el arbitraje ritual se presenta «como la institución en la que al particular se le permite, en la mayor medida posible, contribuir con su trabajo al ejercicio de esa función que, para el propósito para el cual se desarrolla y para el resultado al que conduce, no puede sino denominarse judicial. Es cierto que desde el punto de vista penal no se quiso devolver al árbitro a la categoría de funcionarios públicos ni siquiera en los encargados de un servicio público, así como tampoco se le atribuyó ningún poder coercitivo durante el juicio, ni siquiera con la órbita del juez ordinario, que, provisto solo cuando el arbitraje ya ha sido concluido, no hace menos que elevar el laudo a la categoría de sentencia inmediatamente ejecutiva. No obstante ello, se puede constituir un obstáculo más idóneo y proficuo cumpliendo las tareas del árbitro, al punto que *in iure condendo* valdría la pena buscar algún remedio, no excluye que su actividad, que asume cuando acepta el nombramiento, aún consista en un *dicere ius*, aunque necesita la actuación final y formal del pretor. Tampoco sostendríamos más que tal calificación tiene lugar *ex post*, por un fenómeno al revés, como actualmente admite la misma jurisprudencia adaptándose al discurso que una vez propusimos (n. 4), porque, si no hay duda de que el laudo sin el decreto del pretor es nulo (y viceversa), es igualmente cierto que toda la actividad de los árbitros, en la medida en que legítimamente se pone en movimiento, se realiza con vista y para la consecución del resultado normal, con esa

32 CARNACINI, voz «Arbitrato rituale», op. loc. cit.

33 Cfr. CARNACINI, voz «Arbitrato rituale», cit., §§ 3-5, pp. 877-881.

34 CARNACINI, voz «Arbitrato rituale», cit., § 5, p. 879.

cantidad de facultades instructoras reconocidas en todo caso (y que mañana también podrían equiparse, directa o indirectamente, con fuerza coercitiva), por lo que, para definir la naturaleza de esta actividad, resulta irrelevante si se supera efectivamente o no la meta, como ocurre en todas las ocasiones en que se evalua cualquier acción»[35].

La opción para la concepción judicial, sin embargo, desvinculada de los datos meramente formales del reconocimiento posterior por parte de la autoridad judicial convocada a colocar el *exequatur*, ha resultado no solo intrínsecamente correcta sino también capaz de anticipar los tiempos y mantener la vigencia en la estructura vigente de la normativa sobre el arbitraje.

La convicción de que el arbitraje ritual pertenece plenamente a la jurisdicción se ha fortalecido como resultado de las reformas legislativas que progresivamente han equiparado *quoad effectum* el laudo arbitral a la sentencia del juez estatal[36], independientemente de cualquier depósito en el registro judicial y, por lo tanto, reconocimiento *ex post* de la autoridad judicial, tanto que el Decreto Legislativo n. 40 de 2006 ha establecido, introduciendo el art. 824-*bis* cod. proc. civ., principio según el cual, sin perjuicio de la necesidad de presentación para que tenga eficacia ejecutiva, «el laudo tiene desde la fecha de su última subcripción de los efectos de la sentencia pronunciada por la autoridad judicial».

La jurisprudencia constitucional y ordinaria también se han dirigido a esta dirección.

La primera, reconociendo a los árbitros rituales el poder de plantear la cuestión de legitimidad constitucional[37] y posteriormente afirmando la posibilidad, con salvedad de los efectos sustanciales y procesales de la demanda, de la *translatio iudicii* entre árbitro y juez[38], claramente se ha expresado en el sentido de la naturaleza jurisdiccional del arbitraje ritual.

Mientras que el otro, impulsado por intervenciones legislativas y del juez de leyes, finalmente se posicionó, con una importante sentencia de la Corte

35 Carnacini, voz «Arbitrato rituale», cit., § 5, p. 881.

36 Cfr. por ejemplo las previsiones en orden a los efectos interruptores de la prescripción y la inscripción del laudo, introducidos por la ley, n. 25 de 1994 integrando el art. 825 del cod. proc. civ., así como los artículos 2943, 2945, 2652, 2653, 2690, 2691 del cod. civ.

37 Cfr. Corte constitucional, 28 de noviembre de 2001, n. 376, en: *Rivista dell'arbitrato*, 2001, p. 657 y ss, con nota de Briguglio, en: *Giustizia civile*, 2001, parte I, p. 2883 y ss, con nota de Vaccarella, e *ivi*, parte II, p. 471 y ss., con nota de Danovi, lo que fue recibido por el artículo 819-*bis* n. 3 del cod. proc. civ., introducido por el decreto legislativo n. 40 del 2006, que dispone que los árbitros suspenden el procedimiento arbitral con ordenanza motivada «cuando presentan a la Corte constitucional una cuestión de legitimidad constitucional, de acuerdo al artículo 23 de la ley n. 87 del 11 de marzo de 1953».

38 Cfr. Corte constitucional, sentencia n.223 del 19 de julio de 2013, en: *Corriere giuridico*, 2013, 1107, con nota de Consolo; en: *Foro italiano*, 2013, parte I, col. 2690, con notas D'Alessandro, Acone y Frasca, que declaró la ilegitimidad constitucional del artículo 819-*ter*, 2º párrafo, del código de procedimiento civil, en la parte en que no prevé la aplicabilidad entre arbitraje ritual y proceso, generalmente correspondiente al artículo 50 del cód.proc.civ., sobre la reasunción delante del juez señalado como competente por el juez precedente.

Suprema en las Secciones Unidas, en el sentido de la naturaleza judicial del arbitraje ritual y su equiparación con la jurisdicción estatal.[39].

4.2.- La parte sobre el «procedimiento arbitral»

Completando el cuadro general, podemos ocuparnos de *in medias res.*

En particular, la segunda parte, que se presenta como más sustancial, trata del procedimiento arbitral[40]. Encuentra, por ende, espacio el examen de las modalidades de instauración del arbitraje[41], de su momento inicial[42], del rol de las partes y de los defensores[43], de las relaciones con la autoridad judicial, de las normas por observar el desarrollo del proceso[44], de los actos de instrucción, así como de temas que aun muy discutidos como la relación con la tutela cautelar[45] o que, también por su novedad, fueron particular influenciadas en ese momento histórico, como la relación con el control de legitimidad ejercitado por la Corte Constitucional[46], entrada en función por efecto de la ley constitucional n. 1 del 1953 y de la ley ordinaria n. 87 del 1953, en actuación del art. 134 de la Constitución.

Sería imposible dar cuenta de todas las cuestiones abordadas, respecto de las cuales simplemente hay que señalar que, en la mayoría de los casos, las soluciones ofrecidas siguen siendo válidas.

En todo caso, cabe señalar que al conciliar las disposiciones de la ley con la autonomía privada, esforzándose por identificar la frontera infranqueable que representa la existencia de normas imperativas o en todo caso de orden público procesal, Carnacini no se limitó a considerar exclusivamente a las partes en disputa. Sin embargo, consciente de la base contractual de la cesión encomendada a los árbitros, se preocupó de tener siempre presente la posición de estos últimos, a quienes se les debe permitir resolver la disputa recibida cuando aceptaron la cesión. De ello se desprende, de acuerdo con este enfoque, que sin el consentimiento de los árbitros, las partes no pueden,

---

39 Cfr. Corte de casación, secciones unidas, 25 de octubre de 2013, n. 24153, en: *Corriere giuridico*, 2014, 84, con nota de Verde, que, tomando las distancias de la orientación precedente, ha afirmado que «la actividad de los arbitrajes rituales, incluso en atención de la regulación en conjunto producida por la ley n. 5 del 5 de enero de 1994 y del decreto legislativo n. 40 del 2 de febrero de 2006, tiene naturaleza jurisprudencial y sustitutiva de la función del juez ordinario, por ello lo dispone si una controversia concierne a la cognición de los primeros o del segundo se configura como cuestión de competencia, mientras se establece si una litis pertenezca a la competencia jurisdiccional del juez ordinario y, en este ámbito, a la sustitutiva de los arbitrajes rituales, o la del juez administrativo o contable, origina una cuestión de jurisdicción».

40 Cfr. Carnacini, voz «Arbitrato rituale», cit., capo II, §§ 6-32, pp. 881-901.

41 Cfr. Carnacini, voz «Arbitrato rituale», cit., §§ 6-7, p. 881 y ss.

42 Cfr. Carnacini, voz «Arbitrato rituale», cit., § 6, p. 881 y s.

43 Cfr. Carnacini, voz «Arbitrato rituale», cit., § 8-10, p. 883 y ss.

44 Cfr. Carnacini, voz «Arbitrato rituale», cit., § 14-17, p. 885 y ss.

45 Cfr. Carnacini, voz «Arbitrato rituale», cit., § 25, p. 893 y ss.

46 Cfr. Carnacini, voz «Arbitrato rituale», cit., § 30, p. 898 y ss.

aunque estén de acuerdo entre sí, modificar las cuestiones, las reglas de procedimiento y juicio o permitir la intervención de terceros.

En cuanto a las novedades legislativas que han surgido en cuanto al procedimiento arbitral, en general se puede observar que, frente al texto de la ley comentado por Carnacini, las reformas han tocado muchos puntos, pero principalmente el sentido de detallar mejor la regulación anterior, cuyos rasgos fundamentales generalmente se mantienen.

No obstante, no faltaron innovaciones significativas.

Así, respecto al proceso arbitral con pluralidad de partes[47], hoy debemos tener en cuenta los artículos 816-*quater* y 816- *quinquies* cod. proc. civ., introducidos por el decreto legislativo n. 40 de 2006. En cuanto a la suspensión del procedimiento como consecuencia de la presentación de controversias relacionadas ante el juez ordinario o como consecuencia del surgimiento de cuestiones preliminares sobre materias no susceptibles de convenio arbitral[48], se deberá considerar que el legislador, al modificar en 1994 y 2006 el art. 819 e introducir los artículos 819-*bis* y 819-*ter* cod. proc. civ., ha reducido la posibilidad de suspender la sentencia arbitral. En cuanto a la suspensión por cuestión de prejuicio constitucional[49], la materia se rige actualmente expresamente por el nuevo art. 819-*bis*, n. 3, cod. proc. civ., también debido al decreto legislativo núm. 40 de 2006.

También son abordados los temas que Carnacini había vinculado a la falta del árbitro en los denominados poderes de imperio «en primer lugar, respecto a los terceros».

Así como, por las cuestiones que Carnacini había vinculado con la falta de los denominados poderes imperiales en el árbitro, «sobre todo hacia terceros»[50], hay que anotar algunas novedades. Todavía no se puede obligar a terceros a permitir inspecciones, ni a exhibir o presentar documentos ante los tribunales. Sin embargo, el decreto legislativo n. 40 de 2006, introduciendo el art. 816-*ter* cod. proc. civ., ha compensado la imposibilidad anterior de obligar a los testigos a declarar, permitiendo a los árbitros solicitar al presidente del tribunal de la sede del arbitraje que ordene su comparecencia para rendir testimonio. También dispuso que los árbitros puedan solicitar a la administración pública información escrita «concerniente a escrituras y documentos de la propia administración, que deberán ser adquiridos en los tribunales».

4.3.- La parte sobre la «sentencia arbitral»

La tercera parte se ocupa de diversos argumentos reconducibles al laudo[51], en la actualidad indistinguible, salvo que por la falta de fuerza ejecutiva,

47 Cfr. Carnacini, voz «Arbitrato rituale», cit., § 26, p. 895 y ss.

48 Cfr. Carnacini, voz «Arbitrato rituale», cit., §§ 28-29, p. 896 y ss.

49 Cfr. Carnacini, voz «Arbitrato rituale», cit., § 30, p. 898 y ss.

50 Carnacini, voz «Arbitrato rituale», cit., § 21, p. 890 y ss.

51 Cfr. Carnacini, voz «Arbitrato rituale», cit., capo III, §§ 33-42, pp. 901-910.

del acto, compuesto por la decisión de los árbitros más el decreto de ejecutoriedad emitido por el juez estatal que, con una expresión abandonada por el legislador, que era definida como «sentencia arbitral», en que, en el tiempo de Carnacini, el laudo se modificaba como consecuencia del depósito, de acuerdo a la artículo 825 del cód.proc.civ.

Entre los temas tratados se pueden enunciar el término para el pronunciamiento de los árbitros, que el artículo 820 del cód.proc.civ. originariamente fijaba en noventa días, salvo diversa previsión de las partes y con posibilidad de prorrogación solo por la asunción de medios de prueba y fallecimiento de una de las partes[52], pero que, con progresión casi geométrica, la ley n.25 de 1994 ha elevado a ciento ochenta días y el decreto legislativo n.40 de 2006 a doscientos cuarenta días, además de eventuales prórrogas de ciento ochenta días por cada una de las cuatro circunstancias específicamente previstas por la ley.

Siguen a continuación algunos parágrafos dedicados al pronunciamiento según el Derecho y según la equidad[53], a las operaciones deliberativas[54], a la redacción y al contenido del laudo[55], respecto al cual se observa que las posteriores modificaciones legislativas no han presentado grandes novedades, sino simples especificaciones. Ni la explícita previsión de los laudos parciales, introducida por la ley n° 25 de 1994 en el artículo 827, párrafo 3, y al artículo 820, cuarto párrafo, literal c), del cód.proc.civ., puede considerarse una sorpresa, debido que ya habían sido admitidas en vía interpretativa[56].

Carnacini analiza la figura del depósito de laudo y el decreto del juez que concede su ejecutividad[57].

Respecto al depósito, la materia actualmente ha cambiado profundamente, pero en medida menos importante. En efecto, la ley n° 28 de 1983 ha convertido la originaria obligación de depósito dentro de cinco días, según lo dispuesto por el artículo 825 del cód.proc.civ., es una simple facultad de previsión dentro del año. La ley n° 25 de 1994, además de remover el recordado término anual, ha removido también la condición que el laudo, para devenir sentencia arbitral y poder, por tanto, ser impugnado, sea primero depositado, restringiendo así la utilidad del depósito al solo caso en que se desea poner en ejecución el laudo.

Respecto a la ejecutividad, el aspecto sea de mayor interés es, en cambio, la conducción a la discusión sobre los motivos que legitiman la suspensión de la ejecutoriedad del laudo impugnado, de acuerdo al decreto n° 40 de 2006, que ha intervenido, precisando que deben ser «graves», produciendo así la mayor discrecionalidad que antes, faltando cualquier previsión legislativa, podía ser reconocida por el juez.

52 Cfr. CARNACINI, voz «Arbitrato rituale», cit., § 33, p. 901 y ss.

53 Cfr. CARNACINI, voz «Arbitrato rituale», cit., § 34, p. 902 y ss.

54 Cfr. CARNACINI, voz «Arbitrato rituale», cit., § 35, p. 903 y ss.

55 Cfr. CARNACINI, voz «Arbitrato rituale», cit., § 36, p. 904 y ss.

56 Cfr. CARNACINI, voz «Arbitrato rituale», cit., § 37, p. 905 y ss.

57 Cfr. CARNACINI, voz «Arbitrato rituale», cit., § 38-41, p. 906 y ss.

4.4.- LA PARTE SOBRE LAS «IMPUGNACIONES»

La cuarta parte, concerniente a las impugnaciones[58], se ocupa de los remedios contra el laudo que se había dispuesto, mediante el depósito, una sentencia arbitral y analiza específicamente los motivos de impugnación por nulidad, que es la única a ser prevista junto a la menos frecuente revocación, cuya ley n. 40 del 2006 ha agregado, integrando el artículo 831 de cód.proc. civ., a la aún más rara oposición de tercero.

Por lo otro lado, la distinción entre el laudo depositado y no depositado resalta sola más a los efectos de la constitución del título ejecutivo.

Coherentemente, la ley n. 25 de 1994 ha abrogado el artículo 827 del cód. proc.civ. en la parte en que sujetaba la sola «sentencia arbitral» a los medios de impugnación tipificada en esta disposición y ha permitido que sea impugnado también el laudo no depósito.

No obstante, retornando a la exposición del contenido de la voz de Carnacini, el escrito afronta, en primer lugar, todo el problema de la naturaleza jurídica de la impugnación por nulidad[59], que había asumido un rol absolutamente preminente, no siendo más proponible la apelación, a diferencia que en el régimen del código de 1865, ni pudiendo ser directamente expedito el recurso por casación contra el laudo, así como no está prevista la posibilidad que se encuentre sometido a disposición de competencia.

Carnacini resalta que el remedio en examen constituiría «una figura *sui generis* de impugnación, desarrollándose por su cuenta»[60] y diversa tanto del recurso por casación como de la apelación. Respecto al primero se distinguiría por la existencia de motivos específicos de impugnación para hacer valer como *errores in procedendo* o *in iudicando*, como también por la articulación entre el juicio, con que el laudo es anulado, y un juicio rescisorio, con que es sustituido por una nueva decisión sobre el asunto. Lo que concierne al segundo, por el hecho de ser a su vez sujeto al control de legitimidad[61].

Con las otras impugnaciones, el remedio en cuestión compartiría, en cambio, «además del nombre y al régimen de impugnación que el legislador le ha otorgado (por lo cual son invocables las disposiciones de índole general de los artículos 323-338, si son aplicables), también el hecho que presupone una sentencia. Si esta falta, por ende, en cambio, que respecto a la impugnación (...) parece más correcto relacionarse a una autónoma acción de comprobación negativa, de ejercitarse, sin que haya que observarse los términos y la competencia dispuesta por el artículo 828, además de los límites implicitados en el artículo 829, en un proceso de conocimiento del todo independiente y capaz de los normales grados de juicio»[62].

58 Cfr. CARNACINI, voz «Arbitrato rituale», cit., capítulo IV, §§ 43-57, pp. 910-923.

59 Cfr. CARNACINI, voz «Arbitrato rituale», cit., § 44, p. 911 y ss.

60 CARNACINI, voz «Arbitrato rituale», cit., § 44, p. 913.

61 Cfr. CARNACINI, voz «Arbitrato rituale», cit., § 44, p. 912 y ss.

62 CARNACINI, voz «Arbitrato rituale», cit., § 44, p. 913.

Surge la diferencia, según Carnacini, entre la impugnación para la nulidad del laudo y la autónoma acción que podría ser expedita para hacer declarar la inexistencia y que subsistiría «por el caso en que el pretor (o el presidente del tribunal) erróneamente haya declarado ejecutiva una decisión emitida por arbitrajes libres o una pericia contractual o el resultado de un arbitraje, etc, debido que no basta el decreto de la ejecutoriedad para brindar la vida a una sentencia arbitral cuando falta el primer elemento, es decir el laudo pronunciado de arbitrajes rituales; pero vale también frente a particulares vicios (n. 26 *in fine*, 29 *in fine*, 49, 50 *in fine* y 51), así como acontece, según una opinión que recientemente ha encontrado amplio crédito, todas las veces en que el procedimiento arbitral, desarrollándose como ritual o habiendo conducido a un laudo, toma origen por un compromiso o por una clausula compromisoria radicalmente e insanablemente nulos y, por ende, inexistentes»[63]. No se puede evitar de observar que estas conclusiones parecen a mayor razón válidas después que el legislador ha atenuado el valor del depósito del laudo y además de haber renunciado a distinguir entre el laudo y sentencia arbitral, abandonado el uso de esta última expresión.

Por otro lado, después de haber establecido su competencia, términos y formas para proponer la impugnación por nulidad[64], son distintamente analizados los vicios de procedimientos que legitiman la impugnación de acuerdo al artículo 829, primer párrafo, del cód.proc.civ.[65], que la ley n.25 de 1994 y el decreto legislativo n.40 de 2006 posteriormente han precisado e integrado en diverso modo, manteniendo en la sustancia el contenido originario.

Se agrega así el motivo de impugnación por nulidad, de acuerdo al segundo párrafo, del art. 829 del cód.proc.civ., dedicado al caso en que los árbitros en el juzgamiento no hayan observado las reglas de Derecho[66].

Para el código de 1940 el laudo era siempre impugnable por este motivo, al menos que las partes o hubiesen declarado no impugnable o hubieran autorizado a los árbitros a decidir según equidad, que por definición no puede ser considerada si no en casos excepcionales, cuanto hayan violado los principios en que se funda el ordenamiento.

Al respecto, con la atención más dirigida al fenómeno de la decisión según equidad que al tema de no impugnabilidad, Carnacini aprueba la opinión «según la cual la preventiva declaración de no impugnabilidad del laudo, en cuanto le substrae de todo control respecto al punto si en el juzgamiento hayan sido no respetadas las reglas de Derecho, equivale a abrir también la puerta a una decisión según equidad; pero se había agregado que en este caso los árbitros, a diferencia del otro en que las partes lo habían autorizado con cualquier expresión, pueden no atenerse a la equidad, debido a la elección de los criterios en que inspirar la decisión respecto a los mismos»[67].

---

63 Carnacini, voz «Arbitrato rituale», loc. cit.

64 Cfr. Carnacini, voz «Arbitrato rituale», cit., § 45, p. 913 y ss.

65 Cfr. Carnacini, voz «Arbitrato rituale», cit., §§ 46-53, p. 915 y ss.

66 Cfr. Carnacini, voz «Arbitrato rituale», cit., § 54, p. 919 y ss.

67 Carnacini, voz «Arbitrato rituale», cit., § 54, p. 919.

No se puede, por otro lado, esconder que, en la sensibilidad actual, el tema de la equidad ha pasado en segundo plano en relación a la inimpugnabilidad.

En efecto, maduró la convicción que, especialmente en materia de comercio, más que una decisión estable y definitiva, no sujeta a posteriores grados de impugnación.

Se comprende así la razón de la trayectoria iniciado con la ley n. 25 de 1994 por el arbitraje con elementos de internacionalidad y posteriormente (efímeramente introducido precisamente por la reforma de 1994) completado por el decreto legislativo n. 40 de 2006. Este último, modificando el segundo párrafo del art. 829 del cód.proc.civ., actualmente el tercer y cuarto párrafos del mismo artículo, ha cambiado la precedente relación entre regla y excepción, permitiendo la impugnación por violación de las reglas de Derecho concerniente a la controversia solo cuando «expresamente dispuesta por las partes o por la ley», salvo cuando la posibilidad de impugnar el laudo «por contrariedad del orden público».

En el sentido de la valorización de la decisión de los árbitros, a la cual es conferida una mayor capacidad de resistencia, es apreciada la modificación del art. 830, primer párrafo, del cód.proc.civ, efectuada por la ley n. 25 de 1994, que, admitiendo la declaratoria de nulidad parcial del laudo cuando este sea escindible y el vicio incida solo en una de las partes, ha rechazado la tesis de la unitariedad e indivisibilidad de la decisión arbitral, de la cual es tratada por la consecuencia de cualquier motivo de nulidad, una vez comprobado, que habría debido variar el laudo. Si bien compartido por varios autores, Carnacini lucidamente criticaba esta orientación, resaltando como este entrase en contradición con el del tiempo considerado mayoritario que admitía los laudos parciales[68]. Reconocido como «el principio de la denominada indivisibilidad del laudo no sea suficiente para asegurar un único destino a la controversia demanda por los árbitros, porque permite que esta última se dirija con más laudos impugnables separadamente»[69], se interrogaba, en efecto, «si vale la pena aún ocuparse»[70]. Es la respuesta no podría ser ofrecida, ya sea distante en muchos años, por la ley n. 25 de 1994, que, habiendo ratificado la posibilidad de laudos parciales, expresamente previstos al tercer párrafo del art. 827 y al cuarto párrafo del art.820, cuarto párrafo, lit. c), cód.proc.civ, ha debido coherentemente considerar respecto al primer párrafo del art. 830 del cód.proc.civ., que el laudo pueda ser anulado solo en parte, conservando por el resto su validez y eficacia.

Finalmente, siempre en el sentido del *favor arbitrati* es comprendido la posibilidad, introducida por la ley n. 25 de 1994, que, anulado el laudo, el posterior juicio rescisorio se desarrolla en sede arbitral. La primera parte del segundo párrafo del artículo 830 del cód.proc.civ., como fue modificado por el decreto legislativo n. 40 de 2006 (que ha perfeccionado el texto de la análoga disposición contemplada por la ley n. 25 de 1994), concede a las partes la

68 Cfr. Carnacini, voz «Arbitrato rituale», cit., § 37, p. 905 y ss.

69 Carnacini, voz «Arbitrato rituale», cit., § 55, p. 921.

70 Carnacini, op. loc. cit.

facultad de prever, en el juicio de rescisión, la controversia en torno a los árbitros. El retorno a los árbitros es, en primer lugar, la regla general por los arbitrajes con elementos de internacionalidad, debido a que la segunda parte del nuevo art. 830, segundo párrafo, del cód.proc.civ. (téngase en cuenta el abrogado art. 838 del cód.proc.civ., dictado para los arbitrajes, por la ley n. 25 de 1994) dispone que el juicio continúe frente al juez estatal para la fase rescisoria, solo cuando las partes haya previamente establecido y requerido a la corte de apelación.

PRÓLOGO

Tito Carnacini, gran académico, catedrático de prestigiosas Universidades, entre las que destacan Urbino y Ferrara, Miembro de la Academia Nacional de Lincei, la Academia de Ciencias de Bolonia, Presidente de la Asociación Italiana de investigadores en el juicio civil, Secretario del Comité de Promoción del Instituto Internacional de Procedimiento Judicial, Rector de la Universidad de Bolonia, entre otras menciones significativas son las que por sí mismas permiten presentar al autor del presente libro.

Carnacini nos dejó en su legado una obra de lectura obligatoria sobre el estudio del "*Arbitraje*" en el ordenamiento jurídico italiano y que, no por su centralidad en dicha legislación, le resta su gran valor doctrinario, exegético y particularmente práctico. El libro consta de cuatro capítulos: En el primer capítulo "Notas introductoras", en el que se desarrolla la naturaleza jurídica del arbitraje, explicando las dos corrientes contrapuestas en el arbitraje ritual y resaltando una tercera posición que critica a las dos primeras, nos muestra diversas opiniones formuladas en relación a la naturaleza del arbitraje y las conclusiones arribadas por el autor respecto a dicha temática.

El arbitraje se nos presenta como una institución alternativa al proceso judicial, un mecanismo alternativo de resolución de conflictos que, en opinión mayoritaria, muestra ventajas en comparación a la jurisdicción ordinaria. Es por ello que los partícipes de este deben –necesariamente- conocer el procedimiento arbitral, desde la etapa inicial, los requisitos, las normas que deben observarse durante este camino, las funciones de las partes y de los árbitros, temas que hábilmente han sido desarrollados por el autor en el segundo capítulo. Sin embargo, no todo en el arbitraje es color de rosa y eso lo pone en evidencia Carnacini al explicar las complicaciones y desenvolvimiento en el arbitraje, entre las que se encuentran la suspensión, interrupción y el denominado por el autor "fin anormal" del arbitraje.

Se destaca también el tercer capítulo denominado "Sentencia Arbitral", que refiere a la parte más importante y delicada del actuar de los árbitros, ya que además de que mediante este pronunciamiento se resolverá sobre el fondo de la controversia, el autor hace hincapié que esta decisión deberá emitirse en un determinado plazo, puesto que en caso de no hacerlo respetando el compromiso asumido, estos estarán obligados a resarcir el daño ocasionado. No obstante, el autor no se detiene en el "resultado final", sino que nos detalla cómo debe ser emitido este pronunciamiento, el cuidado en la redacción y el contenido del laudo, así como otros requisitos de eficacia, en los cuales juega un rol importante el decreto del pretor. Como consecuencia de ello, el autor nos plantea otra posibilidad respecto a la negativa de concesión del decreto, la misma que encuentra relación con su ejecutoriedad e inclusive con la suspensión.

En el cuarto capítulo, Carnacini responde a la interrogante respecto de ¿cuáles son las impugnaciones utilizables contra la sentencia arbitral y cuáles contra la sentencia del juez ordinario pronunciada en sede de impugnación? Desarrolla la naturaleza jurídica y sobre todo detalla los límites de la impugnación por nulidad, para lo cual el autor expone de forma clara la competencia, plazos, las formas para impugnar, las razones que permiten fundamentar esta impugnación, violación de las reglas de derecho, las providencias del juez, entre otros temas de especial relevancia que hacen de esta una obra altamente recomendable.

Finalmente, a quienes apunten a profundizar en el área del arbitraje, a quienes busquen formarse como árbitros, a los estudiosos del derecho de arbitraje y para aquellos investigadores del campo jurídico, tras la lectura del libro de Tito Carnacini, notarán el porqué de la trascendencia de su obra.

Lucero Celeste Ramírez Izaguirre[1]

1 Abogada por la Universidad Nacional Mayor de San Marcos. Estudios de maestría en Derecho Civil y Comercial por la misma casa de estudios. Becaria del VII Programa Internacional de las Naciones Unidas. Jefe de Prácticas en la Universidad Nacional Mayor de San Marcos. Miembro del Taller de Derecho Civil "José León Barandiarán". Autora de diversos artículos en revistas especializadas. Ha participado como ponente en diferentes cursos y seminarios en temas de Derecho Civil y Derecho Administrativo.

ÍNDICE

Sección II. — *Funciones de las partes y de los árbitros en la determinación del contenido del pronunciamiento*

Sección III. — *Complicaciones y desenvolvimiento anormal del procedimiento*

Capítulo III
La sentencia arbitral

Sección I. — *El pronunciamiento del laudo*

Sección II. — *El depósito del laudo y el decreto del pretor*

Capítulo IV
Las impugnaciones

CAPÍTULO I

NOTAS INTRODUCTORIAS

SUMARIO: 1. CARACTERES Y LÍMITES DE ESTA EXPOSICIÓN. - 2. PRERROGATIVAS DEL ARBITRAJE Y OPORTUNIDAD DE REELABORAR LAS NORMAS DE LEY RELATIVAS A ÉL. - 3. CUADRO DE LAS OPINIONES SOBRE LA NATURALEZA JURÍDICA DEL ARBITRAJE FORMULADAS BAJO EL IMPERIO DEL CÓDIGO ANTERIOR. - 4. CUADRO DE LAS OPINIONES SOBRE LA NATURALEZA JURÍDICA DEL ARBITRAJE FORMULADAS BAJO EL IMPERIO DEL CÓDIGO VIGENTE. - 5. CONSIDERACIONES PROPIOS AL RESPECTO.

1. CARACTERES Y LÍMITES DE ESTA EXPOSICIÓN

Recientemente, la lectura de una sentencia de la Corte de casación en Secciones unidas[1], verdaderamente notable por el profundo examen de los problemas en cuestión y por el esfuerzo por resolverla de manera orgánica, ha inducido a uno de nuestros más expertos procesalistas a meditar sobre la superficialidad de los conocimientos corrientes en tema de arbitraje y a afirmar que se trata de materia en la cual todo está por hacer[2]. Para tan gran cometido, que preocupa y atrae entretanto, ésta no es ciertamente la sede apropiada, por lo cual nos limitaremos a ofrecer un cuadro, necesariamente compendioso, del procedimiento arbitral tal como está regulado por la ley en vigor en Italia, sin desdeñar los mayores problemas que de ella nacen: a propósito de lo cual indicaremos la solución que a ellos se da de ordinario, aunque no dejemos de indicar de cuando en cuando las razones de nuestro eventual disentimiento. Por lo demás, en cuanto al ámbito de la presente exposición, advertimos desde ahora que no entran en él ni la parte histórica (véase *Arbitro e arbitratore*), ni las figuras del arbitraje libre o no ritual (véase *Arbitrato irrituale*), del

---

1 Casación, Sec. Un., 9 de mayo de 1956, n. 1505, presidente Brunelli, ponente Gionfrida (*Foro it.*, 1956, I, 847 y sigtes., con nota de ANDRIOLI, *Procedura arbitrale e regolamento di giurisdizione*; *Foro Pad.*, 1956, I, 686 y sigtes., con nota de GARBAGNATI, *In tema di regolamento preventivo di giurisdizione nel corso del procedimento arbitrale*; *Giust. Civ.*, 1956, I, 818 y sigtes., con nota de MARMO, *Recenti orientamenti della dottrina e della giurisprudenza sulla natura giuridica dell'arbitrato rituale*). A propósito de esta sentencia, véase también STELLA RICHTER, *Recentissime di giurisprudenza* (*Riv. trim. civ.*, 1957, 471).

2 Véase ANDRIOLI, *ob. cit.*, 847.

arbitrato o arbitramento (véase *Arbitraggio*), del arbitraje disciplinado por un ordenamiento extranjero (véase *Arbitrato estero*) ni del arbitraje obligatorio o necesario (véase *Giurisdizioni speciali*), que en un tiempo se examinaron bajo designación única conjuntamente con el arbitraje ritual[3]; respecto del cual queda, en cambio, confirmado el modelo seguido también en el pasado[4], que reserva para una voz especial incluso el estudio del compromiso y de la cláusula compromisoria, comprendidos el nombramiento y la aceptación de los árbitros, así como sus derechos y deberes (véase *Compromesso*).

2. PRERROGATIVAS DEL ARBITRAJE Y OPORTUNIDAD DE REELABORAR LAS NORMAS DE LEY RELATIVAS A ÉL

No parece ya que sea el caso de detenerse sobre la antigua diatriba referente a la oportunidad de conservar o no el instituto del arbitraje ritual[5]:. como se ha observado con razón, la profecía según la cual la concepción publicística del proceso civil terminaría por eliminarlo[6], no podía menos de ser desmentida por la experiencia[7]. Nadie, ni en Italia ni en los países cuyos ordenamientos jurídicos son más conocidos entre nosotros, piensa en desterrarlo ni mucho menos, mientras que es siempre válida la observación de que es tan exagerado considerar al arbitraje como un mero residuo del pasado, como tenerlo por un anticipo de mejor justicia futura[8]. Aunque hoy no es él la única vía para obtener una decisión de equidad en cualquier controversia sobre derechos disponibles, ya que el código vigente, con una innovación que no ha encontrado en la práctica la aplicación que tal vez merecía, consiente a las partes hacer concorde requerimiento de él al mismo juez togado (art. 114), y no hay que decir que cuando se quiera un pronunciamiento con eficacia de sentencia desvinculada de las reglas de derecho, se recurre de ordinario todavía a los árbitros amigables componedores; a lo más, aparte del prototipo al cual debe referirse la decisión, el arbitraje ritual representa siempre el único medio con

3 Cfr. CARNACINI-VASETTI, en *Nuovo digesto italiano*, voz *Arbitri*, Torino, 1937, vol. I, págs. 648 y sigtes.

4 Cfr. REDENTI, en *Nuovo digesto italiano*, voz *Compromesso*, Tormo, 1938, vol. III, págs. 482 y sigtes.

5 Véanse los extremos resumidos a la luz también de la relación PISANELLI al Código de procedimiento civil de 1865, en CARNACINI-VASETTI, *ob. cit.*, págs. 652 y sigtes., ns. 4-5. En cuanto a las fortunas a que el instituto del arbitraje ha estado sujeto, cfr. la relación misma de MINOLI, en *Studi e proposte per una legge uniforme sull'arbitrato* (*Atti del Convegno internazionale per la riforma dell'arbitrato*, Cadenabbia-Milano, 3-4- 5-6 de junio de 1954, Milano, 1955, págs. 39 y sigtes.).

6 A propósito de esta profecía, véase la conocida opinión de MORTARA, *Commentario del Codice e delle leggi di procedura civile*, Milano, s/f., vol. III, págs. 36 y sigtes., ns. 34 y sigtes.

7 También CARNELUTTI, *Postilla a Il convegno internazionale per la riforma dell'arbitrato* (*Riv. dir. proc.*, 1954, I, 129).

8 También CHIOVENDA, *Principii di diritto processuale civile*, 3ª ed., Napoli, 1923, pág. 112; ID., *Istituzioni di diritto processuale civile*, Napoli, 1933, vol. I, pág. 72 n. 26.

el cual, evitando además la publicidad del procedimiento, se ajustan a la litis tanto el juez como el proceso, ya que el primero es elegido (por las partes o por los árbitros ya nombrados o por un tercero, como, por ejemplo, por el presidente del tribunal: art. 810) en función de la controversia singular, al paso que el desarrollo del segundo se establece, también aquí para cada caso, por las mismas partes, o en su defecto por los árbitros mismos (art. 816, aps. 1° y 2°). Un factor determinante de difusión del arbitraje ritual no puede, en cambio, considerarse en el deseo común de las partes de escapar al peligro fiscal[9], ya que también a los árbitros, lo mismo que a los jueces togados, se les impone ahora la prohibición, si no quieren responder personalmente del impuesto y del sobreimpuesto, de tomar en consideración los documentos sometidos a registro y no registrados y de pronunciar a base de ellos el laudo que debe luego ser depositado en la secretaría de la pretura, obligada a su vez, a trasmitirlo al oficio del registro dentro de cinco días a partir de la emisión del decreto de ejecutoriedad (art. 80, ap. I, n. 2, del Real Decreto del 30-XII-1923, n. 3269) (n. 22): tan es así, que para evitar la vigilancia fiscal ha cundido ya la costumbre de recurrir, más que a los árbitros rituales, aunque autorizados para decidir según equidad, a los no rituales o libres, y precisamente éste es uno de los motivos a que se debe en la práctica la fortuna de esta figura, no reconocida todavía explícitamente por nuestro legislador (véase *Arbitrato irrituale*, ns. 1 y 2)[10].

Pero si ya no se discute sobre la oportunidad de conservar en vida el arbitraje ritual, queda siempre abierto, en cambio, y actual el problema de su mejor reglamentación por obra de la ley. A las disposiciones contenidas en los arts. 8 al 34 del antiguo Código de proc. civ. de 1865, inspiradas a su vez en los precedentes modelos sardos y en alguna que otra legislación preunitaria, derivados todos ellos del tronco común francés, pero no insensibles, por

9 En contra, CARNELUTTI, *Istituzioni del processo civile italiano*, 5ª ed., Roma, 1956, vol. I, pág. 64, n. 62 (una alusión también en la *Postilla* ya citada a la penúltima nota), quien, entre las razones por las cuales pueden preferir las partes la solución de la litis por medio de los árbitros a la solución procesal ordinaria, enumera, poniéndola en el mismo plano que las otras y sin tomar en cuenta las normas vigentes en materia de impuesto de registro, también la dificultad de valerse en el proceso ordinario de documentos que no se encuentren en regla con las prescripciones tributarias. Esto no puede menos de provocar sorpresa, si se piensa que el mismo autor, unos renglones más adelante, repite la observación precedentemente formulada por él, cuando había contemplado exactamente en el deseo de las partes de someter ciertos negocios suyos a la vigilancia fiscal, el motivo más válido del recurso al arbitraje no ritual o libre (CARNELUTTI, *Sistema del diritto processuale civile*, Padova, 1936, vol. I, pág. 557, n. 219), tal como aquí se dice un poco más adelante en el texto.

10 Ya CALAMANDREI, *Il processo civile sotto l'incubo fiscale* (*Riv. dir. proc. civ.*, 1931, I, 56, y *Studi sul processo civile*, Padova, 1934, vol. III, pág. 82), había atribuido el creciente éxito del arbitraje libre o no ritual a la posibilidad ofrecida por él de sustraer la decisión de las controversias jurídicas a los peligros fiscales, aunque se consideraba también conducente a ese efecto el propio arbitraje ritual según equidad.

ejemplo, al código del Cantón de Ginebra[11], han sucedido, como se sabe, las normas que cierran el código vigente (arts. 806-831, así como también el art. 196 de las Disp. de apl.); pero a pesar de que en tales normas se haya contemplado también recientemente un progreso en relación a las anteriores[12], el hecho es que ésta es actualmente la parte de nuestra legislación procesal civil de la cual se auspicia más vivamente una completa reelaboración, a fin de ajustarla a las más recientes exigencias, y aun acaso a fin de realizar, con la colaboración también de competentes extranjeros, un texto que pueda interesar a otros países de concepción jurídica homogénea a la nuestra[13].

Esto supuesto, no podemos menos de atenernos aquí a las normas vigentes, con referencia a las cuales trataremos ante todo de puntualizar la naturaleza jurídica del arbitraje ritual.

3. CUADRO DE LAS OPINIONES SOBRE LA NATURALEZA JURÍDICA DEL ARBITRAJE FORMULADAS BAJO EL IMPERIO DEL CÓDIGO ANTERIOR

Los precedentes de la cuestión son conocidos. Ya bajo el imperio del código de 1865 el campo estaba dividido[14]: prescindiendo de alguna que otra opinión aislada que ponía el acento sobre una característica más que sobre otra, o que llegaba incluso a concepciones aberrantes, dos eran las corrientes principales que se enfrentaban en doctrina y en jurisprudencia: una, que atribuía al arbitraje ritual naturaleza jurisdiccional (o por lo menos publicística), y otra que, negándole tal naturaleza, le atribuía naturaleza meramente privada. Tomando como base una conocida observación según la cual los árbitros son ciertamente designados por las partes, pero es de la ley de donde derivan el poder de juzgar, la corriente jurisdiccionalística, a la cual había terminado por adherirse la misma jurisprudencia y en la cual se acostumbraba a hacer entrar también a los que hablaban de ejercicio privado

---

11 A propósito de los inmediatos precedentes de la reglamentación del arbitraje, tal como se encontraba en el Código de procedimiento civil de 1865, cfr. CARNACINI-VASETTI, *ob. cit.*, pág. 652, n. 4.

12 MINOLI, *ob. cit.*, pág. 42, n. 2.

13 Este fue el *leit motiv* surgido, en lo que atañe al arbitraje ritual interno, del Convenio internacional para la reforma del arbitraje, a partir de la ya citada relación de MINOLI, hasta la moción final (*Atti*, cit., de pág. 39 a págs. 271 y sigtes.); cfr., además, del mismo MINOLI, *Per un nuovo testo di legge sull'arbitrato* (*Foro Pad.*, 1957, III, 45); VECCHIONE, *Prospettive per una disciplina uniforme dell'arbitrato nelle legislazioni europee* (ed. sep. del *Annuario di Dir. Comp. e Studi legislativi*, 1957, XXXII).

14 Acerca de la cuestión de la naturaleza jurídica del arbitraje en los últimos tiempos en que estuvo en vigor el código de 1865, véase la exposición sintética contenida en CARNACINI-VASETTI, *ob. cit.*, págs. 653 y sigtes., n. 6, a la cual remitimos también para lo que atañe a las remisiones bibliográficas, totalmente omitidas aquí cuando se trate de obras allí citadas. Además, bajo el imperio del mismo código, cfr., posteriormente, REDENTI, *Profili pratici del diritto processuale civile*, 2ª ed., Milano, 1939, págs. 189 y sigtes., ns. 125-28; BARBARESCHI, *Gli arbitrati*, Milano, 1937, págs. 6 y sigtes., ns. 6-19.

en funciones públicas, se había llegado a ver en los árbitros verdaderos y propios jueces, en el compromiso una ampliación de jurisdicción, en el laudo (aun antes del decreto de ejecutoriedad) una verdadera sentencia, en el decreto del pretor un simple acto administrativo de aprobación, y en la responsabilidad de los árbitros de que se trata en el art. 34, ap. 3° del Cód. proc. civ. de 1865, una responsabilidad análoga a la de los jueces togados del art. 783 del mismo código. En contra estaba la concepción privadística, la cual, en sus formulaciones extremas (la llamada teoría contractualística pura), llegaba incluso a enumerar el arbitraje entre los casos en que el arbitrio del tercero es elemento de determinación de la voluntad privada (manifestada indeterminadamente en el compromiso), y a considerar el laudo obligatorio de por sí en virtud del principio de la obligatoriedad de los contratos, al paso que en el decreto del pretor solo contemplaba el instrumento para dar a dicho laudo la calidad de título ejecutivo. Como quiera que fuere, aun sin llegar a tanto, algunos rechazaban igualmente, como profundamente equivocada, la opinión que atribuía al arbitraje carácter jurisdiccional, y le reconocían, en cambio, naturaleza meramente privada, en virtud, ante todo, de la observación de que los árbitros, a diferencia también de los particulares a quienes se encomiendan funciones públicas, están desprovistos, en el curso del procedimiento, de todo poder coactivo para investigar a testigos, ejecutar inspecciones oculares, etc. Según esta dirección, más moderadamente privadística, el laudo no habría sido ni sería más que una obra de lógica jurídica, afín al dictamen del jurista o a la pericia del técnico, que una vez llevada a cabo en las materias consentidas por la ley y en las formas y por las personas determinadas por esa misma ley, sería hecha propia por el Estado como materia prima de una sentencia; consiguientemente, esta última, en cuanto laudo más decreto de ejecutoriedad, consistiría en un acto complejo "en que el acto privado aporta la materia lógica, y el acto del órgano público aporta la materia jurisdiccional de una sentencia". De aquí la inclusión del arbitraje en los casos de fraccionamiento de las operaciones del juicio, y de aquí el carácter puramente negativo del compromiso, que constituye, no una ampliación, sino una derogación de la función jurisdiccional.

Entre estas dos diferentes tesis, jurisdiccionalística y privadística, se había situado una tercera, que a la primera le oponía la objeción de no tomar en cuenta que el laudo sin el decreto de ejecutoriedad no es sentencia, ya que le falta, no solo la eficacia ejecutiva, sino también y sobre todo la obligatoria, y que reprochaba a la segunda que no distinguía entre intensidad y naturaleza de la función desplegada por los árbitros, ya que, si indudablemente el poder de ellos sería menos pleno que el de los jueces ordinarios, como subordinada que estaba la eficacia del laudo a una homologación, en cambio, la naturaleza de la función sería siempre la misma. Por lo tanto, los árbitros, como jueces instituidos por el Estado, pero designados por las partes, en cuanto el pretor concurriría a la formación de la sentencia arbitral como acto complejo, pero no en el sentido de que el segundo haría propiamente el juicio lógico de los primeros, pues de lo contrario resultaría irrelevante su proveniencia, sino en el otro sentido de que también a los árbitros les atribuiría la ley una función judicial bajo forma de colaboración en la decisión. Por consiguiente, el compromiso implicaría una ampliación de jurisdicción, ya que no solo impediría la constitución de la relación procesal ante el juez ordinario, sino que produciría también el efecto de constituir una distinta relación procesal, en virtud de la cual, por obra de los árbitros y del pretor, se decidiría la controversia tal como hubiera sido definida mediante una sentencia del juez ordinario.

A esta tercera tesis, en el breve lapso de unos pocos años antes de la promulgación del código vigente[15], se le reconoció a modo de conclusión el indiscutible mérito de haber inventado una armónica coordinación de la actividad de los árbitros y de la del pretor, pero se le objetó también que no había explicado cómo no solo la intensidad de la función de los árbitros sería menor que la de los jueces ordinarios, sino cómo, además, ellos, para ejercitar dicha función, no gozarían del conjunto normal de los poderes llamados jurisdiccionales; lo que los árbitros realizan, se escribió, de suyo, no tiene eficacia alguna mientras no intervenga el decreto del pretor que colorea *ex post* cuanto ellos realizaron, elevándolo al nivel de la actividad jurisdiccional, pero sin que se le pueda desconocer, en cuanto atañe a su proveniencia y a su modo de formación, carácter privado.

4. CUADRO DE LAS OPINIONES SOBRE LA NATURALEZA JURÍDICA DEL ARBITRAJE FORMULADAS BAJO EL IMPERIO DEL CÓDIGO VIGENTE

Promulgado el nuevo Código de procedimiento civil, no se puede decir ciertamente que la *vexata quaestio* hubiera encontrado una solución unánime[16]; como frecuentemente ocurre, desaparecieron o aparecieron (gracias acaso al tenor literal mismo de las nuevas normas de ley) las exasperaciones de la una y de la otra tendencia, en virtud de lo cual no parece, por ejemplo, que se insista todavía de un lado en reducir el arbitraje ritual a mera *species* del *genus* arbitramento, y del otro en ver en los árbitros verdaderos y propios jueces cuya responsabilidad civil esté regulada, como lo está la de los jueces togados, por el art. 55 (que corresponde al art. 783 del Cód. proc. civ. de 1865)[17]. Pero

15 CARNACINI-VASETTI, *ob. cit.*, pág. 655, n. 6.

16 La más reciente y amplia enumeración de las diversas opiniones, consideradas sobre la base de cada una de las direcciones, pero independientemente del Código vigente en el momento de su formulación, es la de CAPACCIOLI, *L'arbitrato nel diritto amministrativo*, vol. I: *Le Fonti*, Padova, 1957, especialmente págs. 16 y sigtes., ns. 6 y sigtes., a la cual remitimos para mayores y más detalladas noticias.

17 Merece ser recordado *per incidens* que D'ONOFRIO, *Commento al Codice di Procedura Civile*, 4ª ed., Torino, 1957, vol. II, pág. 471, n. 1274, en virtud de la observación de que los árbitros suministran el elemento lógico del juicio, llega a calificarlos de órganos transitorios del Estado, aun negando que cumplan con una función pública.

las distinciones, más o menos nítidas, más o menos esfumadas, persisten, precursoras de indudables consecuencias prácticas, como dentro de poco indicaremos.

Así, tenemos quien todavía habla de asunción por un particular de una función pública o de un servicio público (como en la hipótesis del ciudadano que arresta al autor de un delito sorprendido en flagrancia, o que en el caso de calamidad o de otras subversiones públicas, presta ayuda a las fuerzas de policía), en virtud de lo cual el árbitro, aun siendo y permaneciendo un particular, terminaría por asumir y ejercer funciones jurisdiccionales, con la consecuencia de que el laudo seria ya una verdadera y propia sentencia, provista de fuerza obligatoria y a la cual solo le faltaría la fuerza ejecutiva que le es atribuida por el decreto del pretor, necesario a su vez por el hecho de que dicho laudo es pronunciado por un órgano que no pertenece a la jurisdicción normal[18]. En el polo opuesto encontramos, en cambio, a quien continúa viendo en el recurso a los árbitros la expresión de un más íntimo acuerdo, dirigido a la renuncia a la jurisdicción y, por tanto, a la acción, limitadamente a la resolución de controversias[19]. Pero, aun sin llegar a tanto, no faltan quienes se mantienen firmes en que el proceso arbitral no es jurisdiccional[20], mientras que, pasando por la opinión de quien atribuye a los árbitros poderes casi jurisdiccionales (ya que su ejercicio, aun sin ser inmediatamente productor de efectos jurídicos iguales a los que brotan de una sentencia ordinaria, termina por producirlos cuando el pretor ha concedido el decreto de ejecutoriedad)[21], se llega a la

18 Así U. Rocco, *Trattato di diritto procesuale civile*, Torino, 1957, vol. I, págs. 128-57.

19 Así, Satta, *Diritto processuale civile*, 5ª ed., Padova, pág. 634, n. 531, quien en consecuencia excluye que los árbitros tengan un elemento cualquiera de la jurisdicción, y considera errónea la orientación jurisprudencial que, como se verá dentro de poco, en el texto y en la nota correspondiente, admite la reglamentación de competencia entre los árbitros y los jueces ordinarios.

20 Cfr. Andrioli, *loc. cit.*, así como procedentemente, *Commento al Codice di Procedura Civile*, 2ª ed., Napoli, 1947, vol. III, págs. 526 y sigtes.; Lugo, *Manuale di diritto processuale civile*, Milano, 1955, págs. 373 y sigtes. Pece, *Questioni in tema d'arbitrato* (*Giur. Compl. Cass. Civ.*, 1953, I, 216). Cfr. también Furno, *Appunti in tema di arbitramento e di arbitrato* (*Riv. dir. proc.*, 1951, II, 157 y sigtes.) y *Alcune questioni in materia d'arbitrato* (*Giurispr. ital.*, 1951, I, 1, 617, y sigtes.): así como también, especialmente en lo referente a la naturaleza privada del arbitraje, S. COSTA, *Manuale di diritto processuale civile*, Torino, 1955, pág. 80, n. 65.

Particular consideración merece la detallada construcción de Calamandrei, *Istituzioni di diritto processuale civile*, Padova, 1944, vol. II, págs. 172-77, n. 104, según la cual los árbitros (entendidos como auxiliares de justicia) se presentarían en carácter de privados que cumplen en el proceso un trabajo que en su defecto habría de ser cumplido por el juez, y no tendrían fracción alguna de poderes jurisdiccionales, así como el laudo no incluiría en sí la eficacia de un acto jurisdiccional, pero ésta le sería conferida luego desde fuera mediante el decreto del pretor (sin que Calamandrei aluda al efecto reflejo *a tergo*, sobre todo el precedente proceso arbitral de que más adelante se habla en el texto y en la nota 23).

21 Así Garbagnati, *In tema d'impugnazione per nullità del lodo arbitrale* (*Riv. dir. proc.*, 1947, II, 248 y sigtes., especialmente 256 y sigtes., n. 4), así como también *In tema di regolamento preventivo di giurisdizione nel corso del procedimiento arbitrale*, ya citado.

tendencia que, aun negando al laudo tomado en sí y por sí la naturaleza de sentencia, le reconoce, sin embargo, como a acto institucionalmente destinado a integrarse con la providencia de homologación del juez togado, la calidad de acto público, y hasta de acto jurisdiccional, así como serían públicas, y hasta jurisdiccionales, la función y la actividad de los árbitros[22].

De todos modos, sin que podamos detenernos aquí en cada una de las opiniones y en sus diferencias de claroscuro, merece subrayar la posición recientemente adoptada por la jurisprudencia, cuando ha remontado al punto fundamental de la naturaleza del arbitraje ritual a fin de resolver, entre otras cosas, ya el problema de la practicabilidad o no del reglamento preventivo de jurisdicción en pendencia de un procedimiento arbitral, ya, antes todavía, la cuestión sobre si la excepción de compromiso debe someterse o no a la disciplina de la excepción de incompetencia, con la consiguiente aplicabilidad o no del reglamento necesario o facultativo de competencia en orden a la sentencia del juez ordinario que respectivamente acoja o rechace dicha excepción. Al uno y al otro efecto nuestros jueces han terminado ciertamente por plegarse a la orientación que, hacia el final del período de vigencia del Código de 1865, negaba ya al laudo toda eficacia mientras no hubiese intervenido el decreto del pretor, y atribuía ya a este último el efecto de colorear *ex post* la obra de los árbitros, elevándola al nivel de la actividad jurisdiccional, aun no desconociéndole, en lo que atañe a su proveniencia y a su modo de formación, carácter privado (n. 3 *in fine*). En efecto, en la huella

---

22 Así Capaccioli, *loc. cit.*, a quien remitimos, no pudiendo poner aquí de manifiesto las particularidades de la construcción allí ampliamente contemplada, entre las cuales las hay que dejan sumamente perplejos (como, por ejemplo, el pretendido carácter público también del acto de nombramiento de los árbitros: págs. 66-68), mientras que otras hay que compartir *in toto* (como, también en vía de ejemplo, en lo concerniente a las relaciones entre laudo y decreto de ejecutoriedad, y en cuanto a la convincente crítica al empleo de la construcción de la *conditio iuris*: especialmente, págs. 26-34).

En el sentido de que la función de los árbitros sea pública y jurisdiccional, aunque esta opinión no esté siempre formulada en términos tan simples y vaya a veces acompañada por precisiones principalmente en lo que respecta a la contractualidad de la fuente inmediata y directa del arbitraje, cfr. Jaeger, *Diritto processuale civile*, 2ª ed. Torino, 1943 págs. 73-75 y 817- 19, también *Corso di diritto processuale civile*, Milano, 1956, págs. 511 y sigtes. Boscarelli, *La tutela penale del processo*, Milano, 1951, vol. I, págs. 16-19; y sobre todo el amplio examen de Vecchione, *L'arbitrato nel sistema del processo civile*, Napoli, 1953, págs. 28-45, ns. 18-25.

Recientemente, en un libro publicado cuando esta voz estaba ya compuesta en gran parte y del cual se ha podido tener en cuenta solamente en el cuarto y último capítulo, Schizzerotto, *Dell'arbitrato*, Milano, 1958 págs. 5-13, ns. 3-6, niega que "el arbitraje constituya un desgarro a la exclusividad del poder jurisdiccional que corresponde en vía exclusiva al Estado", ya que este último ejercería dicha potestad indiferentemente, ya a través de los jueces ordinarios, ya, excluidas determinadas cuestiones y la elección de los interesados, por medio del juez "árbitro-pretor", el cual, por tanto, desplegaría una función pública (*ob. cit.*, pág. 194, n. 80).

de un más completo y sustancioso desarrollo de esta opinión[23], la Corte de casación, remitiéndose a varias normas de derecho positivo en virtud de las cuales el decreto del pretor confiere al laudo eficacia y nombre de sentencia, ha afirmado reiteradas veces que el procedimiento arbitral adquiere carácter jurisdiccional *ex post*, y solamente *a tergo*, mediante la providencia del órgano estatal en el cual se compenetra, fundiéndose, el juicio lógico de los árbitros[24]; y que en espera de ella, no pueden reconocerse, en cambio, a la instauración de dicho procedimiento los efectos procesales propios de la demanda dirigida a los órganos jurisdiccionales, sobre todo aquellos que se vinculan al fenómeno de la litispendencia[25]. De aquí la imposibilidad para el juez ordinario, aun habiéndose acudido a él estando pendiente el proceso arbitral, de despojarse de la causa sino previa excepción de compromiso, y el poder en él de juzgar en todo caso si ella es fundada (con facultad, para la parte vencida, de impugnar la tal decisión mediante la regulación de competencia)[26]; de aquí

---

23 Cfr. Redenti, *Diritto processuale civile*, 2ª ed., Milano, 1954, vol. III, págs. 445 y sigtes., ns. 263 y sigtes., especialmente, págs. 459 y sigtes., n. 265, IV,. para el cual la función de los árbitros, aun tomando origen de un acto entre particulares, se hace pública (vicaria de la función jurisdiccional) gracias al crisma que debe concedérsele *ex post facto* y con reflejo *a tergo* por el pretor, el cual, como órgano y oficio del Estado, da el decreto de ejecutoriedad; en consecuencia, si ese crisma no sobreviene o se acoge luego la impugnación por nulidad, los árbitros (o seudoárbitros) no habrían ejercido una función pública (sin un título legítimo o reconocimiento legítimo), para lo cual en definitiva *respice finem*.

Es interesante también observar que Carnelutti, al cual se debe la tesis por así decir intermedia expuesta y perfeccionada por él varias veces bajo el imperio del código anterior al vigente (*supra*, n. 3), se limita ahora a considerar el arbitraje como un subrogado procesal, e insiste también él en la eficacia que el posterior crisma del pretor tendría sobre la naturaleza misma del tal instituto, ya que excluye que la composición de la litis obtenida a través de los árbitros tenga carácter público, pero inmediatamente agrega que puede adquirirlo mediante el decreto de ejecutoriedad (así *Istituzioni* cit., vol. I, págs. 63 y sigtes., n. 62).

Últimamente Marmo, *ob. cit.*, pág. 821, n. 3, al aprobar la decisión de la Casación, Secciones unidas, del 9 de mayo de 1956, n. 1505, ha llegado a afirmar que la concepción mixta del arbitraje ritual (según la cual este último, en su primera fase anterior al decreto del pretor, no presentaría los caracteres del proceso jurisdiccional, que solo adquiriría *ex post o a tergo*, gracias a dicho decreto) resultaría la más idónea para interpretar el mencionado arbitraje, ya en el plano histórico y lógico, ya también en el plano del derecho positivo.

24 Cfr., últimamente, Casación, 30 de setiembre de 1955, n. 2721 (*Giurispr. ital.*, 1955, I, 1, 917, con nota de Berri, *Sulla natura giuridica dei lodi arbitrali inglesi*), y sobre todo Casación, Sec. un., 9 de mayo de 1956, n. 1505, cit., y las remisiones que allí se hacen, en la motivación.

25 Cfr., también, Cas., Sec. un., 9 de mayo de 1956, n. 1505, cit. así como también Corte de Apelación de Génova, 22 de febrero de 1954 (*Temi gen.*, 1954, 75). Véase también Casación, 15 de junio de 1954, n. 2017 (*Rep. Foro it.*, 1954, voz *Arbitrato*, 187, ns. 44 y 45).

26 A propósito de esta opinión ya arraigada en jurisprudencia pese a las críticas de una parte de la doctrina, saliéndose ella de los límites del presente estudio (véase *Compromesso*), nos limitaremos a remitir a Vecchione, *ob. cit.*, págs. 199 y sigtes., n. 74, y a Schizzerotto, *ob. cit.*, págs. 108 y sigtes., n. 48, así como a las numerosas remisiones contenidas en una y otra obra, a las cuales deben agregarse la citada sentencia de la Casación, Sec. un., del 9 de mayo de 1956, n. 1505; así como también Corte de Apelación de Florencia, del 19 de enero de 1957 (*Foro it.*, 1958, I, 118); Casación, 16 de mayo de 1957, n. 1749 (*Giust. civ.*,

la inadmisibilidad, una vez que se trate de un juicio ante los árbitros, de la reglamentación preventiva de jurisdicción, que presupone la pendencia de un proceso ante un órgano jurisdiccional, sea ordinario o especial[27].

5. Consideraciones propias al respecto

Este es, a grandes rasgos, el cuadro actual de las opiniones acerca del arbitraje y de algunas consecuencias que de él se siguen, cuadro en que la jurisprudencia, como a menudo ocurre, ha venido adoptando una posición intermedia y central, al punto de que alguien ha inferido de ello una hoy afirmada prevalencia de la llamada teoría mixta. No todos se conforman con ello, ya que hemos visto desde el comienzo de esta voz, bajo un aspecto todavía más general (n. 1) y, por lo demás, bastaría una cualquiera modificación legislativa, elegida hasta entre las que han sido recientemente auspiciadas, para constreñir a someter de nuevo a estudio el problema: dígase lo mismo, por ejemplo, en cuanto a la propuesta de reforzar los poderes de los árbitros, atribuyéndoles la facultad de pedir a la autoridad judicial, para los singulares instructores que a ello se dediquen, la conminatoria de las sanciones y medidas coercitivas previstas, para situaciones análogas en el proceso civil[28]. Lo cierto es que, evidentemente, se hace trabajo inútil cuando se habla del arbitraje y de su esencia misma sin afirmar bien los pies en el derecho positivo; pero éste, a su vez, no parece fruto de una clara concepción, por lo cual el intérprete, en espera de una mejor y más orgánica reglamentación, termina por moverse en aguas inseguras.

En lo poco que pueda valer la ubicación de la materia en el código, lo cierto es que hoy la encontramos contemplada, no entre las disposiciones

---

1957, I, 1944); Id., 10 de julio de 1957, n. 2763 (*Mass. Giust. civ.*, 1957, 1059). En cuanto a la tesis según la cual la excepción de compromiso daría lugar, en cambio, a una cuestión de jurisdicción, cfr., por todos, Lessona, *Conflitto tra arbitri e giudizio ordinario c regolamento di giurisdizione* (*Riv. dir. proc.*, 1946, II, 1 y sigtes.), mientras que en cuanto a la otra que en dicha excepción se ve más concretamente una denuncia convencional al procedimiento de cognición ordinario, cfr. Calamandrei, *Istituzioni*, cit., vol. II, págs. 173 y sigtes.: Januzzi, observación en *Giurispr. ital.*, 1951, I, 1, 153; así como también la aislada sentencia de la Casación, 21 de diciembre de 1945, n. 84 3 (*Giur. Compl. Cass. Civ.*, 1945, II, 654) Cfr. También Redenti, voz *Compromesso*, cit., págs. 505-06, ns. 63 y 64.

27 Nos referimos siempre a la sentencia de la Cas., Sec. un., del 9 de mayo de 1956, n. 1505, a propósito de la cual ténganse presentes las diversas apreciaciones de Andrioli, de Garbagnati y de Marmo en los comentarios aquí citados en la primera nota del presente capítulo. Cfr. también Schizzerotto, *ob. cit.*, págs. 122 y sigtes., n. 55.

28 Esta propuesta entra en las presentadas por la Sección de derecho procesal civil del Comité organizador en el Convenio de Cadenabbia de 1954, y no encontró ninguna objeción sustancial por parte de los reunidos (cfr. *Atti*, cit., pág. 69, n. 6; véanse también págs. 114 y 197 y sigtes., donde se reproducen las observaciones al respecto, de comentario y luego, resumidas de réplica a los varios oradores, de Allorio, vueltas a publicar ahora con el título de *Per una riforma dell'arbitrato*, en el volumen *Sulla dottrina della giurisdizione e del giudicato e altri studi*, Milano, 1957, respectivamente, en págs. 559 y sigtes., y 575 y sigtes.).

preliminares, como transición de la actividad meramente conciliadora a la jurisdiccional (n. 2), sino que la encontramos, como es sabido, en el libro de los procedimientos especiales[29], e incluso al final de ellos, y hasta después de las normas que entran en juego cuando se quiere atribuir eficacia a las sentencias extranjeras y la ejecución a otros actos de autoridad extraterritoriales. Pero no se trata de una especialidad necesaria, por así decirlo, en el sentido de que esté impuesta por el código como único camino para obtener una determinada providencia (según ocurre, por ejemplo, con la convalidación de desalojo o con las medidas cautelares), o bien en razón de la materia de que se discute (según hay que decir, también a título de ejemplo, de los procedimientos en materia de familia y de estado de las personas, o de los relativos a la apertura de las sucesiones, o a la liberación de los inmuebles de sus hipotecas); sino que el código considera el arbitraje como un subrogado o equivalente que induce a pronunciamiento de contenido vario, según derecho o según equidad, poco importa, mientras que la elección de este equivalente, tratándose de un camino ulterior concedido por el ordenamiento jurídico en adición o sustitución del siempre experimentable proceso ordinario de cognición, se remite a la libre voluntad de las partes, en los límites de la disponibilidad a ellos reconocida y en el estrecho ámbito en que esa voluntad se haya manifestado[30]; tan es así, que también en proceso arbitral en curso, y hasta en laudo ya emitido y hecho ejecutivo, las partes pueden decidir que no lo toman en cuenta y pueden iniciar *ab ovo* un juicio ordinario, a diferencia de lo que ocurre con las sentencias de la autoridad judicial (n. 43, texto y nota 2). Para que se deba, y no solo se pueda, invocar el camino del arbitraje es necesaria una especial disposición de ley, extraña como tal al Código de procedimiento civil (véase *Giurisdizioni speciali*), mientras que bajo el aspecto aquí considerado no tiene importancia el hecho de que el recurso al proceso arbitral ritual esté impuesto a las partes por el ordenamiento interno de las asociaciones o entidades que al mismo se hallan voluntariamente adheridas[31].

Como quiera que sea, una vez decidido de común acuerdo (mediante el compromiso o la cláusula compromisoria), o por imposición de ley, que se

29 Esta ubicación como es obvio, no significa de suyo que se trate también de un juez especial a tenor del art. 37 del Cód. proc. civ., pues de lo contrario tendrían razón, sin más, aquellos para quienes la excepción de compromiso daría lugar a una cuestión de jurisdicción y, por tanto, consideran en tal caso aplicable la correspondiente reglamentación de jurisdicción (n. 4 *in fine*).

30 Sobre el punto, a la verdad unánimemente aceptado, de que la derogación a la cognición del juez ordinario contenida en un compromiso o en una cláusula compromisoria debe ser interpretada en sentido absolutamente restrictivo, cfr. Casación, 27 de setiembre de 1957, n. 3529 (*Mass. Giust. civ.*, 1957, 1324, y referencias que allí se hacen), así como también los precedentes recordados por Vecchione, *Caso clinico in materia di giurisdizione volontaria e d'arbitrato* (*Temi*, 1957, 165 y sigtes., especialmente 184).

31 Al respecto, cfr. Nobili, *L'arbitrato delle associazioni commerciali*, Padova, 1957, en las partes en que se ocupa de las asociaciones que imponen arbitrajes rituales, no otras figuras extrañas a la presente voz.

adopta la vía de este procedimiento particular, comienzan las fundamentales diferencias respecto del juicio ordinario: las cuales, al inicio mismo, consisten no solo en la necesidad de crear el órgano juzgador, nombrándolo o haciéndolo nombrar por un tercero y esperando a que todos sus componentes acepten por escrito el encargo (y se sometan así a la responsabilidad por los daños del art. 813, ap. 2°, no de los arts. 55-56 del Cód. proc. civ.), sino también en el hecho de que *in iure condito* la instauración del proceso arbitral no parece dar lugar, en relación al juez ordinario, a la litispendencia ex art. 39 y a las consecuencias que de ello se siguen, entre otras, respecto de las causas conexas (art. 40, ap. 1°)[32], ni legítima, por lo que hemos visto (n. 4 *in fine*), la proposición de la reglamentación preventiva de jurisdicción ex art. 41, así como la opinión dominante excluye la proponibilidad de la reglamentación de competencia contra el laudo (hecho ejecutivo) mediante el cual los árbitros hayan decidido si pueden o no conocer de la cuestión de que hayan sido investidos (n. 43). En lo que atañe, por lo demás, a la figura de los árbitros, no hay que olvidar lo que de ordinario no se tiene presente, a saber, que en sede de redacción del Código penal los árbitros rituales, así sea en virtud del superado concepto según el cual entraría entre los terceros cuyo arbitrio es elemento de determinación de la voluntad privada (ns. 3 y 4), no han sido considerados oficiales públicos, ni siquiera temporales, y menos aún encargados de un servicio público o ejercientes de un servicio de necesidad pública (arts. 357- 359, Cód. pen.)[33]; mientras que es sabido que están desprovistos de todo poder coercitivo, tanto frente a las partes, como *a fortiori* frente a terceros (n. 21), así como no pueden conceder providencias cautelares (n. 25), ni dirigirse por su iniciativa o de cualquier modo directamente a la autoridad judicial, ni en general a la autoridad pública, a fin de estimularla a hacer todo lo que a ellos les está precluido. En cambio, donde es relevante la voluntad autónoma de las partes, o en su defecto la de los árbitros, es en determinar el *modus procedendi* de cada juicio singular, salvo el respeto al contradictorio a tenor del art. 816, ap. 3°, y salvo el uso vinculado de la ordenanza para resolver todas las cuestiones que se presenten en el curso del procedimiento (art. 816, ap. 5°), así como están regulados por la ley los requisitos tanto de la deliberación final como del laudo en concepto de documento en que quede consagrada (ns. 35 y 36).

Llegados a esta altura, he aquí el milagro: el laudo de por sí no es nada, no es productor de efecto alguno, y tan es así, que si no se lo deposita, se excluye con razón que pueda valer siquiera como laudo libre o no ritual

---

32 Se conceptúa, efectivamente, que en el caso de causa arbitral conexa con otra de competencia del juez ordinario, esta última ejerce siempre una *vis atractiva* sobre la primera: cfr. la numerosa jurisprudencia reproducida por Schizzerotto, *ob. cit.*, pág. 117, n. 50, nota 177, así como también Corte de apelación de Nápoles, 26 de enero de 1956 (*Mass. Giust. civ.*, 1956, 29).

33 Cfr., por todos, Manzini, *Trattato di dir. pen. ital.*, nueva ed. Torino 1950, vol. V, pág. 32, nota 1, y allí la Relación ministerial sobre el proyecto, así como la Relación al rey sobre el código.

(n. 38); y si se lo deposita, basta un control totalmente extrínseco del pretor (o, solamente en el caso de negativa, del presidente del Tribunal) sobre la tempestividad de dicho depósito y sobre la regularidad formal del laudo, para darle a éste, en cuanto completado como un todo único por el decreto de ejecutoriedad, el nombre y la eficacia de sentencia (n. 39). Se llega así, gracias a esta consagración final dada al acto creado para recibirla y que solo puede recibirla válidamente, a un resultado igual, en lo que atañe a la sustancia, al que se llega por medio de un proceso instaurado y desenvuelto ante la autoridad judicial; y es por este motivo por lo que, prescindiendo de la eventual idoneidad mayor de los árbitros y del procedimiento elegido respecto de la litis singular, o por el contrario, de la falta en ellos de poderes coercitivos (falta que parece estar como compensación a la menor idoneidad de los jueces rígidamente preconstituidos por el Estado), se puede decir que nuestro ordenamiento ofrece, bajo la enseña genérica de los procedimientos especiales, un equivalente del juicio ordinario, aunque este último conserve una cierta supremacía, no solo en cuanto representa la regla, sino sobre todo porque constituye el medio exclusivo, ya para la cognición de las cuestiones no comprometibles en árbitros o para la emisión de providencias cautelares, ya para los controles sobre la obra de esos mismos árbitros.

A propósito de este control debe recordarse, finalmente, que, desembocando el proceso arbitral en una sentencia (así sea formada por dos actos: laudo más decreto de ejecutoriedad), la ley lo organiza bajo forma de impugnaciones, aunque reducidas a dos, de las cuales una (la impugnación por nulidad) con caracteres y alcance propios (n. 44), mientras que la otra (revocación) es utilizable en casos limitadísimos (n. 57); y como la opinión dominante, sobre la base también del hecho de que competente para conocer de la una y de la otra impugnación y, por tanto, de la eventual rescisoria, es según el Código vigente el juez superior a aquél que hubiera sido para la causa decidida competente en primer grado, considera a los jueces así instaurados como jueces de segundo grado para todos los efectos. Pero junto a este control ejercitable en principio según el régimen de las impugnaciones (y, por tanto, pasible de preclusión cuando no se trate de revocación por hechos posteriormente descubiertos o comprobados), los intérpretes tienden a admitir otro, bajo forma de la acción autónoma de declaración negativa de certeza que los más, sin excluir la jurisprudencia, consideran como la única utilizable, en los casos en que por error se haya declarado ejecutivo, por ejemplo, un laudo no ritual o libre (véase *Arbitrato irrituale*), *y* que parece haya de proponerse, en lugar de la impugnación por nulidad, también siempre que el laudo aunque ritual, sea radical e insanablemente nulo, acaso porque tal era ya el compromiso, o en general porque el proceso arbitral deba considerarse destituido de toda base (n. 44 *in fine*).

Así contemplado a grandes rasgos el arbitraje ritual, que examinaremos particularizadamente en los capítulos siguientes, se presenta como el instituto en que se concede al particular, en la mayor medida posible, que contribuya con su obra al ejercicio de aquella función que, en atención al fin que persigue y al resultado a que lleva, no puede menos de llamarse jurisdiccional[34]. Es verdad que, desde el punto de vista penal, no se ha querido reducir el árbitro a la categoría de los oficiales públicos, ni siquiera a la de los encargados de un servicio público, así como que en sede civil no se le ha atribuido en el curso del proceso poder coercitivo alguno ni aun siquiera con el crisma del juez ordinario, que, previsto únicamente para el arbitraje ya concluso, hace, sin embargo, elevar el laudo a la categoría de sentencia inmediatamente ejecutiva. Pero todo ello, si puede constituir un obstáculo al más idóneo y provechoso cumplimiento de los cometidos del árbitro, al punto de que *in iure condendo* valdría la pena de poner a ello algún remedio, no excluye que su actividad, de la cual se hace cargo cuando acepta el nombramiento, consista no obstante siempre en un *dicere ius*, aunque necesite del crisma final y formal del pretor. Y no sostendremos ya que tal calificación ocurra *ex post*, por un fenómeno *a tergo*, como ahora admite la misma jurisprudencia, ajustándose precisamente a la orientación en otro tiempo marcada por nosotros (n. 4), pues si está fuera de duda que el laudo sin el decreto del pretor no es nada (y viceversa), es igualmente cierto que toda la actividad de los árbitros, en cuanto sea puesta en movimiento legítimamente, se despliega con miras y en orden a la obtención del resultado normal, con aquel tanto de poderes instructorios a ellos reconocidos en todo caso (y que mañana podrían estar también provistos, directa o indirectamente, de fuerza coercitiva), por lo cual, al objeto de definir la naturaleza de tal actividad, termina por ser irrelevante el hecho de que la meta esté en concreto superada o no, así como lo es siempre que se trate de valorar una acción cualquiera[35].

---

34 Por lo demás, la misma jurisprudencia, cuando no desciende a las particularidades de que se habla en las varias veces citada sentencia de la Casación, Secciones unidas, del 9 de mayo de 1956, n. 1505, continúa considerando a los árbitros rituales, especialmente para distinguirlos de los no rituales, como investidos de funciones jurisdiccionales, y habla de ellos como sustitutos del juez ordinario que, en el ejercicio y en virtud del poder procedente de la ley y no de la mera voluntad de los particulares, formulan el laudo con acto jurídico de su voluntad, y no como representantes de quien les ha conferido el encargo: cfr., últimamente, Corte de Apelación de Brescia, 12 de enero de 1956 (*Mass. Giust. civ.* 1956, n. 3); Casación, 26 de enero de 1956, n. 230 (*Giust. civ.*, 1956, 861); Id., 18 de setiembre 1956, n. 3225 (*Ibid.*, 1956, 2024, con nota de Marmo, *Arbitrato rituale e arbitrato irrituale*); Id., 18 de julio de 1957, n. 2995 (*Foro Pad.*, 1957, I, 1188, con nota de Vecchione, *Lodo libero dichiarato esecutivo e litispendenza*). Id., 27 de setiembre de 1957, n. 3529, cit.; Id., 13 de noviembre de 1957, n. 4384 (*Mass. Giust. civ.*, 1957, 1669).

35 Este no es el lugar para profundizar el examen de la figura del arbitraje ritual (véase *Compromesso*); pero valdría la pena de que a este efecto se tomase en cuenta lo recientemente escrito en mérito al defensor entendido como titular de un oficio: cfr. Pavanini, *Note sulla figura giuridica del difensore* (*Riv. trim. civ.*, 1957, 246 y sigtes.).

CAPÍTULO II

EL PROCEDIMIENTO ARBITRAL

SECCIÓN I. — *INSTAURACIÓN Y CARACTERÍSTICAS DEL PROCEDIMIENTO*

SUMARIO: 6. MOMENTO INICIAL DEL PROCEDIMIENTO. 7. IMPULSO DE PARTE E IMPULSO DE OFICIO. LA TOMA DE CONTACTO DE LAS PARTES CON LOS ÁRBITROS COMO ÓRGANO JUZGADOR. - 8. LA PARTE EN SENTIDO SUSTANCIAL Y LA CAPACIDAD PARA ESTAR EN JUICIO. - 9. EL PATROCINIO. - 10. SI SE PUEDE HABLAR DE CONTUMACIA. - 11. LOS REQUISITOS DE FORMA DE LOS ACTOS DEL PROCEDIMIENTO ARBITRAL. - 12. LA DELEGACIÓN DE LOS ACTOS DE INSTRUCCIÓN A UNO DE LOS ÁRBITROS. - 13. LA DELEGACIÓN DE LOS ACTOS DE INSTRUCCIÓN A LA AUTORIDAD JUDICIAL. - 14. LAS NORMAS QUE DEBEN OBSERVARSE EN EL DESENVOLVIMIENTO DEL PROCESO. - 15. LA LIBERTAD AL RESPECTO Y SUS LÍMITES MÍNIMOS. - 16. LA LIBERTAD AL RESPECTO Y SUS LÍMITES MÁXIMOS. - 17. HASTA CUÁNDO LAS PARTES PUEDEN ESTABLECER LAS NORMAS QUE LOS ÁRBITROS DEBEN OBSERVAR EN EL PROCEDIMIENTO.

6. MOMENTO INICIAL, DEL PROCEDIMIENTO

Es inevitable que el pensamiento del práctico, al acercarse a la disciplina que regula las modalidades de instauración del proceso arbitral, corra a los actos introductorios del juicio ordinario a buscar en ellos semejanzas y analogías tan ilusionadoras como arbitrarias. Demasiadas y demasiado sustanciales son las diferencias que median entre los actos iniciales de uno y otro proceso, demasiados los institutos en un campo que no encuentran parangón en el otro, para que el querer instituir un paralelo no se pueda definir, por lo menos, como inoportuno o como abiertamente insostenible.

No es éste el lugar ni la ocasión para detenernos en una disquisición sobre la estructura del compromiso, para cuyo estudio remitimos a la voz correspondiente (véase *Compromesso*), y menos todavía es el caso de mencionar y refutar la doctrina procesalística, hace tiempo superada, que atribuía al compromiso el cometido de hacer las veces de la citación, comprendiendo incluso en ella la contestación de la litis[1]; baste aquí tener presente que el elemento esencial que perfecciona el nacimiento de la relación procesal arbitral, dando plena relevancia y completo desarrollo al acuerdo de las partes compromitentes, es la convergente y manifestada voluntad de los árbitros nombrados: la aceptación por parte de ellos del encargo conferido. En efecto, es en todo caso esa aceptación lo que los árbitros nombrados son muy libres para dar o no dar, y que debe darse en las formas y según las modalidades que se mencionan en la voz *Compromesso*, para condicionar la existencia jurídica del proceso: peculiaridad ésta que, se observa fácilmente, no encuentra parangón en el juicio ordinario, gobernado por el principio de la preconstitución del juez y caracterizado por la naturaleza y función público-estatal de él.

Si no hay proceso arbitral mientras falta la aceptación de los árbitros, quiere ello decir que, gracias a esta última, produce el compromiso todos sus efectos: en el sentido de que, de medio capaz de limitadas consecuencias *inter partes* (como el nacimiento automático para cada una de ellas de la excepción, oponible a la otra, según la cual los jueces, sean ordinarios o especiales, no pueden ya conocer de la controversia, o como la interrupción de la prescripción)[2], se convierte gracias a ese asentimiento en el punto de partida y en el gozne del juicio arbitral, y representa el modo y el medio a través del cual las partes llegarán por dicho camino a obtener luego la decisión de la controversia. Efectivamente, es la subsiguiente aceptación a las correspondientes y recíprocas manifestaciones de las partes compromitentes, lo que legitima (y vincula) a los árbitros para la función de juzgar y para todos los correspondientes actos y operaciones (n. 5); por lo cual, retornando al punto de partida, es bien evidente que no podrá ya hablarse del proceso mientras falte el órgano juzgador.

Estas consideraciones valen también, y con mayor razón, cuando el juicio arbitral tome origen de una cláusula compromisoria y no de un compromiso[3]. Efectivamente, siendo dicha cláusula estipulada con miras a controversias eventuales y futuras, provenientes de determinadas relaciones contractuales,

---

1 A propósito de esta doctrina y de su refutación, cfr. Carnacini-Vasetti, *ob. cit.*, págs. 655 y sigtes. n. 7.

2 Cfr., para estas y en general para las varias consecuencias *inter partes* del compromiso, Redenti, voz *Compromesso*, cit., págs. 505 y sigtes., ns. 63 y sigtes. (en cuanto a la prescripción en especial n. 67), y ahora *Dir. proc. civ.*, cit., vol. III, págs. 452 y sigtes., n. 264, II. Posteriormente Vecchione, *ob. cit.*, pág. 123, n. 50, ha polemizado con ellos, especialmente con Vocino, *Schema di una teoria della clausola compromissoria* (*Foro it.*, 1932, I, 1061 y sigtes.), que querría ver en el compromiso la fuente, en absoluto, de dos obligaciones.

3 Casación, 12 de enero de 1956, n. 30 (*Mass. Giur. it.*, 1956, 7); Corte de Apelación de Roma, 12 de marzo de 1948 (*Foro* it., 1948, I, 426); Id. Venecia, 31 de diciembre de 1946 (*Temi*, 1946, 636). A propósito, por otra parte, de las consecuencias *inter partes* de la cláusula compromisoria, cfr. ahora, por todos, Redenti, *Dir. proc. civ*,, cit., vol. III, págs. 462 y sigtes., n. 267, II.

es claro que mientras esas controversias no hayan surgido efectivamente o no hayan sido por lo menos genéricamente determinadas, no se puede hablar de juicio arbitral. Y no basta, puesto que si en la cláusula compromisoria no estuviesen ya designadas las personas de los árbitros (como de ordinario no lo están), será necesaria incluso dicha designación para que se tengan, a lo menos en potencia, los elementos de un juicio. Pero también en esta hipótesis, aun concurriendo conjuntamente la voluntad de las partes de comprometer, la determinación de la materia de la discusión y el nombramiento de los árbitros (es decir, en sustancia, concurriendo los extremos que constituyen el compromiso [imperfecto]), no se puede decir todavía que el proceso arbitral esté en condiciones *ipso iure* de funcionar y terminar en la decisión hasta tanto que no se haya producido la aceptación de los árbitros designados.

Podemos, pues, sentar como firmes que, tanto si el arbitraje proviene de compromiso como si proviene de cláusula compromisoria, es siempre la aceptación de los árbitros el acto que, haciendo perfecto el vínculo compromisorio, marca el momento inicial del proceso arbitral[4].

7. IMPULSO DE PARTE E IMPULSO DE OFICIO. LA TOMA DE CONTACTO DE LAS PARTES CON LOS ÁRBITROS COMO ÓRGANO JUZGADOR

Una vez que se ha producido la aceptación de los árbitros para ello nombrados y ha corrido *de iure* el plazo dentro del cual deben pronunciar ellos el laudo, se tiene, pues, la nueva realidad que es el proceso arbitral, capaz de recorrer todo su camino sin el impulso de las partes y hasta sin su activa participación en él, con tal de que haya sido determinada la materia de la discusión (n. 18)[5]. Por otra parte, en el silencio de la ley, no es siquiera el caso de exigir que las partes, para que sean diligentes o estén de todos modos presentes, hayan comenzado a constituirse ante los árbitros mediante el cumplimiento de las determinadas formalidades que a este efecto y bajo

4 Conformes, bajo el imperio del Código de 1865, MORTARA, *ob. cit.*, vol. III, págs. 140-41, n. 127; CODOVILLA, *Del compromesso e del giudizio arbitrale*, 2ª ed., Torino, 1915, págs. 383 y sigtes.; CARNACINI-VASETTI, *loc. cit.*; REDENTI, voz *Compromesso*, cit., pág. 497, n. 47; en vigencia del código actual, VECCHIONE, *ob. cit.*, págs. 243 y sigtes., n. 89; LUGO, *ob. cit.*, págs. 377 y sigtes., n. 267; SATTA, *Dir. proc. civ.*, cit., pág. 637, n. 535; SCHIZZEROTTO, *ob. cit.*, págs. 180 y sigtes , n. 77, en contra, en otro tiempo, A. PARRELLA, *La contumacia nel giudizio arbitrale* (*Riv. dir. proc. civ.*, 1928, I, 315), según el cual el juicio arbitral tomaría inicio del nombramiento de los árbitros.

5 Según VECCHIONE, *ob. cit.*, pág. 257, n. 94, y pág. 323, n. 116, seguido también aquí por SCHIZZEROTTO, *ob. cit.*, pág. 313, n. 126, la obligación del árbitro de decidir estaría condicionada al ejercicio de un mínimo de actividad procesal por parte de los litigantes; de lo contrario, podría él abstenerse del pronunciamiento, quedando exento de toda responsabilidad y conservando su derecho a los honorarios por la obra prestada. Pero nos parece suficiente que la materia del litigio haya sido determinada, para que el árbitro, como cualquier otro juez, esté en condiciones de decidir sobre la base de la regla relativa a la carga de la prueba (ns. 18 y 23).

dichas normas se requieren en el proceso ordinario de cognición ya pendiente gracias a la notificación del acto de citación.

A ello obsta, preliminarmente, el hecho de que esas formalidades presentan diferencias según las realice el actor o el demandado (respectivamente, arts. 165 y 166 del Cód. proc. civ.), mientras que en el proceso arbitral, especialmente si ha sido instaurado en virtud de compromiso, las partes no son exteriormente distinguibles de ese modo[6]; además, en el *iter procedendi* ante los árbitros no encuentran lugar, por ejemplo, la citación ni la inscripción en turno, por lo cual no se ve cómo se podrían constituir mediante el depósito, exigido precisamente a este efecto, por el Cód. proc. civ. (arts. 165, 166 y 168, ap. 1°), de la nota de inscripción y del fascículo que contiene entre otras cosas el acto de citación. Pero aunque se pudiera prescindir de estas decisivas dificultades formales (que hacen vano hasta un eventual reenvío, explícito o implícito, a las normas sobre la constitución en juicio que fuese efectuado por las partes mismas, o en lugar de ellas, por los árbitros en la regulación del desenvolvimiento del proceso: art. 816, aps. 1° y 2°, Cód. proc. civ. [n. 14]),[7] está fuera de duda que en el proceso arbitral falta ante todo la razón de ser de constituirse según las reglas a este objeto dictadas para el juicio ordinario y para el juicio ante jueces especiales (véase *Giurisdizioni speciali*), donde el instituto en examen sirve, y para ello ha sido introducido y pergeñado, como primera toma de contacto de la parte con un juez preconstituido, después de que ella haya evocado ante él también la contraparte o haya sido evocada por ella[8]. En efecto, en el proceso arbitral son las partes mismas las que crean al juez, el cual proviene de la propia investidura de ellas aun cuando sea elegido por un tercero (por ejemplo, por el presidente del tribunal en los casos mencionados en los aps. 2° y 3° del art. 810, o por los árbitros nombrados por los primeros, como ocurre de ordinario respecto del que habrá de ser el presidente del colegio: *ibi*, ap. 3°). Este tercero se limita a indicar la persona o personas que harán de árbitros, se sustituye a la parte o a las partes en el cumplimiento de esa elección, pero no es ni puede ser nunca la fuente del encargo, gracias al cual los particulares, con el consentimiento de la ley que expresamente prevé y regula el fenómeno

---

6 Conforme, ahora, SCHIZZEROTTO, *ob. cit.*, pág. 273, n. 111.

7 Para llegar en el plano meramente formal a un perfecto paralelismo con el proceso ordinario, habría que imaginar una cláusula compromisoria en que estuviese prevista la obligación para las partes de servirse de la citación a fin de instaurar el juicio ante un colegio arbitral en el momento ya constituido, así como de recurrir a la inscripción en turno para radicar allí la causa ante la secretaría del antedicho colegio, ya organizada igualmente con un propio turno general; es decir, habría que imaginar una situación compleja y complicada, que eliminaría en gran parte, y ya desde el punto de partida, las ventajas inherentes al arbitraje.

8 Sobre la constitución en juicio como primera toma de contacto de la parte con el juez después de que ella haya llamado allí también a la contraparte o haya sido llamada por ella, cfr. CARNACINI, *Limiti del rilascio tardivo della procura al difensore* (*Studi in memoria di Benvenuto Donati*, Bologna, 1954, págs. 203 y sigtes., ns. 6-7, y *Riv. trim. civ.*, 1954, págs. 588 y sigtes.).

a este objeto, emiten un pronunciamiento capaz de adquirir luego, integrado con el decreto del pretor, la significación y el valor de una sentencia (n. 39).

A fin de justificar el poder así conferido a unos particulares, es necesario, pues, remontar siempre a la voluntad anteriormente expresada en el compromiso o en la cláusula compromisoria, esto es, hay que remontar a la voluntad anterior de las partes, las cuales, por consiguiente, tras la aceptación de los árbitros y el nacimiento de la relación procesal arbitral, asistirán más o menos diligentemente al proceso, participarán en él con mayor o menor empeño en tutela de sus propios derechos, pero para hacerlo no tendrán ciertamente necesidad de efectuar preliminarmente aquella constitución en juicio cuyas formalidades, propias del proceso ordinario, no son siquiera aplicables al proceso arbitral. La inaplicabilidad de la forma coincide aquí, y hasta termina por ser un síntoma revelador, con la situación sustancial, según la cual el instituto de la constitución debe considerarse extraño en su misma esencia al arquetipo procesal del arbitraje.

Por eso no se trata tanto de afirmar que "la constitución de las partes ante los árbitros se hace sin formalidades"[9], cuanto de reconocer, ante todo, que en esta sede no hay siquiera necesidad de constituirse en juicio, pomo primera toma de contacto con un juez previamente organizado. Si a veces se habla en la práctica de constitución para aludir a la primera comparecencia o en general a la primera actividad de las partes ante los árbitros (es decir, para aludir, por ejemplo, a un primer depósito de memorias o de documentos o de las unas y de los otros), se lo hace por la fuerza de la costumbre y porque se confía instintivamente en un paralelismo que no encuentra parangón alguno, ni de sustancia ni de forma, y que, por tanto, no puede ser manantial de consecuencias propias para el instituto en examen y a su falta o defectuosa actuación, como se verá dentro de poco cuando encaremos el problema de la contumacia en el proceso arbitral (n. 10).

8. LA PARTE EN SENTIDO SUSTANCIAL Y LA CAPACIDAD PARA ESTAR EN JUICIO

Se ha escrito recientemente que el compromiso puede ser útilmente concluido solo por los sujetos activa y pasivamente legitimados en orden a la acción[10]; ahora bien, a tales sujetos (y eventualmente a sus sucesores o causahabientes) les corresponderá luego la calidad de partes en sentido sustancial del juicio arbitral, mientras que su legitimación para estar en él coincidirá con la capacidad para comprometer, salvo las modificaciones introducidas en el ínterin. En efecto, puede ocurrir que después de la estipulación del compromiso, y más todavía de la cláusula compromisoria y antes de la efectiva instauración del proceso, una parte pase a ser, por

---

9 Así VECCHIONE, *ob. cit.*, pág. 321, n. 115.

10 Así REDENTI, *ob. cit.*, vol. III, pág. 451, n. 264, I.

ejemplo, de incapaz, capaz, por haber llegado a la mayoría de edad, o viceversa, por haber sido declarada en interdicción o inhabilitada: en tales casos, evidentemente, la legitimación *ad causam* termina por ser distinta de la que en el plano sustancial era la capacidad para actuar en el momento de la estipulación del compromiso. Una vez, pues, que se tenga un delecto de capacidad para estar en juicio no precedido por una preliminar invalidez del compromiso, corresponde a los árbitros, análogamente a lo que ocurre en el proceso ordinario, denunciar incluso de oficio la nulidad de los singulares actos de parte dependiente de tal defecto, y consentir en él y solicitar posiblemente su sanatoria en vía de ratificación o de renovación, pues de lo contrario podrá ocurrir que el vicio, si los actos tienen eficacia determinante no digo para la prosecución del juicio arbitral —que está siempre en condiciones de continuar aun sin la válida aportación de las partes (n. 7)—, sino sobre la decisión final, se propague al punto de convertirse en vicio del laudo mismo.

Para terminar, recuérdese que en tema de legitimación para estar en el juicio arbitral, la jurisprudencia se ha ajustado a la regla general cuando ha declarado inadmisible la demanda de arbitraje propuesta contra el A.N.A.S. en la persona de su director general en vez de la del presidente, el Ministro de obras públicas, que tiene su representación por ley[11].

9. EL PATROCINIO

Es opinión dominante que en el juicio arbitral no encuentra aplicación la regla del art. 82, aps. 2° y 3° del Cód. civ., dictada para el proceso ordinario y según la cual las partes, cuando del juicio no esté investido un conciliador, deben estar en causa por medio de un procurador legal; ante los árbitros pueden ellas desplegar toda instructoria y defensa también personalmente o por medio de personas extrañas a la profesión legal[12], sin necesidad de la específica autorización del juez.

Sin embargo, en la generalidad de los casos, los compromitentes acostumbran actuar en juicio por medio del procurador y con la asistencia de él: lo cual, por lo demás, es natural y casi necesario, si se piensa que se trata casi siempre de seguir un procedimiento, aunque a menudo simplificado respecto del ordinario, de concurrir a la instructoria que gira sobre la carga de la prueba, y de realizar en general aquellos actos con los cuales la parte da su propia contribución formal y sustancial al instrumento proceso[13]. Los mismos árbitros, aun presentando la ventaja de ser elegidos en función de

---

11 Coll. Arb., 6 de abril de 1954 (*Cons. Stato*, 1954, II, 58).

12 Cfr. VECCHIONE, *loc. cit.*, y allí amplias remisiones; así como también SCHIZZEROTTO, *ob. cit.*, pág. 274, n. 112; en contra; D'ONOFRIO, *Commento*, cit., vol. II, pág. 492, n. 1294.

13 A propósito de la parte que presta su contribución al instrumento-proceso cfr. CARNACINI, *Tutela giurisdizionale e tecnica del processo* (*Studi in onore di Enrico Redenti*, 1951, Milano, vol. II, págs. 705 y sigtes., n. 2).

la controversia singular, son normalmente designados de modo que por lo menos uno o varios tengan conocimientos jurídicos, incluso de procedimiento: y las razones de ello, dada la función sustitutiva del juez ordinario, no tienen necesidad de ser explicadas.

Cuando la parte decide estar en causa con el ministerio de un defensor, se aplican analógicamente las reglas generales contenidas en los arts. 82 y sigtes. del Código de proc. civ. [pero no las relativas al patrocinio gratuito, por lo menos según la jurisprudencia formada al respecto durante el último período en que estuvo en vigor el Código de 1865, y que por lo demás nos parece justificada por el tenor y el mecanismo del real decreto del 30-XII-1923, n. 3282[14]]. En consecuencia, el defensor, una vez legítimamente investido, puede tomar todas las iniciativas concernientes a la instrucción de la controversia y proponer generalmente todas las instancias de todos modos atinentes al desenvolvimiento del proceso, quedando excluidos, a tenor del art. 84, ap. 2°, del Código proc. civ., y si no ha recibido expresamente el poder para ello, solamente los actos que importan disposición del derecho en discusión[15], o que, como quiera que sea, están reservados por ley a la parte, como, por ejemplo, en orden al consentimiento en la prórroga del plazo dentro del cual los árbitros están obligados a pronunciar el laudo (art. 820, últ. ap., Cód. proc. civ.)[16].

10. Si se puede hablar de contumacia

Siempre desde el punto de vista de las partes y de su actitud en orden al proceso arbitral, se ha discutido en el pasado si en dicha sede puede encontrar lugar la contumacia, y ha habido quien refiriéndose en particular al arbitraje que nace de la cláusula compromisoria, ha respondido positivamente a dicha pregunta también en los últimos años en que estuvo en vigor el Cód. proc. civ. de 1865[17]. Pero ya entonces trató alguien de contener la cuestión dentro de sus justos límites, y sobre todo de reducirla a un examen concreto orientado a establecer cuáles de las normas dictadas por el legislador para los ordinarios juicios contumaciales fueran aplicables también al procedimiento

14 Cfr. Carnacini-Vasetti, *ob. cit.*, pág. 661, n. 16, y remisiones; en contra, es decir, a favor de la admisión del patrocinio gratuito, sin aducir razón alguna, Vecchione, *loc. cit.*

15 Corte de Apelación L'Aquila, 25 .de julio de 1950 (*Rep. Foro it.*, 1950, voz *Arbitramento*, 138, n. 71). Conforme Schizzerotto, *loc. cit.*

16 En el caso previsto por el art. 820, últ. ap., Cód. proc. civ., se trata efectivamente de modificar un extremo del compromiso: de ahí la necesidad de que la prórroga sea concedida personalmente por las partes o por sus procuradores especiales y siempre por escrito; conforme, D'Onofrio, *Commento*, cit., vol. II, pág. 500, n. 1304, con remisiones y crítica de una opinión contraria.

17 Así Parrella, *ob. cit.*, págs. 305 y sigtes., especialmente, pág. 318.

que se despliega ante los árbitros[18]. Criterio éste que nos parece todavía el más correcto[19], y hasta el único admisible después de cuanto hemos dicho anteriormente (n. 7), al calificar de extraño al juicio arbitral el instituto de la constitución en juicio cuyo defecto, en el proceso ordinario, es el único y determinante presupuesto de la declaración de contumacia[20].

Excluida la formalidad de la constitución en el significado técnico de este vocablo, no se ve, efectivamente, cómo se pueda hablar de verdadera y propia contumacia, tal como se la concibe en el segundo libro del Cód. proc. civ., donde está para indicar, no una cualquiera ausencia o inactividad de la parte, sino el hecho más específico de que ésta no se haya aprovechado del instituto al efecto introducido y regulado para entrar en contacto con el órgano judicial previamente constituido u organizado (arts. 171, ap. 3°, y 290-94). En otras palabras, no es dado discurrir de contumacia cuando la parte, por las características propias del procedimiento en el cual se mueve, no tiene necesidad ni posibilidad de constituirse. Por lo cual, hay que concluir que el problema ni existe siquiera, y ello así por defecto de la situación preliminar a él, ya que el arbitraje tome origen de un compromiso, ya lo tome, en cambio, de una cláusula compromisoria[21].

Queda por ver si alguna norma particular, dictada por el legislador para los juicios contumaciales, es intrínsecamente aplicable también a los procesos arbitrales, pues no decimos que su presupuesto y su razón de ser coincidan rigurosamente con la contumacia verdadera y propia, y que no sea, en cambio, suficiente una simple ausencia, comprobable cuando la parte quede inactiva y no comparezca en la una o en la otra o en todas las fases del juicio. A este propósito se ha aludido bajo el imperio del código anterior, sobre las huellas de la jurisprudencia de entonces, al caso del presunto

18 En este sentido CARNACINI-VASETTI, *ob. cit.*, págs. 656 y sigtes., n. 8, al cual remitimos también para las referencias a la doctrina anterior y a la jurisprudencia.

19 Conforme ahora VECCHIONE, *ob. cit.*, págs. 321 y sigtes., n. 115, y aunque con motivación parcialmente distinta y no del todo convincente, SCHIZZEROTTO, *ob. cit.*, págs. 274-75, n. 112; mientras que ANDRIOLI, *Commento*, cit., vol. III, pág. 574, y REDENTI, *ob. cit*, vol. III, pág. 466, n. 267, se limitan a negar que en el proceso arbitral pueda encontrar lugar el régimen procesal de la contumacia.

20 A propósito de la contumacia tal como está regulada en el código vigente, y de sus precedentes, cfr. por todos ZANZUCCHI, *Diritto processuale civile*, 4ª ed., Milano, 1946, vol. II, págs. 108 y sigtes.

21 Por lo demás, la jurisprudencia ha encontrado modo de afirmar reiteradas veces que la circunstancia de que las controversias contempladas en la cláusula compromisoria no hayan surgido todavía en el momento de la estipulación de ella, no importa indeterminación del objeto de la litis por cuanto las partes, en el momento en que firman el contrato que contiene la cláusula, han declarado y definido bien dicho objeto, con referencia a todas las controversias que podrán surgir del contrato mismo, o a algunas de ellas: cfr. Corte de Apelación de Bari, 27 de abril de 1953 (*Corti Bari, Lecce e Potenza*, 1953, 482); Id. de Nápoles, 20 de diciembre de 1951 (*Foro Nap.*, 1952, I, 72).

reconocimiento de las escrituras privadas producidas contra el contumaz[22], pero hoy propenderemos hacia la solución negativa, ya que una consecuencia tan grave (aunque atemperada por el correctivo del art. 293, ap. 3°, Cód. proc. civ.) exige la plena verificación de la hipótesis prevista en el art. 215, ap. 19, n. 1, y ello presupone la contumacia verdadera y propia. Dígase lo mismo en cuanto al nuevo examen del fondo en sede de reconocimiento de un laudo extranjero (arts. 798 y 800 del Cód. proc. civ.), si se sigue la opinión dominante según la cual un procedimiento extranjero (en la especie, en árbitros) , habría o no de considerarse contumacial según la noción de contumacia propia de nuestro ordenamiento jurídico[23]. En cambio, como corolario a lo que hemos venido afirmando, nada obsta a la aplicabilidad de las disposiciones que se limitan a presuponer la simple ausencia o falta de presentación de una parte, ya tiendan a garantizar la regularidad del contradictorio (n. 15), ya legitimen para sacar consecuencias de esa ausencia, como por ejemplo, en el caso de que la ¡parte no se presente, sin justificado motivo, a responder en el interrogatorio formal (art. 232, ap. I°) (n. 21).

11. Los requisitos de forma de los actos del procedimiento arbitral

No existe en el Código de procedimiento civil una norma que regule expresamente los requisitos de forma esenciales de que deben estar provistos los actos del proceso arbitral (tomando aquí la palabra en su significado más estricto, de actos-documentos).

Pero ya, tomando como punto de partida este más preciso y delimitado concepto de acto-documento, hemos presupuesto implícitamente y exigido un primer requisito formal: la escritura. En efecto, el art. 816 del Cód. proc. civ., que habla de "memorias" y de "réplicas" presentadas por las partes, da a entender cómo también en el procedimiento por árbitros, por necesidades obvias de control y de garantía del contradictorio, se exige aquel mínimo de solemnidad y de certificación por el cual las partes deben concretar y presentar en forma escrita sus conclusiones y sus defensas (salvo el aprovechar, dentro de los límites en que les sea a ellas consentido, del acta de audiencia de que hablaremos dentro de poco).

Dígase lo mismo en cuanto a los árbitros, quienes en virtud de una práctica no impuesta por la ley, pero oportuna y aconsejable[24], acostumbra a consagrar en acta (e incluso personalmente)[25] los episodios y los resultados

---

22 Cfr. CARNACTNI-VASETTI, *ob. cit.*, pág. 657, n. 8.

23 Así MORELLI, *Diritto processuale civile internazionale*, 2ª ed., Padova, 1954, pág. 336, n. 140, texto y nota 2; ANDRIOLI, *Commento*, cit., vol. III, pág. 511.

24 Cfr. VECCHIONE, *ob. cit.*, págs. 314-15, n. 112; SCHIZZEROTTO, *ob. cit.*, págs. 280-81, n. 115.

25 En efecto, también cuando los árbitros se hagan asistir por un secretario, a este último no es delegable poder o función alguna (REDENTI, *ob. cit.*, págs. 471-72, n. 268, II; SCHIZZEROTTO,

de la instructoria (n. 14 *in fine*), así como las declaraciones y las instancias que las partes formulen en el curso de las audiencias (y que de este modo quedan igualmente documentadas)[26]. Es además indudable (y para ello está el argumento analógico del art. 823, ap. 1°, Cód. proc. civ.) que todas las eventuales providencias instructorias deben ser redactadas por escrito. Por lo demás, el art. 816, últ. ap., Cód. proc. civ., dispone expresamente que sobre todas las cuestiones que surjan en el curso del procedimiento antes del pronunciamiento del laudo, los árbitros proveen mediante "ordenanza": de ahí la obligación de este acto específico, tal como está descrito en el art. 134, para toda y cualquier providencia que tengan que tomar durante el juicio, menos para las más simples decisiones de carácter ordenatorio, para las cuales se conceptúa válido el principio de la libertad de formas, de conformidad con la disposición del art. 131, del Cód. proc. civ., con tal que esté asegurada su documentación y si es necesaria la comunicación de ello a las partes[27].

Aparte de estos que parecen ser los requisitos de forma esenciales a los actos del proceso arbitral, pueden las partes establecer otros requisitos a cuya observancia vincular la validez del desarrollo del juicio, en lo que atañe, por ejemplo, al comunicaciones, plazos, depósitos, etc.; y si se remiten a las normas prescritas para los procesos ordinarios bajo pena de nulidad, su inobservancia provocará la nulidad del juicio arbitral, salvo la eventual sanatoria (art. 829, ap. 19, n. 7, Cód. proc. civ.). Finalmente, otras normas procesales pueden ser establecidas por los árbitros, si las partes no han provisto al respecto, pero esas normas, de estar a la letra de la ley, no parecen nunca tutelables con la sanción de la nulidad (n. 16).

12. LA DELEGACIÓN DE LOS ACTOS DE INSTRUCCIÓN A UNO DE LOS ÁRBITROS

Establece el art. 816, ap. 4, Cód. proc. civ, que los actos de instrucción pueden ser delegados por los árbitros a uno de ellos; de esto se infiere que en defecto de esa delegación, que en nuestra opinión debe darse por escrito (ordenanza) y resultar de los autos del proceso, los actos de instrucción probatoria deben ser llevados a cabo colegialmente por todos los árbitros[28].

---

ob. cit., pág. 283, n. 115), por lo cual el acta materialmente realizada por él, vale siempre como realizada por los árbitros, que están obligados a firmarla.

26 Sostienen que el acta de los árbitros solo puede ser desconocida mediante la querella de falsedad, por ejemplo: REDENTI, *ob. cit.*, vol. III, pág. 475, n. 268, III; SCHIZZEROTTO, *ob. cit.*, pág. 283, n. 115, y VECCHIONE, *ob. cit.*, pág. 315, n. 112, mientras que D'ONOFRIO, *Commento*, cit., vol. II, págs. 515 y sigtes., n. 1324 *in fine*, opina que se puede dar la prueba contraria con todos los medios de ley.

27 Así REDENTI, *ob. cit.*, vol. III, pág. 472, n. 268, II.

28 Casación, 26 de marzo de 1943, n. 689 (*Temi Emil.*, 1943, I, 1, 112 y sigtes. con nota de PRATILLI, *Mancanza di delega all'arbitro per l'assunzione di prove e nullità del lodo*); Id., 29 de enero de 1953, n. 244 (*Giust. civ.*, 1953, 348); Id., 3 de octubre de 1953, n. 3159 (*Ibid.*, 1953,

Además, aun en caso de delegación, el poder de emitir ordenanzas y de resolver cuestiones incidentales, también en sede instructoria y con fines instructorios, queda reservado al colegio, a tenor del art. 816, últ. ap., salvo los cometidos directivos encomendados al árbitro delegado en orden a la dirección y actuación mecánica de las operaciones en el ámbito de cada uno de los actos instructorios que le hayan sido encomendados[29] y salvo, a lo más, la facultad, que le es reconocida por alguna que otra sentencia[30], de resolver los incidentes relativos a la ejecución de la ordenanza de delegación que se hayan provocado en el curso de la recepción, en mérito, por ejemplo, a la admisibilidad de este o de aquel testigo, a la influencia de esta o de aquella producción. Por lo demás, la ordenanza de delegación debe precisar su amplitud y sus límites, mientras que contra las eventuales providencias delegadas del árbitro instructor pensamos que compete siempre a las partes el derecho de reclamación al colegio, ni más ni menos que lo que ocurre en el procedimiento ordinario.

Pero ¿qué ocurre, no digamos si se emiten ordenanzas (en relación a las cuales, en esta hipótesis, se ha hablado de inexistencia jurídica)[31], sino si se practican pruebas por un árbitro no delegado para ello por el colegio? La jurisprudencia ve en esto un caso de nulidad del laudo[32], y los más se limitan a considerar una violación del principio de la colegialidad de las operaciones arbitrales, pero no ha faltado quien haya sostenido que se trataría más simplemente de un vicio atinente a la constitución del juez, y que la norma violada, es decir, el citado 4? apartado del art. 816 sería una de aquellas que, por estar puestas en específica disciplina del procedimiento arbitral, no pueden ser derogadas ni aún por la voluntad concorde de las partes[33]. Que se trate de un vicio relativo a la constitución del juicio arbitral, lo han negado, sin embargo, otros, en virtud de la observación de que el órgano juzgador permanece íntegro durante todo el procedimiento, aunque los actos instructorios hayan sido llevados a cabo por uno o dos de los árbitros, razón por la cual, en defecto de delegación, se tiene que hablar de vicio concerniente a la forma del procedimiento[34]. A nosotros nos parece que, como quiera

3015). En la doctrina, cfr. VECCHIONE, *ob. cit.*, pág. 325, n. 117, el cual recuerda dos sentencias contrarias, pero que han quedado justamente aisladas; así como también SCHIZZEROTTO, *ob cit.*, págs 318 y sigtes., n. 128.

29 Así REDENTI, *loc. cit.*

30 Casación, 3 de octubre de 1953, n. 3159 (*Giurispr. ital.*, 1955, I, 1, 160 y sigtes., con nota de VECCHIONE, *Questioni in materia di arbitrato*, col. 173 y sigtes., n. 6).

31 Cfr VECCHIONE, *Questioni sulla disciplina dell'arbitrato* (*Giurispr. ital.*, 1953, IV, 11); SCHIZZEROTTO, *ob. cit.*, pág. 284, n. 115.

32 Cfr. las decisiones reproducidas en la primera nota del presente parágrafo.

33 Así VECCHIONE, *loc. cit.*; conforme Corte de Apelación de Milán, 25 de octubre de 1945 (*Riv. di dir. proc.*, 1946, II, 190 y sigtes.).

34 Así CARNELUTTI, *Nullità di lodo per istruzione eseguita da alcuni arbitri senza delegazione* (*Riv. di dir. proc.*, 1946, II, 190 y sigtes.); SCHIZZEROTTO, *ob. cit.*, pág. 319, n. 128.

que se la considere, la violación del principio de la colegialidad integra los extremos de un *error in procedendo*, relevante a los fines de la invalidación de la sentencia arbitral, no obstante la preventiva y genérica renuncia de las partes a la impugnación, renuncia que como tal solo puede referirse a los *errores in iudicando* (n. 46).

Otro problema[35] es si son o no válidos los actos de instrucción realizados por dos de los tres árbitros sin que el colegio los haya designado para ello, pero previa instancia concorde de las dos partes. En tal caso se excluye que el laudo pueda ser luego declarado nulo, ya que la nulidad no es oponible por la parte que haya dado causa o haya renunciado, aunque sea tácitamente (art. 157, ap. 3°, Cód. proc. civ.)[36].

13. LA DELEGACIÓN DE LOS ACTOS DE INSTRUCCIÓN A LA AUTORIDAD JUDICIAL

Pero ¿pueden los árbitros delegar el cumplimiento de actos instructorios a la autoridad judicial? La cuestión se debatía bajo el imperio del código de 1865, y la respuesta solía ser afirmativa en la hipótesis de que se hubiese tratado de practicar pruebas en un lugar distinto de aquel donde se efectuaba la instructoria del juicio arbitral; más dudosa, en cambio, en todo otro caso, entre otras cosas, por el silencio al respecto del art. 18, de dicho código (así como calla también al respecto el actual art. 816). Como quiera que sea, una vez que se consideraba admisible la delegación, se exigía que se la hubiese dado mediante sentencia que debía depositarse en poder del pretor y debía ir provista del decreto de ejecutoriedad a tenor del art. 24[37].

A pesar de que nada se haya innovado a este propósito con el vigente Código de procedimiento civil, toda la doctrina que de ello se ocupa, se orienta actualmente en sentido negativo, y aun sin dar de ello una más amplia explicación, habla a grandes rasgos de carencia en los árbitros del poder de delegación atribuido a los jueces ordinarios por el art. 203, del Cód. proc. civ.[38]. Por tanto, se excluye hoy que sea válida la delegación a la autoridad judicial aun en el caso, antes comúnmente admitido, de que los medios de prueba deban asumirse fuera del lugar donde los árbitros llevan a cabo su instructoria. Pero sobre este problema, tomado en conjunto, volveremos al

---

35 Contemplado siempre por CARNELUTTI, *loc. cit.*

36 Así CARNELUTTI, *loc. cit.*

37 Acerca de la cuestión bajo el imperio del código de 1865, y acerca de las soluciones dadas a ella, cfr. CARNACINI- VASETTI, *ob. cit.*, pág. 660, n. 12, *in fine*, *y* allí referencias de doctrina y jurisprudencia.

38 Así D'ONOFRIO, *Commento*, cit., vol. II, pág. 492, n. 1923; ANDRIOLI, *Commento*, cit., vol. III, pág. 557; cfr. también VECCHIONE, *L'arbitrato*, cit., pág. 326, n. 117; SCHIZZEROTTO, *ob. cit.*, pág. 321, n. 129.

tratar el más amplio, en el cual se encuadra, de los poderes instructorios que competen en general a los árbitros (*infra*, n. 21).

14. LAS NORMAS QUE DEBEN OBSERVARSE EN EL DESENVOLVIMIENTO DEL PROCESO

Ya el Código de procedimiento civil de 1865, a ejemplo de los códigos ginebrino, sardo y de Parma, había reaccionado contra el principio admitido por el legislador francés, en virtud del cual: "*Les parties et les arbitres suivront, dans la procédure, les délais et les formes établies par les tribunaux, si les parties n'en sont autrement convenues*" (art. 1009, *Code de procédure civile*), ya que estatuía explícitamente, mereciendo con ello las justas alabanzas de los comentaristas[39], que los árbitros no estaban obligados a observar las formas ni los plazos establecidos para la instrucción de las causas ante la autoridad judicial. Las partes podían convenir en otra forma, caso en el cual los árbitros debían atenerse a las formas y a los plazos específicamente indicados en el compromiso. En el silencio de las partes, o cuando ellas hubiesen impuesto a los árbitros que siguieran las reglas del procedimiento sin haberlas especificado, los árbitros establecían los términos y el método del procedimiento. Esta norma *ad hoc* (art. 17, que debía interpretarse entonces conjuntamente con lo dispuesto por los precedentes arts. 14 y 15)[40], a la cual corresponde ahora el art. 816, aps. 1°, 2°, 39, del código de 1940, cuyas formas y plazos dictados para el procedimiento ordinario no son ya mencionadas siquiera para excluir la obligación automática de respetarlos *ope legis*, y donde se defiere sin más a las partes el establecer en el compromiso, en la cláusula compromisoria o mediante escrito posterior, aunque anterior al inicio del juicio arbitral, las normas que los árbitros deben observar en el procedimiento; si las partes - no ejercitan esta facultad, compete entonces a los árbitros regular el desenvolvimiento del juicio en la forma que consideren más oportuna, salvo asignar en cada caso a las partes los plazos para la presentación de los documentos y memorias, y para la exposición de sus réplicas. A lo así estatuido en general se agregaba después la disposición del art. 829, ap. 1°, n. 7, según la cual la impugnación por nulidad se admite, pese a cualquier renuncia, si en el procedimiento no se han observado las formas prescritas para los juicios bajo pena de nulidad,

---

39 En cuanto a la evolución del art. 1009 *Code de procédure civile*, al art. 17 del Cód. proc. civ. italiano de 1865, cfr. CARNACINI-YASETTI, *ob. cit.*, pág. 657, n. 9, y allí remisiones.

40 El art. 14 del Cód. proc. civ. de 1865 imponía, efectivamente, a las partes que trasmitieran sus documentos y memorias a los árbitros sin formalidad judicial alguna; a la parte que retardase la trasmisión se le intimaba a que lo hiciera en el plazo de diez días o en el establecido por los árbitros, los cuales podrían también otorgar prórrogas. Transcurridos dichos plazos, los árbitros, en virtud del posterior art. 15, juzgaban sobre la base de los documentos y las memorias que habían recibido. En gracia a estos dos artículos y a la coordinación de ellos con lo dispuesto por el art. 17, cfr, todavía CARNACINI-VASETTI, *ob. cit.*, pág. 658, n. 10.

cuando las partes hayan establecido su observancia a tenor del art. 816 y no haya sido sanada de nulidad (n. 53).

Por consiguiente, el principio del cual tenemos que partir es siempre el mismo, en concordancia como ningún otro con los jueces arbitrales, y según el cual las partes, o subordinadamente a ellas los árbitros, tienen el poder, así sea con limitaciones, para establecer las normas reguladoras del *iter procedendi*. De ello se sigue, entre otras cosas, que las unas o los otros están en condiciones, cuando lo quieran, de imponer el respeto a las disposiciones dictadas por el legislador para el proceso ordinario y de hacerlas entrar así por la ventana en los casos singulares concretos. Pero la voluntad de las partes o de los árbitros, como encuentra límites en la regulación del procedimiento de manera original (ns. 15 y 16), así tampoco tiene la fuerza de obtener la observancia de todas las normas del código de rito, quedando evidentemente excluidas las que estén en abierta contradicción, no solo con explícitas disposiciones de ley sobre el arbitraje, sino también con su naturaleza y su dinámica estructural. Es precisamente bajo este último aspecto cómo en el juicio arbitral no surge siquiera el problema de la publicidad que debe darse a la audiencia ni de la correspondiente conminatoria de nulidad sancionada por el art. 128. ap. 1°, del Código proc. civ.[41]; mientras que las disposiciones concernientes a la interrupción del proceso ordinario han sido así excluidas y deben excluirse absolutamente en la hipótesis de muerte de una de las partes, pero porque tal evento está previsto por la ley, que le atribuye solamente la consecuencia de prorrogar en 30 días el plazo para el pronunciamiento del laudo (art. 820, ap. 3°, Cód. proc. civ.) (n. 33)[42]. Dígase otro tanto, por ejemplo, a propósito del caso del laudo que la minoría de los árbitros no haya querido firmar y que a pesar de ello es válido en las condiciones fijadas por el art. 823, ap. 3° (n. 36), a diferencia de lo estatuido para la sentencia[43]: respecto de esta última el defecto de firma está efectivamente justificado únicamente en la hipótesis de muerte o de otro impedimento del juez (art. 132, ap. 3°), encuentra diversa aplicación lo dispuesto por el art. 165, ap. 29, que conmina la nulidad radical e insanable, es decir, independiente de los medios de impugnación de la sentencia misma.

Junto a una remisión total y por así decirlo en bloque a las normas dictadas para los procedimientos ordinarios (así sea con las limitaciones recién mencionadas), puede haber una parcial, y ello por voluntad de las mismas partes, o subordinadamente, de los árbitros; incluso, por obra de estos últimos dicha remisión puede ser hasta implícita en la reglamentación dada por ellos en cada caso a los singulares actos procesales: en efecto, a falta de disposiciones *ad hoc*, una tal integración es totalmente espontánea, y la

41 Cuestión unánimemente aceptada: cfr. Carnacini-Vasetti, *ob. cit.*, pág. 661, n. 16; Vecchione, *ob. cit.*, pág. 316 n. 113; Schizzerotto, *ob. cit.*, pág. 279, n. 114.

42 Corte de Apelación de Turín, 14 de noviembre de 1955 (*Monit. trib.*, 1956, 15, nota de la redacción).

43 Conforme Vecchione, ob. últ. cit., pág. 312, n. 110.

jurisprudencia suele atribuirle un significado de comodidad, como empleo de un medio técnico más idóneo o en general ya conocido y experimentado aun bajo el reflejo de su relevancia jurídica (por lo cual no se puede siquiera en este caso hablar de una técnica procesal que al mismo tiempo no sea también jurídica)[44]. Es claro, por ejemplo, que la eventual audición de una de las partes o de un testigo habrá de ser de algún modo adquirida para los autos del juicio y comprobada con seguridad; por consiguiente, el medio más sencillo para conseguir el fin, en defecto de normas específicas *ad hoc* o de una explícita remisión a las válidas para el procedimiento ordinario, será el de redactar en general acta bajo la dirección de los árbitros o del árbitro para ello delegado, de reproducir las declaraciones de la parte q del testigo en primera persona y leerlas al declarante, quien las suscribe en unión con los árbitros o con el árbitro, todo ello según el modelo del art. 207 y de los demás artículos contenidos al respecto en el segundo libro del Código y entre las Disposiciones de aplicación.

15. La libertad al respecto y sus limites mínimos

Cuando las partes, o subordinadamente, los árbitros no recurren a las normas dictadas para los procedimientos ordinarios, entonces éstas, como ya sabemos, son en principio irrelevantes en los juicios arbitrales. Por eso se ha decidido, por ejemplo, que en tal caso no encuentran aplicación las preclusiones de que se habla en los arts. 183 y 184, del Cód. proc. civ. (aun reducidas y todo a muy poca cosa después de la reforma de 1950) y que los árbitros no exceden de los límites de sus atribuciones si resuelven las cuestiones tal como resultan no solo en virtud de su formulación originaria, sino también a consecuencia del posterior estudio realizado entre las partes en regular contradictorio, especialmente cuando la misma parte que se lamenta del pronunciamiento haya sido la que provocó con sus defensas la ampliación del campo de discusión y de las consiguientes investigaciones y decisiones de los árbitros[45].

Pero la indicada libertad de formas y de plazos no es, sin embargo, sin límites precisos, hasta cuando el árbitro haya sido autorizado para decidir según equidad (n. 34). Así, por no hablar de otra cosa, no podrá nunca salirse de la norma según la cual el laudo debe contener los elementos indicados en

44 A propósito de la inexistencia dentro del ámbito del proceso de reglas técnicas que no sean también jurídicas, cfr. Carnacini, *Tutela giurisdizionale e tecnica del processo*, cit., págs. 708 y sigtes., nota 28.

45 Así Casación, 12 de enero de 1956, n. 27 (*Giurispr. ital.*, 1956, I, 1, 1131, con nota de F. Ferri, *Osservazioni sulla natura della clausola compromissoria prevista nei capitolati generali d'appalto*). Cfr. también Casación, 19 de mayo de 1956, n, 1730 (*Mass. Giur. it.*, 1956. 361); Id., 24 de octubre de 1955, n. 3470 (*Ibid.*, 1955, 850); Id., 12 de febrero de 1953, n. 364 (*Giust. civ.*, 1953, 563); Id., 29 de enero de 1952, n. 250 (*Mass. Giur. it.*, 1952, 66); Corte de Apelación de Florencia, 3 de abril de 1952 (*Giurispr. ital.*, 1953, I, 2, 69); Id., 6 de junio de 1951, n. 1444 (*Rep. Foro it.*, 1951, voz *Arbitramento*, 146, n. 69).

el art. 823, ap. 2°, a riesgo, de lo contrario, de no obtener su ejecutoriedad (art. 825, ap. 2°) o de verlo luego anulado cuando sea aplicable el art. 829, ap. 1°, n. 5; y no podrá superar, si no quiere topar con otro motivo de nulidad, previa la tempestiva notificación de que se trata en el art. 821 (n. 6 del art. 829, ap. 1°), el término para el pronunciamiento fijado por el art. 820, salvo la prórroga en las hipótesis allí previstas o por voluntad de las partes y salvo la interrupción o la suspensión en los casos fijados por la ley.

Además de estos y otros límites que dependen de normas codificadas no concernientes al contradictorio verdadero y propio, está la disposición, igualmente de orden público, que lo considera, en cambio, plenamente y que consiste, como ya lo hemos recordado (n. 14), en el explícito deber para los árbitros de asignar "en todo caso" a las partes los plazos para presentar documentos y memorias y para exponer sus réplicas (art. 816, ap. 3°)[46]. Así el contradictorio queda tutelado independientemente y por encima de la voluntad de las partes (de que se trata en el ap. 1° del art. 816) y, por tanto, a pesar de cualquier autorización o renuncia; y no valdría objetar en contrario que el art. 827, ap. 1°, n. 7, toma en consideración la violación de las formas prescritas bajo pena de nulidad para los juicios solo cuando hayan sido las partes quienes pidieran su observancia, porque la disposición del ap. 3° del art. 816 se presenta como taxativa, y no es de creer que la ley subordine a la disposición de las partes lo que ella exige en forma específica y categórica[47]. Por otra parte, la observancia de las mencionadas prescripciones, como

---

46 A propósito de esta disposición y de su alcance, cfr., en la doctrina, Andrioli, *Commento*, cit.. vol. III, págs. 557-58; D'Onofrio, *Commento*, cit., vol. II. pág. 491, n. 1292, y pág. 515, n. 1324; Satta, *Dir. proc. civ.*, cit., pág. 638, n. 536; Redenti, *ob. cit.*, vol. III, pág. 470, n. 268; Carnelutti, *Istituzioni*, cit., vol. I, págs. 230, 235, 236; Andrioli, *Principio del contraddittorio e nullità della sentenza arbitrale* (*Foro it.*, 1948, I, 22); Garbagnati, *In tema di impugnazione per nullità del lodo arbitrale* (*Riv. dir. proc.*, 1947, II, 248); Elia, *In tema di arbitrato* (*Giur. Compl. Cass. Civ.*, 1948, III, 275); Restaino, *Garanzia del contraddittorio nel procedimento arbitrale ed esecutorietà del lodo* (*Ibid.*, 1953, V, 100); Vecchione, *Il principio del contraddittorio nel procedimento arbitrale* (*Foro Pad.*, 1953, I, 34); Id., *L'arbitrato*, cit., págs. 302 y sigtes., n. 109; Schizzerotto, *ob. cit.*, págs. 292 y sigtes., n. 119.

En jurisprudencia, cfr. últimamente Casación, 5 de julio de 1957, n. 2638 (*Mass. Giust. civ.*, 1957, 1015); Corte de Apelación de Florencia, 6 de octubre de 1956 (*Giur. Tosc.*, 1956, 655); Casación, 29 de marzo de 1956, n. 919 (*Sett. Cass.*, 1956, 182); Id., 30 de junio de 1955, n. 2022 (*Mass. Giur. it.*, 1955, 501); Id., 11 de agosto de 1954, n. 2940 (*Rep. Foro it.* 1954, voz *Arbitrato*, 190, n. 87); Id., 14 de marzo de 1953, n. 611 (*Giust. civ.*, 1953, 581, y *Giurispr. ital.*, 1953, I, 1, 880); Corte de Apelación de Milán, 16 de octubre de 1952 (*Foro Pad.*, 1952, II, 60 e *Ibid.*, 1953, I, 32, con la ya mencionada nota de Vecchione); Casación, 22 de diciembre de 1951, n. 2878 (*Rep. Foro it.*, 1951, voz *Arbitramento*, 146, n. 71); Id., 27 de abril de 1951, n. 1030 (*Ibid.*, 1951, voz cit., 138, n. 69); Corte de Apelación de Génova, 26 de noviembre de 1949 (*Temi Genov.*, 1950, 117); Id. de Caltanisetta, 11 de julio de 1949 (*Giurispr. ital.*, 1951, I, 2, 491); Id. de Venecia, 23 de julio de 1947 (*Temi*, 1947, 560); Casación, 23 de mayo de 1947, n. 805 (*Foro it.*, 1948, I. 22); así como también otras sentencias recordadas en las reseñas de Levoni. *Arbitrato* (*Riv. trim. civ.*, 1956, 1518 y sigtes.) y de Vecchione, *Arbitrato* (*Riv. di dir. proc.*, 1957, 162 y sigtes.).

47 Cfr., también aquí, la doctrina y la jurisprudencia citadas en la nota anterior.

dirigidas que están a garantizar la discusión y antes todavía la deducción y producción de todo cuanto las partes consideren oportuno tratar en el proceso arbitral dentro de los límites fijados con las cuestiones, compendia y agota la tutela del contradictorio, sin que agregue nada a ello, entre otras cosas, la disposición del art. 24, ap. 2°, de la Constitución[48].

Y no parece que sea el caso de leer en el ap. 3° del art. 816 más de lo que allí está escrito[49]; por tanto, si se excluye, por ejemplo, su violación en la hipótesis en que los árbitros, después de omitir comunicar a una parte que la otra ha dado su consentimiento a la prórroga del plazo para el pronunciamiento del laudo a condición de que no vuelva a abrirse el debate, se abstengan efectivamente de volver a abrirlo[50]: el curso de la instructoria depende, a la verdad, solo de los árbitros, a requerimiento de una de las partes, aunque condicione la concesión de prórroga, y es irrelevante tanto si aparentemente la acoge como si la rechaza, por lo cual el haber dado comunicación de ello a la contraparte no constituye en todo caso inobservancia del principio del contradictorio cuando las partes hayan estado antes en condiciones de presentar documentos y memorias, así como también las réplicas respectivas. En otro tiempo se reconoció también a los árbitros el poder, concedido al juez por el art. 209 del Cód. proc. civ., de declarar cerrada la recepción de la prueba cuando considerara superfluo proseguirla, y tal convicción no debe necesariamente provenir de otros medios ya experimentados, así como no se concede luego al juez de la nulidad el proclamarla inexacta, si para la no impugnabilidad del laudo se le ha precluido nuevo examen del fondo[51] (véase también n. 23 *in fine*, texto y nota 41). Pero ¿qué ocurrirá luego si los árbitros que han considerado superflua la ulterior recepción de los medios de prueba, rechazan consiguientemente la demanda, declarándola insuficientemente probada? En un primer tiempo se decidió que el laudo es nulo precisamente por violación del principio del contradictorio, y ello a base de la observación de que las pruebas constituyen el antecedente lógico necesario para las memorias que el art. 816, ap. 3°, reserva a las partes en forma inderogable[52].

---

48 Casación, 15 de octubre de 1954, n. 3732 (*Giurispr. ital.*, 1956, I, 1, 266, con nota conforme de Furno, *Limiti di applicazione e tutela del principio del contraddittorio nel procedimento arbitrale*, y *Foro it.*, 1955, I, 25).

49 Casación, 29 de marzo de 1956, n. 919, ya citada.

50 Cfr. Corte de Apelación de Milán, 25 de mayo de 1954 (*Foro Pad.*, 1955, I, 1079, con nota conforme de Vecchione, *Impugnazione del lodo di arbitri di equità*).

51 Casación, 17 de julio de 1953, n. 2368 (*Giust. civ.* 1953, 2525); R. R., *Poteri degli arbitri in tema di prove e delle parti circa il lodo che abbiano dicchiarato "non appellabile"* (*Giur. Compl. Cass, civ.*, 1954, II, 68): por lo demás, agregamos que la apreciación de los árbitros acerca de la suficiencia de la instructoria sería incontrolable también en defecto de renuncia a la impugnación, una vez que hubiese surgido de un pronunciamiento motivado.

52 Corte de Apelación de Milán, 10 de marzo de 1953 (*Foro it.*, 1953, I, 1015); cfr. la precedente ya citada decisión de la misma Corte de Apelación de Milán, del 16 de octubre de 1952 (*Foro Pad.*, 1953, I, 32, con la recordada nota crítica de Vecchione, *Il principio del contraddittorio nel procedimiento arbitrale*).

Pero esta decisión ha sido casada y se ha declarado válido el laudo, por lo demás emitido por árbitros autorizados para decidir según equidad[53], al paso que en doctrina se ha observado que se trataba de todos modos, no de una pretendida violación del principio del contradictorio, ya que éste debe ser entendido tal como se lo enuncia en el art. 816, ap. 3°, sino a lo más de vicio atinente al *modus procedendi* del árbitro en la decisión de un vicio del proceso formativo del juicio, denunciable, por tanto, solo por la contradictoriedad o la insuficiencia de la motivación[54].

En sentido limitativo se ha llegado incluso a algún exceso, según ocurrió cuando se sancionó que la nulidad consiguiente a la violación del principio del contradictorio, en el procedimiento ante árbitros autorizados para decidir según equidad, queda sanada si no se la deduce en la primera instancia siguiente a la violación[55]. A esto se ha objetado, en efecto, fácilmente, que la pretendida sanatoria se resuelve en un círculo vicioso o en un absurdo[56]: en efecto, para que haya nulidad es necesario que a las partes no se les haya asignado el plazo para presentar memorias, siendo así que la sanatoria por no deducción en la primera instancia presupone la posibilidad de presentar dichas memorias, es decir, ¡presupone que no haya la nulidad!

16. La libertad al respecto y sus limites máximos

Junto al mínimo representado por la tutela del principio del contradictorio, el legislador se ha preocupado por fijar un máximo no trasponible, una vez que ha considerado como vicio denunciable con la especial impugnación contra la sentencia arbitral la inobservancia, no de todas las formas establecidas por las partes, sino únicamente de aquellas que también para los juicios ordinarios hayan sido prescritas por la ley bajo pena de nulidad (art. 829, ap. 1°, n. 7, Cód. proc. civ.). Por lo cual es inútil que las partes, al dictar las normas que los árbitros deben observar en el procedimiento (art. 816, ap. 1°), conminen nulidades que no encuentren la indicada correspondencia en el arquetipo ante los jueces togados; su violación no tendría consecuencia en la sede que hace de banco de prueba, es decir, en sede de gravamen[57]. No solo esto, sino

---

53 Casación, 15 de octubre de 1954, n. 3732, ya citada en la precedente nota 48.

54 Vecchione, *Violazione del principio del contraddittorio e nullità del lodo per mancata escussione di tutti i testi* (*Foro Pad.*, 1953, I, 1209); *Id.*, *Principio del contraddittorio e assunzione delle prove nel giudizio arbitrale* (*Giur. Compl. Cass. Civ.*, 1955, I, 1780.

55 Por la sentencia de la Casación, 9 de agosto de 1948, n. 1417 (*Foro it.*, 1948, I, 818, y allí remisiones).

56 Vecchione, *L'arbitrato*, cit., pág. 309, n. 109; cfr. también Garbagnati, *ob. cit.*, págs. 261 y sigtes., n. 6.

57 En efecto, se ha dicho que las partes no pueden crear motivos de nulidad desconocidos para la ley procesal ordinaria; así Andrioli, *Commento*, cit., vol. III, pág. 556, reproducido por Vecchione, ob. últ. cit., pág. 302, n. 108. Cfr. también Redenti, *ob. cit.*, vol. III, pág. 470, n. 268; D'Onofrio, *Commento*, cit. vol. II, pág. 515, n. 1324.

que a las partes no se les concede siquiera declarar o considerar insanables aquellas nulidades respecto de las cuales se admite la sanatoria (art. 157, aps. 1° y 2°), y si las declarasen tales harían algo igualmente irrelevante, ya que el art. 829, ap. 19, n. 7, al otorgar la impugnación, presupone expresamente que no ha sido sanada la nulidad (n. 53).

Es de observar, además, que la disposición que estudiamos limita ulteriormente el campo de acción de las nulidades en el sentido de que admite explícitamente la reclamación de ello por obra únicamente de las partes y no también de los árbitros; éstos, cuando en defecto de normas establecidas por las partes están autorizados para regular el desenvolvimiento del juicio en la forma que consideren más oportuna (art. 816, ap. 2°), no parecen luego legitimados para poner sanción alguna de nulidad[58], y ello desarma algún tanto su poder.

17. HASTA CUANDO LAS PARTES PUEDEN ESTABLECER LAS NORMAS QUE LOS ÁRBITROS DEBEN OBSERVAR EN EL PROCEDIMIENTO

Hemos visto antes (n. 14) cómo la ley consiente a las partes establecer las normas que los árbitros deben observar en el procedimiento (pero no ciertamente de qué medios de prueba deben servirse y cómo deben extraer de ellos su propio convencimiento)[59], no solo mediante el compromiso o la cláusula compromisoria, sino también "mediante acto escrito posterior, siempre que sea anterior al inicio del juicio arbitral" (art. 816, ap. 1°, Cód. proc. civ.). ¿Pero cuándo ocurre que un acto pueda decirse anterior a ese inicio? Todo consiste en ver qué hay que entender aquí por juicio: si tomamos esta palabra en su significado corriente en virtud del cual no se atiende únicamente a la decisión final, sino también, y ante todo, al procedimiento para llegar a ella, de ello se sigue la necesidad para el acto escrito de preceder a la aceptación de los árbitros, que haciendo perfecto el vínculo compromisorio, marca el nacimiento e inicio del proceso arbitral (*supra*, n. 6). Y esta interpretación, no solo literal, sino también en coherencia con todo el sistema del arbitraje, no estaría ni está privada de justificación, ya que los árbitros, antes de aceptar el encargo y de pasar a ser tales, tienen que saber, a fin de poderse regular y no tener luego sorpresas siquiera bajo el aspecto del *modus procedendi*, cómo las partes piensan disciplinarlo.

De todos modos, no nos parece exacta la opinión formulada por quienes, tomando por inicio del juicio el momento, insuficientemente precisado, "en que los árbitros son introducidos en el ejercicio del poder a ellos encomendado", sostienen que las partes podrían establecer las normas reguladoras del procedimiento "en lo que es de ordinario el primer acto de él, es decir, en el acta con la cual comparecen ellas ante los árbitros y formulan eventualmente

58 Conforme VECCHIONE, *ob. cit.*, págs. 311 y sigtes., n. 110.

59 VECCHIONE, *ob. cit.*, pág. 311, n. 110.

las cuestiones que los mismos tienen que decidir"[60]. Prescindiendo de la observación de que no se dice que la formulación de las cuestiones sea siempre posterior a la aceptación de los árbitros (y hasta en la práctica, por lo que nos consta, acaece muy a menudo lo contrario), no vemos, efectivamente, cómo se pueda tomar por constante punto de referencia una comparecencia que no representa en todo caso el primer acto del procedimiento (ya que muchas veces va precedida por uno o más intercambios de memorias y de documentos) y que, de todos modos, entra ya en el proceso mismo, por lo cual la determinación de las normas que deben seguirse y que se hubiese efectuado en el curso de dicha comparecencia y consagrado en la correspondiente acta, no sería ya anterior al inicio del juicio, según lo exige la ley.

Tampoco parece fundada la otra advertencia, aunque mejor perfilada que la anterior, a tenor de la cual también después de la aceptación de los árbitros, exactamente tomada como acto que determina el inicio del proceso, las partes, de común acuerdo, podrían todavía dictar normas concernientes al *modus procedendi* o modificar las precedentemente establecidas por ellas, salvo el derecho de los árbitros a renunciar al encargo[61]. Es verdad que de este modo, a diferencia del otro anteriormente recordado, se subordinaría la validez de la estatuición o modificación tardía a la falta de renuncia de los árbitros y, por tanto, a la voluntad de ellos, pero no se ve por qué estos últimos deberían ser puestos en la alternativa de sufrir las nuevas normas o de renunciar, aunque legítimamente, al encargo que inicialmente habían aceptado sobre la base de determinados presupuestos.

Es preferible, pues, atenerse a la interpretación que hemos formulado aquí, contemplándola primeramente.

---

60 Así D'ONOFRIO, *ob. cit.*, vol. II, págs. 490 y sigtes., n. 1292; ANDRIOLI, *ob. cit.*, vol. III, pág. 557.

61 Así VECCHIONE, *ob. cit.*, págs. 309 y sigtes., n. 110, ahora criticado, con argumentos al parecer convincentes, por SCHIZZEROTTO, *ob. cit.*, págs. 287 y sigtes., n. 117, el cual es sustancialmente de la opinión sostenida en el texto.

SECCIÓN II. — *FUNCIONES DE LAS PARTES Y DE LOS ÁRBITROS EN LA DETERMINACIÓN DEL CONTENIDO DEL PRONUNCIAMIENTO*

18. LA DETERMINACIÓN DE LA MATERIA DEL LITIGIO

Hasta aquí nos hemos ocupado del procedimiento arbitral desde un punto de vista principalmente estático; se trata ahora de descender a examinar cómo madura poco a poco el contenido intrínseco del pronunciamiento final y qué contribución puede prestar a él cada uno de los varios sujetos (partes y árbitros); así aclararemos sus respectivas funciones en el plano dinámico, especialmente allí donde se presentan con aspectos característicos y particulares.

En lo que atañe a la determinación de la materia del litigio en el fondo, está ella reservada a las partes, tal como ocurre en el proceso ordinario; incluso en el arbitral esta determinación (que ante los jueces togados, por lo menos si y en cuanto sea obra del demandado, se efectúa necesariamente en juicio ya instaurado) es de ordinario preliminar al surgimiento del procedimiento mismo y, por tanto, a la entrada en función de los árbitros; en efecto, tiene ella lugar mediante la proposición de las cuestiones que deben hacerse por todos los contendientes en el compromiso o mediante un posterior o posteriores actos complementarios (como ocurre siempre que se trata de arbitraje proveniente de cláusula compromisoria) que se integran con el compromiso mismo o con la cláusula[62]. Por lo cual los árbitros, una vez que aceptan el encargo, llevando así la última piedra al nacimiento del procedimiento, lo hacen a sabiendas ya de lo que están llamados a decidir, salvo las posteriores

62 REDENTI, *ob. cit.*, vol. III, pág. 463, n. 266, II, se limita a aludir al acto autónomo que contiene las cuestiones en relación al caso, en que necesariamente se lo encuentra siempre, de arbitraje que nace de cláusula compromisoria; pero no se excluye que se lo pueda tener también en la hipótesis de compromiso, y efectivamente la jurisprudencia no exige la simultaneidad entre este último y la formulación de las cuestiones: Corte de apelación de Brescia, 13 de enero de 1954 (*Corti Brescia e Venezia*, 1954, 378); Corte de apelación de Génova, 15 de febrero de 1949 (*Foro Pad.*, 1949, I, 243).

y eventuales ampliaciones del *quid disputatum* en que estén conformes todas las partes[63]) y hayan aceptado, en nuestra opinión, los árbitros.

Las cuestiones, sean antiguas o nuevas, constituyen, pues, un límite a las conclusiones de las partes mismas[64] y, por tanto, al juicio de los árbitros, pero con la diferencia de que éstos no pueden nunca decidir al margen de aquéllos, pues de lo contrario la sentencia será siempre impugnable por nulidad, mientras que respecto de las partes hay que tomar en cuenta la disposición del art. 817 del Cód. proc. civ. Según este artículo (al que remite *ad hoc* el subsiguiente art. 829, ap. 1°, n. 4 [n. 50]), la impugnación queda efectivamente precluida si la parte contra la cual se han propuesto conclusiones que excedan del compromiso o de la cláusula compromisoria, no ha provocado la correspondiente excepción en el curso del procedimiento. Se entiende que esta preclusión no opera, pese al silencio de la ley, si se trata de cuestión no comprometible en árbitros[65]; por el contrario, parece que debe admitirse, dado el tenor literal del art. 817, también en el caso de que sean, no las conclusiones finales, sino las cuestiones ya propuestas por una de las partes, las que se extralimiten del compromiso o de la cláusula compromisoria[66].

19. El arbitro respectivamente frente al derecho y frente al hecho

En el proceso ordinario, a la determinación de la materia del litigio sigue, como es sabido, la verificación de los extremos y de los presupuestos necesarios para que el juez pueda legítimamente conocer del fondo (entendida esta verificación en el sentido de control). Lo mismo ocurre en el proceso arbitral, ya que es opinión comúnmente admitida que también el árbitro es juez de la propia competencia, al punto de que puede conocer hasta si la materia a él encomendada es comprometible (véase *Compromesso*), mientras que ya hemos dicho que le compete denunciar incluso de oficio la nulidad de los singulares actos de parte dependiente del defecto de capacidad para estar en juicio, defecto que no haya sido precedido por una preliminar invalidez del

63 Sobre la extensión de la materia del litigio en el curso del proceso arbitral, pero como fruto de una precisa y concorde manifestación de voluntad de las partes y sobre la falta de preclusiones al respecto, cfr. últimamente, Casación, 11 de diciembre de 1956, n. 4407 (*Rep. Foro it.*, 1956, voz *Arbitrato*, 219, n. 69); Id., 12 de marzo de 1957, n. 835 (*Giurispr. ital.*, 1957, I, 1, 546, con nota de Vecchione, *Perizia contrattuale nell'arbitrato*); Id., 27 de mayo de 1957, n. 1947 (*Mass. Giust. civ.*, 1957, 758). En doctrina véase anteriormente, Garbagnati, *Sulla nullità della sentenza arbitrale che abbia pronunciato fuori dei limiti del compromesso* (*Foro Pad.*, 1952, I, 337).

64 Tan es así, que Redenti, *ob. cit.*, vol. III, pág. 467, n. 267, aplica a esta particular situación el antiguo brocardo *ne eat iudex*, etc., y dice *ne eant partes ultra vel extra.*

65 Conforme Andrioli, *Commento*, cit., vol. III, pág. 559.

66 Una mención en este sentido, en Redenti, *loc. cit.*, en lo que atañe a las relaciones entre cláusula compromisoria y las cuestiones (pero lo mismo se puede decir, como indicamos en el texto, también respecto del compromiso si es anterior a las cuestiones).

compromiso (n. 8). En consecuencia, respecto de tales cuestiones se plantea ya el problema, que en general tiene fundamental importancia para la decisión del fondo, sobre cuál sea la posición del árbitro, respectivamente, frente al derecho y frente al hecho.

Al respecto hay que precisar inmediatamente que en principio dicha posición no se aparta de la del juez togado, que conoce el derecho e ignora el hecho, con las derogaciones y atenuaciones a todos conocidas. Es decir, vale también para el árbitro la regla expresada por el brocardo *iura novit curia* [los derechos los conoce la curia], esté o no provisto él de preparación jurídica. Si está privado de ella o si a lo más tiene de ella un simple barniz[67], quiere ello decir que las partes, una vez que lo han nombrado, adaptando así el juez a las características de la litis singular, han pospuesto el riesgo que de ello se sigue a la conveniencia de remitir la decisión de aquella determinada controversia a una persona dotada de otra específica preparación y experiencia, y se han contentado con remisiones y explicaciones de derecho que ellas mismas están siempre en condiciones de suministrar en el curso del proceso mediante las memorias ilustrativas y de réplica, y, si se los admite mediante ulteriores actos de partes (comprendida la discusión oral), sea de la eventual aportación de otro u otros miembros del colegio arbitral. En efecto, a un árbitro, por así decirlo, técnico, u ordinario no se lo deja solo, sino que está encerrado en un colegio, a formar parte del cual se puede llamar, por tanto, por lo menos a una persona con preparación jurídica (a menos que se trate del arbitraje de los consultores técnicos en las controversias individuales del trabajo, arts. 455 y sigtes., Cód. proc. civ.; véase *Consulenti tecnici* [*Arbitra to dei*] [*Diritto del lavoro*]).

En consecuencia, como el árbitro conoce por principio las normas de derecho, no surge respecto de estas últimas la exigencia de probarlas, excepción hecha, a lo más, en cuanto al derecho extranjero, el derecho antiguo y las costumbres, de todo lo cual, sin embargo, el árbitro puede procurarse el conocimiento de cualquier modo, por sí solo o también por medio de las partes, pero sin ponerlas nunca en el dilema (en el cual consiste el *onus probandi*: art. 2697, Cód. civ.) de suministrar la prueba o de sucumbir. Si las partes, por lo demás, con cualquier expresión, hubieren manifestado la voluntad de tener una decisión según equidad (art. 822, Cód. proc. civ.), no surgirá entonces siquiera el problema de la búsqueda y la elección de la norma jurídica (salvo en cuanto a las reglas que tengan carácter imperativo o sean consideradas por la ley como indeclinables garantías de justicia desde el punto de vista del orden o del interés público) (n. 34), y el árbitro encontrara *a fortiori* en sí mismo, sin concurso extraño, los presupuestos sustanciales en que inspirar su

67 Según Redenti, *ob. cit.*, vol. III, pág. 465, n. 267, los árbitros deberían tener siempre "un barniz" de derecho, pues de lo contrario no sería a su modo de ver "ni concebible una cognición sustitutiva de la de los jueces ordinarios".

pronunciamiento que contenga soluciones instintivas y aproximativas, más bien que razonadas, en rigor, hasta *in apicibus*[68].

Diametralmente opuesta se presenta la posición del árbitro frente al hecho, tal como ocurre con el juez. Él lo ignora y no le está consentido valerse de su ciencia privada, sino en cuanto a los hechos notorios, que puede tomar en cuenta, ya que nada lo impide, por lo menos en nuestra opinión[69]. Donde la posición del árbitro puede separarse, en cambio, de la del juez, es a propósito de las reglas de experiencia, y es lo que ocurre una vez que se haya elegido expresamente entre personas con particulares conocimientos técnicos (al punto de que frecuentemente es éste el motivo determinante por el cual se recurre al arbitraje como sustitutivo de la jurisdicción ordinaria); pero en tal caso el problema no concierne ya al hecho, a la premisa menor del silogismo decisorio, sino que atañe a otras reglas, distintas de las jurídicas, pero que entran ellas también, en cuanto reglas, en la premisa mayor y pueden ser relevantes para llegar al pronunciamiento y a la resolución de la controversia.

Es por consiguiente, la posesión y solo la posesión de mayores conocimientos técnicos, lo que diferencia a veces al árbitro del juez, con la consecuencia de que mientras la menor cultura jurídica no influye nunca sobre la posición del árbitro en relación a las normas jurídicas, en cambio, su especialización en el terreno de las reglas de experiencia puede implicar para él una menor necesidad de recurrir a consultores técnicos. Y, por consiguiente, también en el ámbito del arbitraje surge el problema acerca de cómo probar el hecho y el régimen que debe atribuirse a los singulares medios de prueba.

20. Relevancia y admisibilidad de las pruebas

También a este propósito se ofrece espontáneamente el paralelismo con lo que ocurre en el proceso ordinario. Ninguna diferencia al respecto puede apreciarse en cuanto a la relevancia a la prueba singular: también para el arbitraje *frustra probatur quod probatum non relevat* [inútilmente se prueba lo que, una vez probado, de nada sirve]; se trata, en efecto, de una regla lógica, antes todavía que jurídica, ya que no tiene sentido alguno llevar, a quien tiene que juzgar, al contacto (inmediato o mediato, directo o a través de presunciones) con hechos que no sean aquellos sobre los cuales se apoyen las pretensiones o las excepciones de las partes. En cambio, cuando se pase a considerar el problema de la admisibilidad en general de los medios de prueba, entonces será necesario comenzar a distinguir y a reconocer que en ciertos casos las

68 Sobre el contenido de las decisiones pronunciadas por los árbitros amigables componedores, cfr. las indicaciones de Redenti, *ob. cit.*, vol. III, pág. 468, n. 267.

69 Redenti, *ob. cit.*, vol. III, págs. 466 y 469, n. 267, no excluye, por lo demás, que los árbitros puedan utilizar su ciencia privada (con tal de que se trate de ciencia de todos los componentes del colegio) acerca de los datos de hecho, si del compromiso o de las circunstancias resultan elegidos o nombrados precisamente en gracia a su particular estado de información o han sido autorizados a valerse de ella.

reglas no pueden ser las establecidas por la ley para el proceso ordinario. Esto vale para cuando los árbitros estén autorizados para decidir según equidad, ya que en tal hipótesis no parece exacto interponer aquellas limitaciones que en el plano procesal encuentra el juez ordinario en su investigación (si no se recae en el art. 114 del Cód. proc. civ.)[70]; así el árbitro amigable componedor puede, por ejemplo, admitir pruebas testificales sin preocuparse del régimen previsto por los arts. 2721 y sigtes. del Cód. civ., siempre que la forma escrita no esté exigida por la ley *ad substantiam*[71] o no sea de orden público[72], y puede prescindir del valor legal de ciertas pruebas si éste depende de normas de carácter procesal[73]ro encontramos otra razón fundamental para distinguir, como es sabido, cuando del problema de la admisibilidad en general de los medios de prueba se desciende a examinar de cuáles de ellos puede el árbitro servirse útilmente, y esto así tanto si está autorizado para decidir según equidad, como si tiene, en cambio, que atenerse a las normas de derecho. En efecto, se trata aquí, no de la mayor libertad (o de las menores limitaciones) que debe reconocerse al árbitro amigable componedor respecto de quien (juez o árbitro, lo mismo da) esté obligado a respetar todas las normas de derecho, comprendidas las que regulan el régimen de admisibilidad de los medios de prueba, sino que se trata ciertamente de una consecuencia del hecho de que el árbitro es siempre un particular, y como tal carece de poderes de imperio (aunque *in iure condendo* sería de desear que se pusiera a ello algún remedio [n. 5]). De esta consecuencia tendremos que ocuparnos ahora un poco más ampliamente.

21. LOS SINGULARES MEDIOS DE PRUEBA Y LA FALTA, EN EL ARBITRO DE PODERES DE IMPERIO

La falta en el árbitro de poderes de imperio se manifiesta, ante todo, en sus relaciones con los terceros: efectivamente, es unánimemente admitido que no está él en condiciones de constreñirlos a consentir inspecciones sobre sus personas o sus cosas o sobre los lugares de su posesión (arts. 118, 258 y sigtes.,

70 Según VECCHIONE, ob. cit., pág. 323, n. 116, los árbitros podrían siempre admitir y experimentar pruebas orales incluso más allá de los límites y las prohibiciones impuestas por el Código civil, y podrían recurrir a las presunciones en forma más amplia de lo que se consiente al juez ordinario, salvo el caso de que las partes hayan dispuesto la observancia también de las normas de derecho material. Por nuestra parte, hemos preferido precisar que estas posibilidades deben reconocerse al árbitro amigable componedor porque la autorización para no respetar las normas de derecho material presupone o implica la autorización para decidir según equidad; el régimen relativo a la admisibilidad de las pruebas no entra, efectivamente, entre las normas que deben observarse en el procedimiento que las partes, o subordinadamente los árbitros, pueden establecer también cuando se trate de arbitraje según derecho (ns. 14-16).

71 Conforme VECCHIONE, *ob. cit.*, págs. 323 y sigtes. n. 116.

72 Así REDENTI, *ob. cit.*, vol. III, pág. 469, n. 267.

73 REDENTI, *loc. cit.*

especialmente 262, ap. 2°, Cód. proc. civ.), ni a exhibir o a depositar en juicio un documento u otra cosa cuya adquisición conceptúe él necesaria para el proceso y cuyo traslado no esté prohibido (arts. 210 y sigtes., y art. 218), así como no tiene carácter para requerir de oficio a la administración pública las informaciones escritas relativas a sus actos y documentos (art. 213), ni menos aún para disponer rogatorias a las autoridades extranjeras (art. 204)[74]. Dígase lo mismo en orden a las personas que las partes hayan indicado como testigos: si ellas no se presentan a deponer, o si una vez presentadas rehúsan hacerlo sin motivo justificado, los árbitros no están legitimados para servirse de aquellos poderes coercitivos que la ley otorga, en cambio, a los jueces ordinarios (arts. 255 y 256, Cód. proc. civ., art. 106, Disposiciones de aplicación, y art. 366, ap. 3°, Cód. pen.), ni tienen ningún otro remedio a su disposición[75]; todo depende también aquí de la libre y voluntaria actitud de esos terceros, tal como ocurre con las inspecciones y exhibiciones que los árbitros hayan dispuesto en orden a ellos aun a sabiendas de no estar en condiciones de imponerlas.

Además los testigos, hasta cuando se presenten para deponer y depongan, pueden rehusar, sin incurrir en responsabilidad alguna, prestar el juramento que les sea requerido (art. 366, ap. 3°, Cód. pen.), salvo el suministrar con esta su actitud un indicio negativo acerca de la atendibilidad de su deposición[76]. No solo esto, sino que si declaran la falsedad o son reticentes, no son penalmente perseguibles, ya que el art. 372, del Cód. pen., de conformidad con la

74 En este orden de ideas, aunque con menores remisiones a normas singulares de ley, D'ONOFRIO, *Commento*, cit., vol. III, pág. 492; ANDRIOLI, *Commento*, cit., vol. III, pág 557; VECCHIONE, *ob. cit.*, págs. 327 y sigtes., n. 118; REDENTI, *ob. cit.*, vol. III, pág. 471, n. 268, II; SCHIZZEROTTO, *ob. cit.*, págs. 316 y sigtes., n. 127. En cambio, Rocco (U), *Trattato* cit., vol. I, pág. 151, sostiene que los árbitros tienen los mismos poderes que los jueces togados, ya que son, según lo hemos recordado (n. 4), "verdaderos y propios órganos privados a los cuales están encomendadas funciones jurisdiccionales" así, los mismos podrán ordenar dictámenes de consultores técnicos, pruebas testificales, juramentos interrogatorios, inspecciones o accesos, etc.; pero no puede menos de reconocer que los árbitros están privados de un poder de imperio, y entonces sale del paso sosteniendo que en todos los casos en que sea necesario recurrir a providencias coercitivas, no les quedaría más que dirigirse a la autoridad judicial; y concluye: "así, por ejemplo, si un testigo citado no comparece o se niega a comparecer, podrán ellos hacerlo trasladar por medio de la fuerza pública, pero deberán dirigirse a este objeto a la autoridad judicial". Pero esta última es una solución ya rechazada *in iure condito*, y justamente, por la mayoría: cfr. D'ONOFRIO, *loc. cit.*; ANDRIOLI, *loc. cit.*, así como, a propósito de la imposibilidad para los árbitros de dirigirse a la autoridad judicial, lo que afirmamos tanto en el n. 13 como en la nota siguiente.

75 Era principalmente en orden a los testigos como se había tratado antiguamente, en especial por la doctrina francesa, de remediar la carencia de los poderes coercitivos en los árbitros, consintiéndoles recurrir a la autoridad judicial, como recientemente también Rocco, *loc. cit.*, piensa que se puede hacer apelación (véase nota anterior). Pero este remedio era rechazado ya bajo el imperio del código anterior; cfr., por todos, CARNACINI-VASETTI, *ob. cit.*, pág. 659, n. 11.

76 Sobre la valoración de la negativa a prestar el juramento, cfr., conforme, VECCHIONE, *ob. cit.*, pág. 328 n. 118.

concepción del arbitraje a la cual se atuvieron en su época los autores de dicho código (n. 5), solo castiga a quien haya incurrido en tal delito "deponiendo como testigo ante la autoridad judicial", y no también ante los árbitros, así como el subsiguiente art. 373, exige, a fin de perseguir la falsa pericia o la falsa interpretación, que el perito o intérprete haya sido nombrado por la antedicha autoridad. Y ya que hemos aludido a los consultores técnicos y a los intérpretes, debemos recordar que tampoco en relación a ellos tiene nunca el árbitro el poder de constreñirlos, no solo a prestar juramento, sino ni siquiera a aceptar el encargo, incluso si es obligatorio, y si no concurren los extremos de la abstención (arts. 63 y 192, ap. 2°, Cód. proc. civ.)[77], y esto siempre por la razón de que, en general, no hay delito de negativa a oficios legalmente debidos, tanto cuando se trate de testigos como de auxiliares verdaderos y propios del juez, si el nombramiento no proviene de la autoridad judicial (art. 366, Cód. pen.)[78].

La falta en los árbitros de poderes coercitivos se refleja, evidentemente, también en la posición de ellos con relación a las partes, si bien aquí tienen ellos en la mano una sanción de que están privados estructuralmente respecto de los terceros, a saber, la consistente en tomar cuenta de la actitud negativa de las partes a los efectos de la decisión final, así, nada impide que los árbitros se valgan, por ejemplo, de la norma de ley que permite a los jueces ordinarios inferir argumentos de prueba, no solo de la actitud en general de las partes en el proceso, y en especial de la injustificada negativa a consentir las inspecciones sobre sus personas o cosas (arts. 116, 29 ap., y 118, 2° ap., Cód. proc. civ.)[79], sino también de la otra norma que, extendiéndose más, atribuye a los mismos jueces hasta poder considerar como admitidos los hechos deducidos en el interrogatorio formal al que la parte no se haya presentado o se haya negado a responder sin justificado motivo (art. 232) (n. 10)[80]. Dígase lo mismo en cuanto a la disposición a tenor de la cual se puede considerar

77 La falta de poderes coercitivos en orden a los consultores técnicos y a los intérpretes, y en general a cualquier tercero, es efectivamente relevante solo cuando estén obligados a prestar su obra y no concurran los extremos para abstenerse legítimamente. Esto no creemos que lo tomen en cuenta los que se ocupan bajo el aspecto del arbitraje.

78 Vecchione, *ob. cit.*, pág. 327. n. 118, quien se ocupa también de la recusación del consultor técnico, admisible a tenor del art. 192 del Cód. proc. civ., aunque no siempre sea posible proponerla tres días antes de la comparecencia (*ibi*, ap. 2°), ya que no se excluye que ésta pueda faltar. Por lo demás, ya bajo el imperio del código anterior, a tenor del cual los motivos de recusación anteriores a la notificación de la ordenanza o de la sentencia de nombramiento de los peritos de oficio debían ser propuestos dentro de ocho días a partir de la antedicha notificación (art. 255, ap. 1°), se sostenía que en el proceso arbitral no había que respetar dicho plazo, y se admitía la proponibilidad de la recusación mientras el perito no hubiese comenzado sus operaciones; cfr. Carnacini-Vasetti, *loc. cit.*

79 En el mismo sentido, aunque solo en lo que atañe al art. 116, ap. 2°, Andrioli, *loc. cit.*

80 Conforme Vecchione, *ob. cit.*, pág. 326, n. 118. Lo negaban bajo el imperio del código anterior (art. 218) Codovilla, *ob. cit.*, pág. 418, y Mortara, *Commentario*, cit., vol. III, págs. 147 y sigtes., n. 133, pero sin una adecuada motivación, tanto más cuanto que admitían la eficacia probatoria del juramento prestado o no prestado.

reconocida la escritura, antes desconocida, si la parte invitada a comparecer personalmente para escribir al dictado no se presenta o se niega a escribir sin motivo justificado (art. 219, Cód. civ.). En cambio, ninguna consecuencia, y en particular ningún argumento de prueba, podría inferirse de la desobediencia a la orden dirigida a las partes de comparecer en persona para ser libremente interrogadas sobre los hechos de la causa (art. 117), precisamente porque ésta es la opinión que, en el silencio de la ley, se ha expresado al respecto dentro del ámbito del proceso ordinario.

Puestos en este camino, tendríamos finalmente que llegar a extender también al arbitraje las graves consecuencias que la ley atribuye a la no prestación del juramento decisorio que no esté justificada, y que consiste en considerar a la parte a la cual se lo haya deferido o referido como vencida respecto de la demanda o respecto del punto de hecho de que se trate (art. 239). Y en efecto, no se puede menos de llegar a este resultado si se sigue la opinión corriente según la cual también este especial (y para nosotros siempre deseable) medio de prueba (arts. 2736, n. 1°, y sigtes., Cód. civ., y arts. 233 y sigtes., Cód., proc. civ.) sería admisible ante los árbitros[81], tal como lo serían el juramento supletorio y el juramento estimatorio (art. 2736, n. 2, Cód. civ.; arts. 240 y sigtes., y art. 265, Cód. proc. civ.)[82], y como lo son todos los demás medios de que nos hemos ocupado o nos ocuparemos, reconociendo implícitamente su posible empleo en el proceso arbitral. Es decir, que a este resultado se llega necesariamente una vez rechazado en principio el parecer contrario, recientemente expresado, según el cual la posibilidad de deferir el juramento decisorio constituiría una especie de desautorización de las funciones típicas de los árbitros[83]. Más todavía, si ante estos últimos se da libre acceso al juramento de la parte, no debe excluirse que su falsedad constituya delito, a diferencia de lo que ocurre, como hemos visto, con el falso testimonio, la falsa pericia y la falsa interpretación, ya que respecto de ellos la ley penal no exige expresamente que se hagan ante la autoridad judicial, sino que se contenta con que lo preste quien es "parte en juicio civil" (art. 371, ap. 1° Cód. pen.), y por tal hay quien quiere entender también el proceso arbitral[84].

---

81 D'Onofrio, *loc. cit.*; Vecchione, *loc. cit.*; Schizzerotto, *ob. cit.*, págs. 315-16, n. 127: e, implícitamente, Casación, 21 de marzo de 1953, n. 729 (*Foro it.*, 1953. I, 1072 y sigtes.), la cual excluye que en el juicio arbitral el juramento sea deferible después de precisar las conclusiones y, por tanto, admite que lo sea antes.

82 Cfr. los autores citados en la nota anterior. En el mismo sentido, también en lo que atañe al juramento decisorio, se pronunciaban los intérpretes bajo el imperio del código de 1865; Carnacini-Vasetti, *loc, cit.*

83 Así Redenti, *ob. cit.*, vol. III, pág. 469, n. 267, el cual es menos tajante al negar la facultad de servirse del juramento supletorio o estimatorio, facultad que se limita a considerar discutible.

84 Así Vecchione, *ob. cit.*, pág. 326, n. 118, nota 2; Schizzerotto, *loc. cit.* En contra, Manzini, *Trattato*, cit., vol. V, pág. 33, n, 1273, y pág, 746, n. 1655.

22. La producción en juicio de pruebas preconstituidas. Verificación de las escrituras privadas y querella de falsedad

Ya hemos visto cómo la ley, al tutelar el contradictorio entre las partes, impone a los árbitros que señalen en todo caso, sin exclusión alguna, los plazos para presentar, no ya solo las memorias de defensa y de réplica, sino también los documentos (art. 816, ap. 3° Cód. proc. civ.) (ns. 14 y 15); en efecto, nada se opone a ello, excepción hecha de la necesidad, válida también para los árbitros, de que tales documentos estén en regla con el fisco, si no quieren incurrir en la obligación de pagar personalmente el impuesto y los sobreimpuestos de registro, salvo la repetición contra las partes (art. 118 del R. D. del 30 de diciembre de 1923, n. 3269, tal como hoy resulta en virtud de los arts. 1 y 3 del R. D. del 13 de enero de 1936, n. 2313) (n. 2). Incluso creemos que las partes pueden producir cualquier prueba preconstituida, es decir, de origen y de naturaleza preventiva e independiente del surgimiento y de los fines del proceso, aunque no tenga el carácter exterior tradicional del documento: nos referimos, más que a las arcaicas tarjas de contraseña (art. 2713 Cód. civ.), a las reproducciones mecánicas de hechos y de cosas (art. 2712), también a las cosas mismas, cualesquiera que ellas sean, con tal de que sean transportables ante el juez y tengan relevancia directa o indirecta para el proceso en curso. Conceptuamos, además, que las actas de las pruebas recogidas por la autoridad judicial competente a través de una instrucción preventiva, son producibles después de que los árbitros las hayan declarado admisibles (art. 698, ap. 3°).

Una vez producido en un juicio arbitral aquel particular documento que es la escritura privada, si la contraparte lo desconoce en la primera audiencia o en la primera respuesta siguiente a la producción, surge la carga, para quien piensa valerse de él, de pedir su verificación (art. 216, ap. 19, Cód. proc. civ.): ahora bien, ya bajo el imperio del código anterior se afirmaba que de ese requerimiento podían conocer los árbitros[85], y ésta es la opinión que todavía se sostiene[86], mientras que en la práctica nos parece más difícilmente imaginable el caso de que la verificación se promueva ante los mismos en vía, no ya incidental, sino principal (art. 216, ap. 2°). De todos modos, ni que decir tiene que hasta en la hipótesis de que los árbitros tengan que seguir también a este respecto las normas del Cód. proc. civ., las hay inaplicables por defecto de los correspondientes poderes en los árbitros, según hemos visto, por ejemplo, respecto del art. 218, concerniente a las escrituras de comparación que se encuentren en poder de terceros depositarios, públicos o privados (n. 21), y como hay que decir también respecto de la pena pecuniaria que debe

85 Carnacini-Vasetti, *ob. cit.*, pág. 660, n. 13 y allí remisiones.

86 D'Onofrio, *loc. cit.*; Vecchione, *loc. cit.*; Schizzerotto, *ob. cit.*, pág. 314, n. 127.

infligirse con la providencia que declare la escritura o la firma de mano de la parte que la negó (art. 220, ap. 2°)[87].

En cambio, se excluye siempre que los árbitros puedan conocer de la querella de falsedad propuesta contra el documento, acto público o escritura privada reconocida (arts. 2700 y 2702, Cód. civ.) cuya verdad no haya sido declarada cierta mediante sentencia pasada en autoridad de cosa juzgada (art. 221, ap. 1°, Cód. proc. civ.). El art. 19 del código de 1865 no dejaba dudas al respecto, ya que imponía explícitamente obligación a los árbitros de remitir las partes ante la autoridad judicial competente, no solo en el caso de controversia no comprometible a tenor del precedente art. 8, ap. 29, sino también cuando se tratase de "algún otro incidente relativo a un hecho que pueda dar lugar a la acción penal"[88]. Hoy este último inciso ha caído, en el sentido de que no se lo reproduce ya en el correspondiente art. 819, del cual nos ocuparemos dentro de poco (n. 29): por cuestión incidental que implica la necesaria suspensión del procedimiento arbitral y la proposición de la respectiva demanda ante el juez competente, se entiende, *expressis verbis*, solo la "que a tenor del art. 806 no puede constituir objeto de juicio arbitral", y por otra parte la falsedad de los documentos puede constituir objeto de una transacción, aunque ésta sea productora de efectos solo si es homologada por el tribunal, oído el Ministerio público (art. 1968, Cód. civ.)[89]. Como quiera que sea, prescindiendo de la observación de que aquí en la normal equiparación entre controversia comprometible en árbitros y controversia transigible habría que incluir la antedicha *condicio iuris* de la homologación, mientras que no se ve cómo ello pueda ocurrir respecto de un laudo arbitral que deba presentarse ante todo al pretor para que lo haga ejecutivo (n. 39)[90], está el hecho de que es suficiente la necesaria intervención en el proceso de falsedad en sede civil del Ministerio público (art. 221, ap. 3°, Cód. proc. civ.) para que se tenga que excluir que la correspondiente querella pueda ser conocida por los árbitros[91]. A estos

87 Conforme Vecchione, *ob. cit.*, pág. 326, n. 118, nota 3.

88 Sobre el art. 19 del Cód. proc. civ. de 1865 y sobre las cuestiones a que daba lugar a propósito de la querella de falsedad, cfr. Carnacini-Vasetti, *loc. cit.*

89 Acerca de la transacción sobre la falsedad de los documentos y acerca de la *condicio iuris* representada por la homologación del Tribunal, oído el Ministerio público, cfr. Carresi, *La transazione*, 2ª ed., en *Trattato di dir. civ. ital.*, dirigido por Vassalli, Torino, 1956, págs. 165 y sigtes., n. 85.

90 Sobre la imposibilidad de inscribir la homologación en virtud del art. 1968 en el procedimiento arbitral, encontramos concorde a Vecchione, *ob. cit.*, pág. 147, n. 60.

91 En cuanto a que no son comprometibles en árbitros todas las controversias en cuyo procedimiento es obligatoria la intervención del Ministerio público, explícitamente: Andrioli, *Commento*, cit., vol. III, pág. 530; D'Onofrio, *Commento*, cit., vol. II, pág. 474; Redenti, *ob. cit.*, vol. III, págs. 448 y sigtes. n. 263, IV; Schizzerotto, *ob. cit.*, págs. 32-33, n. 11, etc. En jurisprudencia cfr., recientemente, Casación, 3 de octubre de 1956, n. 3329 (*Giust. civ.*, 1956, I, 1625 y sigtes.). En cambio, Vecchione, *loc. cit.*, así como en pág. 334, n. 121, se limita a excluir que los árbitros puedan conocer de la querella de falsedad por el motivo indicado en la nota anterior y porque la competencia del Tribunal fijada en el art. 9, ap. 2°,

últimos les queda, de todos modos, el cometido de interpelar a la parte que produjo el documento si piensa valerse de él en el proceso en curso (art. 222), y en caso de respuesta afirmativa, de comprobar preliminarmente si se trata de cuestión de que tenga relevancia para el juicio a ellos encomendado: solo en la hipótesis afirmativa están verdaderamente obligados los árbitros a suspender el procedimiento y a disponer que las partes propongan demanda ante el juez competente (art. 819, ap. 19)[92]; pero acerca de esto véase más adelante, en el n. 29.

23. DISPONIBILIDAD Y REUNIÓN DE LOS MEDIOS DE PRUEBA

Por otra parte, en cuanto a la disponibilidad de los medios de prueba para llegar a determinar los elementos de hecho, se quiere sostener, además, que también el procedimiento arbitral se inspira en el principio dispositivo[93], y que *actore non probante reus absolvitur* [si el actor no prueba, se absuelve al demandado][94], en aplicación de la regla concerniente a la carga de la prueba (art. 2697, Cód. civ.); en consecuencia se excluye, y debe excluirse, que los árbitros puedan salir del paso con un simple *non liquet* [no consta][95], o que puedan abstenerse de decidir a pretexto de que la imposibilidad de reunir las pruebas por falta de medios coercitivos implicaría la cesación del compromiso[96]. A lo más, se ha llegado a admitir, suavizando así el rigor de la regla *iudex secundum alligata et probata partium iudicare debet* [el juez tiene que juzgar según los alegatos y las pruebas de las partes] (art. 115, ap. 1°, Cód. proc. civ.), y con el de la carga de la prueba, que el principio dispositivo sería

Cód. proc. civ., sería inderogable; pero esto está por demostrar, tratándose de una norma que tiene la única finalidad de distribuir las causas dentro del ámbito interno de los jueces ordinarios, pues de lo contrario también toda causa de valor indeterminable dejaría de poder ser objeto de compromiso o de cláusula compromisoria. Por otra parte, acerca del carácter no disponible de los derechos en cuyos procesos es obligatoria la intervención del Ministerio público, cfr. CARNACINI, *Tutela giurisdizionale e tecnica del processo*, cit., págs. 740 y sigtes., n. 14, y allí remisiones.

92 La obediencia a la disposición del art. 819 se concilia pues, con la opinión comúnmente recordada según la cual la interpelación y la investigación preliminar acerca de la relevancia del documento impugnado, no exigen la intervención del Ministerio público (cfr., por todos, ANDRIOLI, *Commento* cit., vol. II, pág. 159; en contra, REDENTI, *ob, cit.*, vol. II, pág, 217, n. 118).

93 MICHELI, *L'onere della prova*, Padova, 1942, págs. 190 y sigtes., n. 33; págs. 411 y sigtes., n. 78; REDENTI, *ob. cit.*, vol. III, págs. 468 y sigtes., n. 267. El principio dispositivo no sería seguido, en cambio, en los reglamentos arbitrales de las asociaciones comerciales; así NOBILI, *ob. cit.*, pág. 327, n. 76.

94 VECCHIONE, *ob. cit.*, pág. 323, n. 116.

95 MICHELI, *loc. cit.*; ANDRIOLI, *Commento*, cit., vol. III, pág. 557.

96 En cambio, para D'ONOFRIO, *Commcnto*, cit., vol. II, pág. 492, justamente criticado por ANDRIOLI, *loc. cit.*, habría que llegar en los casos más graves de imposible reunión de los medios de prueba, a la cesación verdadera y propia del compromiso, ya que el *onus probandi* en dicha hipótesis podría no funcionar; pero no explica cómo ocurriría esto.

atenuado, para los árbitros de equidad, por el carácter aproximativo-intuitivo de sus decisiones, válido también *quoad factum*, así como sería atenuado en todo caso por más amplios poderes de dar disposiciones ordenatorias acerca de la producción, deducción y adquisición de pruebas, pues entre los motivos de nulidad de que se trata en el art. 829, sería difícil poder hacer que entrase el empleo de iniciativas oficiales[97]. A esta última afirmación se puede objetar, sin embargo, que está siempre el último apartado de dicho artículo, el cual consiente la impugnación de nulidad por violación de reglas de derecho si las partes no han autorizado a los árbitros para decidir según equidad o no han declarado no impugnable el laudo (n. 54); por lo cual, a fin de llegar a reconocer en todo caso, sin exclusión alguna, más amplios poderes instructorios a los árbitros, sería necesario negar en principio que se trate de materia objeto de dichas reglas y habría que reconducirlas, contra una opinión que nos parece fundada[98], al amparo de las normas que las partes o, subordinadamente a ellas los árbitros, puedan establecer para disciplinar el procedimiento y la forma correspondiente y que no están tuteladas o son tutelables con la sanción de nulidad si ésta no está prescrita para los juicios ordinarios (art. 829, ap. 1°, n. 7) (ns. 14 y 16). Preferimos, por consiguiente, limitarnos a afirmar con suficiente seguridad que el principio dispositivo, en la medida en que es todavía relevante dentro del proceso ordinario de cognición civil[99], puede sufrir ulteriores atenuaciones y derogaciones en los juicios arbitrales según equidad, sin menoscabo, tampoco aquí, de los límites que la realización de toda iniciativa encuentra necesaria y prácticamente a causa de la falta de poderes coercitivos.

Acerca del procedimiento a través del cual se actúa la reunión de los medios de prueba en exteriorización de los poderes de parte o de oficio ya mencionados, solo falta remitirnos a lo ya dicho a propósito del *iter procedendi* en general (ns. 14- 16) y de la forma de las providencias instructorias, que debe ser siempre la de la ordenanza (art. 816, últ. ap.) (n. 11). Desde un punto de vista más específico debe recordarse que se ha decidido no hace mucho que la inobservancia de los plazos fijados por los árbitros para la producción de actos y documentos, no produce decadencia, y que la parte puede, por consiguiente, depositarlos fuera del plazo, de carácter puramente ordenatorio, prefijado a él por el colegio arbitral[100], el cual, sin embargo, es, en nuestra opinión, libre

97 Así REDENTI, *loc. cit.*

98 Nos referimos a la opinión de MICHELI, *ob. cit.*, pág. 412, n. 78.

99 Acerca de la actual relevancia en el proceso ordinario de cognición del principio dispositivo en sentido propio (con exclusión, por tanto, del régimen de tutela de los intereses materiales), cfr. CARNACINI, *Tutela giurisdizionale e tecnica del processo*, cit., págs. 768 y sigtes. n. 19.

100 Coll. Arb., 6 de diciembre de 1949 (*Riv. Trib. Loc.*, 1950, 12, y en *Rep. Foro it.*, 1950, voz *Arbitramento*, 138, ns. 67 y 68). Recientemente se ha definido que no es causa de nulidad del laudo la recepción de pruebas propuestas después de vencido el plazo fijado por

para valorar el comportamiento del retardatario, y en general está obligado a poner a la contraparte en conocimiento de la producción tardía. Pero no ha faltado una decisión con la cual se excluye que la parte pueda pretender la fijación de un plazo para la producción de documentos, una vez que haya participado ya en el juicio, atrasado merced a numerosos reenvíos, y una vez que estuviera ya en condiciones de depositar sus copias[101]: en este último caso los árbitros se han preocupado probablemente del retardo que la ulterior concesión de un plazo, a requerimiento de una sola de las partes, hubiera causado en menoscabo de su obligación de decidir en el tiempo debido (n. 33).

Finalmente, en lo que atañe a la clausura de la recepción de los medios de prueba, recuérdese que, no solo al árbitro dispensado de la observancia de las formalidades de procedimiento, sino también al que por disposición explícita de las partes esté obligado a atenerse a ellas, le ha sido reconocido el poder de servirse del art. 209 para no dar curso a la ulterior recepción, cuando la considere superflua gracias a los resultados ya obtenidos[102] (véase también n. 15).

24. La sede de las operaciones instructorias

Si las partes no han fijado en el compromiso, en la cláusula compromisoria o mediante acto posterior aunque anterior al inicio del juicio (n. 17), la sede de las operaciones instructorias, ésta, no habiendo al respecto norma alguna vigente de competencia por razón del territorio[103], puede ser libremente elegida por los árbitros (los cuales, sin embargo, no pueden rehusarse a fijarla al inicio del procedimiento)[104], según criterios de índole práctica, económica y de comodidad, teniendo presente, por ejemplo, la residencia de las partes o de los árbitros, o la de uno de ellos (por lo común la del presidente del colegio arbitral o la del árbitro eventualmente delegado para la instrucción), o bien teniendo presente el lugar en que está situada la cosa objeto de la controversia, etcétera[105].

Tampoco hay que excluir que una vez fijada la sede de las operaciones instructorias y en general del juicio arbitral, los árbitros o el árbitro delegado

---

los árbitros a ese fin, si la parte no excepcionó tempestivamente la decadencia (Corte de Apelación de Trento, 4 de abril de 1956, *Rep. Foro it.*, 1956, voz *Arbitrato*, 220, n. 83).

101 Corte de Apelación de Milán, l° de febrero de 1952 (*Foro Pad.*, 1952, II, 19).

102 Cfr. últimamente Casación, 15 de octubre de 1954, n. 3732, ya citada en unión con la nota conforme de Furno, *Limiti di applicazione e tutela del principio del contraddittorio nel procedimento arbitrale* (*Giurispr. ital.*, 1956, I, 1, 266); también Vecchione, *ob. cit.*, págs. 324 y sigtes., n. 117; Schizzerotto, ob. cit., págs. 297 y sigtes., n. 120, y allí remisiones.

103 Conforme, Corte de Apelación L'Aquila, 25 de julio de 1950 (*Rep. Foro it.*, 1950, voz *Arbitramento*, 140, n. 96).

104 Cfr. Carnacini-Vasetti, *ob. cit.*, pág. 661, n. 16, y autores allí citados.

105 Así, bajo el imperio del código de 1865, Carnacini- Vasetti, *loc. cit.*; Barbareschi, *Gli arbitrati*, cit., pág. 134, n. 108; y ahora Vecchione, *ob. cit.*, pág. 318, n. 114 texto y nota 2.

no puedan trasladarse momentáneamente a otro lugar, si es necesario realizar en él inspecciones, accesos y experimentos de su competencia o que deban realizarse bajo su dirección. Por el contrario, en lo que concierne a un cambio definitivo de dicha sede, ya bajo el imperio del código anterior, y en el silencio, entonces lo mismo que ahora de la ley, se propendía a no consentirlo salvo motivos justificados[106], pero si éstos se ofrecen, parece también ahora admisible: en efecto, no hay impuesta correlación alguna entre el lugar de la instructoria y el de emisión del laudo, bastando con que este último se pronuncie dentro del territorio de la República (art. 824, Cód. proc. civ.), según las normas del ordenamiento jurídico italiano (véase *Arbitrato estero*, n. 2).

106 Por todos, Carnacini-Vasetti, *loc. cit.*

Sección III. — *Complicaciones y desenvolvimiento anormal del procedimiento*

SUMARIO: 25. Proceso arbitral y medidas cautelares. - 26. Proceso arbitral con pluralidad de partes. - 27. La sucesión en la relación sustancial controvertida y sus efectos sobre el proceso arbitral. - 28. Conexión y litispendencia entre varias causas arbitrales. - 29. La suspensión del procedimiento. - 30. Los árbitros y el control de legitimidad constitucional. - 31. La interrupción del procedimiento. - 32. Fin anormal del procedimiento.

25. Proceso arbitral y medidas cautelares

Remitiéndonos a la voz *Compromesso* para todo lo que atañe al problema de las controversias que pueden someterse a los árbitros, tenemos que ocuparnos aquí de las medidas cautelares únicamente desde el punto de vista de su coordinación con el proceso arbitral y de las complicaciones que este último tiene que experimentar por ellas.

a) Así, respecto de nuestro cometido *ratione materiae*, todo parecería claro: "Los árbitros no pueden otorgar secuestros ni otras providencias cautelares" (art. 818, ap. 19, Cód. proc. civ.), es decir, no pueden otorgar secuestros conservatorios y judiciales (comprendidos el llamado liberatorio fart. 687] y todo otro previsto por leyes especiales) ni providencias de urgencia, así como no están legitimados para conocer de las denuncias de nueva obra y de daño temido o de las instancias de instrucción preventiva, etc. Además, se trata de una prohibición que toma su origen y motivo de la falta de poderes coercitivos en los árbitros[107], de su incapacidad para crear títulos ejecutivos[108] o, en cambio, de la normal irrenunciabilidad de las acciones puras[109], es indudablemente absoluto e inderogable, cualquiera que haya sido la intención concorde de las partes; en el momento de la estipulación del compromiso o de la cláusula compromisoria[110]. En consecuencia, la instancia para la providencia cautelar debe ser propuesta ante el juez togado, que para los secuestros conservativo y judicial, anteriores a la causa o en curso de ella, es en tales casos el pretor o el presidente del Tribunal competente por razón del valor del lugar donde debe hacerse el secuestro, salvo las diversas disposiciones de ley (arts. 672, ap. 3°, y 673, ap. 5°, Cód. proc. civ.), mientras que en los casos de providencia

107 D'Onofrio, *Commento*, cit., vol. II, pág. 495, n. 1300.

108 Coniglio, *Il sequestro giudiziario e conservativo*, 3ª ed., Milano, 1949, pág. 90 n. 71.

109 Andrioli, *Commento*, cit., vol. III, pág. 560.

110 Corte de apelación de Palermo, 7 de mayo de 1948 (*Foro Sicil.*, 1948, 117, y en *Rep. Foro ital.*, 1948, voz *Arbitramento*, 107, 35).

de urgencia lo es siempre el pretor del lugar en que el instante teme que esté por verificarse el hecho dañoso (art. 701)[111], etc. Además, zanjando de una vez las cuestiones que se planteaban a este propósito bajo el imperio del código anterior[112], el legislador ha estatuido que allí donde esté previsto el juicio de convalidación de la providencia cautelar (como hay que decir en cuanto a los secuestros, pero no en cuanto a las providencias de urgencia), sea competente para conocer de ellas el mismo juez que había concedido el secuestro, sin perjuicio de la causa de mérito. Al mismo le corresponde luego, una vez intervenido el pronunciamiento de los árbitros, proveer a la eventual revocación del secuestro (art. 818, ap. 2°, cuyo contenido ha sido generalizado y extendido, mediante los últimos apartados que el art. 50 de la ley del 14 de julio de 1950, n. 581, ha agregado a los arts. 680 y 681 del Cód. proc. civ., a todos los casos en que el secuestro haya sido concedido por un juez distinto del civil ordinario, tanto antes como en curso de causa)[113].

Por tanto, una vez que se haya pedido un secuestro antes del inicio del juicio arbitral, el secuestrante debe, en el plazo de quince días a partir de aquel en que se ha realizado el primer acto de ejecución, citar para la convalidación al secuestrado ante el juez que emitió la providencia y promover respecto de él el juicio arbitral referente al mérito (art. 680, aps. 2° y 5°); cuando sean necesarios a este fin actos preliminares, como el nombramiento o la sustitución de árbitros, la determinación de cuestiones, etc., tiene él que dar por lo menos curso a ellos diligentemente[114]. Si la providencia obtenida es una de las indicadas en el art. 700, el instante, no estando prevista al respecto la fase de la convalidación, solo está obligado a iniciar ante los árbitros, en la forma ahora ejemplificada, el juicio de fondo dentro del plazo perentorio fijado a él a ese efecto por el pretor (art. 700, ap. 2°).

¿Pero qué sucede respecto del proceso arbitral cuando una parte quiera pedir en pendencia de él una providencia cautelar? Al inicio nada, por lo menos en nuestra opinión, en el sentido de que, en defecto de un acuerdo de todas las partes (evidentemente, difícil de lograr), no pensaremos que el juicio arbitral pueda ser suspendido de oficio en virtud del art. 819, ya que

---

111 Cfr. Montesano, *I provvedimenti d'urgenza nel processo civile*, Napoli, 1955, págs. 110 y sigtes.; Sapienza, I *provvedimenti d'urgenzá*, Milano, 1957, págs. 131 y sigtes., n. 61, y allí remisiones doctrinales y jurisprudenciales.

112 En el sentido de que, firme la prohibición en orden a la emisión de providencias cautelares, se pudiera comprometer en árbitros el juicio de convalidación, se había pronunciado Allorio, *Per una nozione del processo cautelare* (*Riv. di dir. proc. civ.*, 1936, I, 37, n. 9, nota 2).

113 Cfr. Tribunal de Cremona, 24 de abril de 1948 (*Corte Bresciana*, 1948, I, 108). Frente a las disposiciones de ley ahora vigentes y a la exclusiva competencia del juez ordinario para conocer de cualquier convalidación, no parece fundada la opinión de Satta, *Dir. proc. civ.*, cit., pág. 639, n. 537, según el cual, si el secuestro ha sido concedido antes de la estipulación del compromiso, podrían intervenir acuerdos de las partes también respecto de la convalidación. En el sentido aquí sostenido, cfr. ahora Schizzerotto, *ob. cit.*, págs. 39-40, n. 15.

114 Cfr. Redenti, *ob. cit.*, vol. III, pág. 75, n. 197, I.

la instancia para obtener la providencia cautelar no da lugar a una cuestión incidental cuya decisión tenga relevancia para el juicio arbitral de fondo, así como no la tiene en el proceso ordinario. Si esa instancia es rechazada, solo quedará en pie el juicio ante los árbitros, y proseguirá su camino. En cambio, si se la acoge, entonces el instante estará obligado a radicar dentro de los plazos de ley (art. 681, aps. 1° y 2°) el juicio de convalidación ante el juez togado indicado recientemente, cuando se trate de una de las providencias, como los secuestros, a las cuales sigue también dicha fase; de lo contrario, se podrá retornar ante el mismo juez que hubiere emitido dicha providencia, pero eventualmente, y no ya necesariamente, previa oposición de la parte pasiva por motivos independientes del mérito[115].

b) De todos modos, cuando se tenga por ley el juicio de convalidación, según acaece cuando se trata de secuestros concedidos ya sea antes de la causa, ya sea en curso de ella, surge el problema de su coordinación con el proceso arbitral. Aquí la acostumbrada duplicidad que se da en los procedimientos ordinarios con el juicio de fondo, no puede evidentemente encontrar lugar por la distinta competencia para conocer de ellos; en consecuencia, como los juicios avanzan en forma autónoma e independiente, para dar la precedencia al de convalidación no hay necesidad de recurrir, ni siquiera en vía analógica, a la disposición del art. 682, que para los procesos ordinarios consiente en los casos de los arts. 680 y 681,. ap. 2°, la decisión separada sobre la convalidación "si el estudio del fondo exige una larga instrucción". Más todavía, la indicada autonomía e independencia permiten, a diferencia de lo que ocurre cuando el juez togado está investido también del juicio de fondo, que este último, gracias, entre otras cosas, al desarrollo ya adquirido en el momento en que se requirió el secuestro en curso de causa, esté para ser decidido antes que el de convalidación. ¿Podrán en tal caso los árbitros, siempre apremiados por el plazo dentro del cual tienen que emitir el laudo (n. 33), abstenerse de pronunciar, suspendiendo el proceso? En principio propenderemos a la solución negativa, ya que no es fácil que la decisión de las cuestiones relativas a la convalidación (es decir, de cuestiones que consisten en comprobar si existían o no en origen y si persisten o no todavía los extremos legales para la concesión, así como razones de oportunidad, tales como el peligro, la urgencia, etc.) tenga relevancia respecto del mérito; pero si por casualidad la tiene, no veremos entonces por qué los árbitros no podrían legítimamente hacer uso, en su juicio incensurable, del art. 819, dado que la remisión en él contenida al art. 806 no nos parece que deba tomarse a la letra, según diremos dentro de poco (n. 29). De todos modos, una vez que el juicio sobre el fondo se ha concluido en sentido afirmativo antes que el juicio sobre la convalidación, por tenerse la conversión del secuestro conservativo en embargo, habrá que atender a esta última sentencia para depositarla, si es favorable, en secretaría juntamente con la sentencia arbitral (arts. 686, Cód. proc. civ. y 156, Disposiciones de

115 Cfr. VECCHIONE, *ob. cit.*, pág. 165, n. 63.

aplicación)[116]. En cambio, en el caso contrario, es decir, de sentencia negativa en cuanto al fondo, el juez de la convalidación estará obligado a uniformarse, revocando en todo caso el secuestro (sea conservatorio o judicial)[117].

c) Ya que hemos llegado a hablar de la providencia de revocación, recuérdese que, por cuanto se ha visto, la ley se preocupa de ella en forma expresa respecto de los secuestros, y atribuye la competencia para ella al mismo juez de la convalidación y, por tanto, al mismo juez que haya concedido el secuestro singular (art. 818, ap. 2°). Dígase lo mismo también en los casos en que falte la fase de la convalidación, como a propósito de las providencias de urgencia, para cuya eventual revocación es siempre competente el pretor[118]. ¿Pero cuándo ocurre que el juez así individualizado pueda ejercitar el poder de revocación?

Como es sabido, el tan criticado art. 683, aps. 1° y 2°, del Cód. proc. civ., prevé al efecto varias hipótesis, a saber: 1° pérdida de eficacia del secuestro por inobservancia de los arts. 680 y 681 por parte del secuestrante; 2° rechazo de la instancia de convalidación por sentencia pasada en cosa juzgada; 3° extinción del juicio de fondo por la causa que fuere; 4° inexistencia del derecho en cuya cautela se había concedido el secuestro, declarada por sentencia pasada en autoridad de cosa juzgada. Ahora bien, de estas diversas hipótesis el art. 818, ap. 29, solo contempla la última, aquella en que los árbitros hayan pronunciado (únicamente sobre el fondo), y tampoco dice si para hacer caer el secuestro tal pronunciamiento debe haber pasado en cosa juzgada; como quiera que sea, no vemos la razón de un distinto régimen de la revocación según que la decisión negativa sobre el fondo provenga respectivamente de jueces togados o de árbitros y, por tanto, nos inclinamos hacia la solución que, argumentando a base de la clara, aunque discutible disposición del art. 683, ap. 29, exige para la misma sentencia arbitral que haya pasado en autoridad de cosa juzgada (es decir, que no sea ya impugnable con impugnación por nulidad: n. 44); de lo contrario el juez no puede todavía disponer la revocación de secuestro[119]. Al mismo resultado se llega a propósito de las providencias de urgencia si se acepta por buena la premisa, acogida sobre todo en jurisprudencia, pero criticada por gran parte de la doctrina, según la cual el art. 683 sería aplicable a

116 A propósito de la sentencia de convalidación como presupuesto de la conversión del secuestro conservativo en embargo, cfr. VELLANI, *La conversione del sequestro conservativo in pignoramento*, Milano, 1955, págs. 74 y sigtes.; y ahora en distinto sentido, Casación, 30 de julio de 1957, n. 3219 (*Giust. civ.*, 1957, I, 2094, con nota de remisiones).

117 Cfr. REDENTI, *ob. cit.*, vol. III, pág. 78, n. 197, III.

118 MONTESANO, *ob. cit.*, pág. 111.

119 Conforme ANDRIOLI, *loc. cit.*; según D'ONOFRIO, *loc. cit.*, el pronunciamiento de los árbitros se consideraría intervenido una vez que el laudo hubiese sido hecho ejecutivo a tenor del art. 825, ap. 2°, pero él mismo, argumentando siempre por el art. 685, tiene que agregar que la sentencia de revocación no será ejecutable, si no ha pasado en autoridad de cosa juzgada.

ellos por analogía[120]: de todos modos, se trata de cuestión prejudicial respecto de los problemas del arbitraje, y que, por tanto, se sale de los límites de la presente voz. Más bien debe recordarse que, no obstante el descarnado inciso del art. 818: "cuando ha tenido lugar el pronunciamiento de los árbitros", se propende a admitir que el juez pueda revocar el secuestro también en el caso de decadencia del plazo para el pronunciamiento del laudo, equiparándolo al de extinción del juicio ordinario sobre el fondo por cualquier causa (art. 683, ap. 1°), mientras que argumentando a base del art. 830, que distingue entre nulidad del laudo *y* fondo, se excluye, en cambio, que esta nulidad pueda ser equiparada a la inexistencia del crédito cautelado[121].

Fuera de toda duda está, por otra parte, la caída del secuestro si la instancia de convalidación es rechazada por sentencia pasada en cosa juzgada (art. 683, ap. 1°), ya que a este propósito no influye el hecho de que en cuanto al fondo sean competentes los árbitros, así como al juez de la convalidación se le puede pedir siempre la revocación del secuestro conservativo prestando idónea caución por el monto del crédito que diera causa al secuestro y por las costas, en razón del valor de la cosa secuestrada (art. 684). Finalmente, en cuanto a la inobservancia de las disposiciones de los arts. 680 y 681 como causa de ineficacia del secuestro, encuentra ella parangón exacto en lo que atañe, siempre a la instauración del juicio de convalidación; en cambio, respecto del inicio del juicio de fondo, si se trata exactamente de secuestro o en general de providencia cautelar autorizada antes de la causa, hay que tener presente que el proceso arbitral debe instaurarse en forma distinta de la ordinaria, y que es necesario y suficiente que el secuestrado dé curso con diligencia, en el plazo de ley o en el fijado a él por el juez en el caso del art. 700, ap. 2°, a los actos preliminares ya indicados a modo de ejemplo (según lo hemos dicho *sub a*).

26. Proceso arbitral con pluralidad de partes

En lo que atañe a las eventuales complicaciones subjetivas dentro del ámbito del proceso arbitral, ni que decir tiene que las partes pueden ser más de dos desde el origen, cuando hayan sido tantas las que firmaron el compromiso o la cláusula compromisoria: de ello nacerán, a lo más, dificultades, por

---

120 En mérito a la aplicabilidad del art. 683 a las providencias de urgencia, cfr. la ordenanza de la Casación, Secciones unidas, del 28 de abril de 1948 (*Foro civ.*, 1948, 123 y sigtes., con nota contraria de Coniglio, *In tema di revoca di un provvedimento d'urgenza; Giur. Compl. Cass. Civ.*, 1948, II, 79 y sigtes. con otra nota del mismo Coniglio, *Illegittimità della esecuzione provvisoria di una sentenza che revoca un provvedimento d'urgenza*); del mismo autor, véase también *Sui provvedimenti cautelari innominati* (*Studi in onore di Enrico Redenti*, cit. vol. I, págs. 333 y sigtes., ns. 8-9). En sentido favorable, Calvosa, *In tema di provvedimenti cautelari innominati* (*Riv. di dir. proc.*, 1949, II, 217 y sigtes., n. 5), según el cual el art. 683, ap. 2°, es norma de carácter general, dictada para el secuestro, pero buena para cualquier providencia cautelar. En contra, Montesano, *ob. cit.*, págs. 120 y sigtes.; D'Onofrio, *Commento*, cit., vol. II, pág. 346, n. 1136.

121 Andrioli, *loc. cit.*

ejemplo, acerca del nombramiento de los árbitros, ya que se presta mal al respecto la disposición del art. 810 del Cód. proc. civ.; se trata, de todos modos, de obstáculos superables y que deben ser superados recurriendo a las necesarias adaptaciones, si no se quiere reconocer que es jurídicamente imposible terminar en el arbitraje[122] (véase *Compromesso*). Además, pensamos que un tercero puede adherirse a los acuerdos arbitrales también una vez instaurado el proceso, y que puede, por tanto, intervenir en él, con tal de que encuentre consentimiento en todas las *dramatis personae*, es decir, en las otras: partes y en los mismos árbitros, y a condición de que en principio respete la regla del in *statu et terminis*[123]. El respeto a esta última regla es común a los juicios ordinarios, donde puede separarse únicamente el tercero que comparezca voluntariamente para la integración necesaria del contradictorio (art. 268, ap. 2°, Cód. proc. civ.), es decir, en una hipótesis —que debe tratarse siempre de este modo— que difícilmente encontrará lugar en el ámbito del proceso arbitral, según se dirá dentro de poco. En cambio, la necesidad de que la intervención voluntaria del tercero encuentre el asentimiento de todos los demás sujetos, sin exclusión de nadie, se sigue evidentemente del origen contractual del juicio arbitral también en lo que atañe a la obligación de juzgar en los árbitros. Por lo cual la intervención, si se la acepta, termina por dar vida a un nuevo acuerdo compromisorio y a un nuevo acuerdo con los árbitros mismos; en tal caso nada excluye que el tercero pueda ser puesto nuevamente en plazos, es decir, que pueda ser admitido a realizar actividades que de lo contrario le estarían precluidas.

Del mismo origen contractual del arbitraje y de la ya contemplada falta de poderes en los árbitros respecto de los terceros, se sigue la inaplicabilidad de la intervención coactiva, ya a instancia de parte (art. 106, Cód. proc. civ.) ya *iussu iudicis* (art. 107)[124]. Para que tenga éxito incluso una simple *denuntiatio litis*, es siempre necesario el asentimiento del mismo tercero y de todos los demás sujetos del proceso arbitral, aparte del de aquel (parte o árbitro) que haya tomado la iniciativa. Por algo el tercero no está obligado a someterse al juicio de los árbitros, a los cuales ni con la estipulación de un pacto compromisorio,

---

122 Para alguna que otra observación al respecto, no todas ellas aceptables sin más, cfr. VEGGHIONE, *Imposaibilità di nomina degii arbitri e nullità, di clausola compromissoria per pluralità di parti* (*Foro Pad.*, 1952, III, 77 y sigtes.).

123 La doctrina se limita, en cambio, a negar sin más la posibilidad de la intervención voluntaria de terceros, "porque respecto de quien no sea parte del compromiso o de la cláusula, se excluye que los árbitros puedan asumir y ejercer sus funciones" (así REDENTI, *ob. cit.*, vol. III, pág. 473, n. 268, III; cfr. también VECCHIONE, *Impossibilità, di nomina degli arbitri*, cit., 79 y *L'arbitrato*, cit., pág. 332, n. 120). Contra cualquier tipo de intervención, incluso voluntaria, cfr. ahora también SCHIZZEROTTO, *ob. cit.*, pág. 307, n. 123. Pero una vez que el tercero, con el consentimiento de todos los demás sujetos, se adhiera al acuerdo compromisorio, no vemos por qué no pueda entrar a formar parte del proceso ya en curso.

124 Conforme REDENTI, *loc. cit.*; VECCHIONE, *L'arbitrato*, cit., pág. 328, n. 118, y pág. 331, n. 120; D'ONOFRIO, *Commento*, cit., vol. II, pág. 492, n. 1293.

ni con el nombramiento, ha conferido él en modo alguno ningún poder[125], y viceversa. También a este propósito vale, pues, lo que hemos dicho con referencia a la intervención voluntaria.

Más bien, ¿qué ocurre cuando se trata de una hipótesis de litisconsorcio necesario (art. 102, Cód. proc. civ.) y uno de los sujetos interesados ha quedado formalmente fuera del juicio arbitral? Hay que distinguir al respecto según que sea totalmente extraño al acuerdo compromisorio o haya participado, en cambio, en él, y en esta última hipótesis, según que dicho acuerdo esté contenido en un compromiso o lo esté en una cláusula compromisoria. En efecto, si se trata de alguien que haya firmado el compromiso y esté, por tanto, vinculado ya al arbitraje, el proceso puede desarrollarse igualmente (n. 7), y los árbitros, después de haber cuidado de ponerlo también a él en condiciones de presentar documentos y memorias así como las réplicas correspondientes (art. 816, ap. 3°) y de haberlo invitado, por ejemplo, a participar en las audiencias, emitirán el laudo también en orden a él. En tal caso no se trata, por consiguiente, de tener que integrar el contradictorio, sino de una mera ausencia de un sujeto que es ya parte del proceso. Dígase lo mismo en la hipótesis de que el acuerdo compromisorio esté contenido en una cláusula, con tal de que las otras partes, o por lo menos la instante, hayan anteriormente comunicado al sujeto ausente su intención de dar curso al juicio arbitral y lo hayan invitado a nombrar su propio árbitro, y hayan recurrido luego, a este efecto, si él no ha proveído a ello, al presidente del Tribunal (art. 810, ap. 29). Por tanto, la verdadera cuestión de la integración del contradictorio, en la hipótesis de litisconsorcio necesario, solo surge cuando el sujeto ausente no esté en modo alguno vinculado por un acuerdo compromisorio: prácticamente será difícil que las otras partes elijan el camino del arbitraje dejando fuera a uno de los interesados, pero si lo hacen, no tienen ya remedio alguno frente a la negativa de él a adherirse, siempre porque no se puede llamar a un extraño al juicio arbitral, cualquiera que sea el motivo de la integración. Y a los árbitros no les quedará más que tomar nota de la imposibilidad en que se encuentran para pronunciar en cuanto al fondo, pues de lo contrario el laudo se emitirá en vano[126] y se lo podrá quitar siempre del medio con una sentencia de mera declaración de certeza, sin recurrir a la impugnación por nulidad ni respetar su régimen jurídico en cuanto a competencia y plazos (n. 44, *in fine*).

27. La sucesión en la relación sustancial controvertida y sus efectos sobre el proceso arbitral

Junto al problema de la eventual entrada en escena de otra parte sin salida de las anteriores, hay que aludir a aquel a que da lugar la sucesión en la relación sustancial controvertida. Se da necesariamente en la hipótesis de

125 Así Vecchione, *ob. cit.*, pág. 331, n. 120.

126 Conforme Vecchione, *ob. cit.*, pág. 332, n. 120; Schizzerotto, *loc. cit.*

muerte de una de las partes, de la cual el legislador se ha preocupado para prorrogar en 30 días el plazo dentro del cual deben los árbitros pronunciar el laudo (art. 820, ap. 3°, Cód. proc. civ.) (ns. 14 y 33). De este modo se excluye la aplicabilidad de la interrupción o de la reasunción contemplada en los arts. 299 y sigtes. para el proceso ordinario, el juicio arbitral continúa y el laudo emitido en relación a la parte difunta forma estado en favor o en contra de sus causahabientes[127]. La prórroga *ex lege* sirve a los árbitros para asegurar en lo posible la continuidad de la defensa[128], y a los sucesores para presentarse en el proceso. Más concretamente, se presentará el sucesor universal (art. 110, Cód. proc. civ.), salvo el caso de transferencia a título particular *mortis causa*, en el cual, no encontrando directa aplicación el art. 111, no nos parece que haya de excluirse sin más el sucesor a título particular: en efecto, como es siempre necesaria una sucesión en el proceso, tanto da que entre en escena propiamente el nuevo titular del interés material en discusión[129].

En cambio, en el caso de transferencia del derecho controvertido por acto entre vivos a título (que no puede menos de ser) particular, no hay prórroga del plazo para el pronunciamiento del laudo, ya que el legislador no se ha preocupado de ello, como no, tenía por qué hacerlo, y sobre todo el juicio arbitral puede continuar y continúa en relación a las partes originarias. Excluida, por tanto, la necesidad de una sucesión en el proceso, no parece siquiera que el tercer adquirente tenga la facultad de intervenir *sua sponte*; también en esta hipótesis, como en toda otra de intervención voluntaria, será necesario a este efecto el asentimiento de todos los demás sujetos, partes y árbitros (n. 26)[130].

28. Conexión y litispendencia entre causas arbitrales

En cuanto a la reunión de varias causas en un único proceso arbitral, solo puede llevarse a la práctica en el caso, sumamente raro, de que las causas, además de ser conexas, sean simultáneamente promovidas ante los mismos

127 Cfr. Redenti, *ob. cit.*, vol. III, pág. 474, n. 268, III; D'Onofrio, *Commento*, cit., vol. II, pág. 499, n. 1304. En cambio Vecchione, *ob. cit.*, pág. 333, n. 121, texto y nota 2, afirma, sin aducir justificación alguna, que a pesar del art. 820, ap. 3°, "hay que entender que desde el momento de la muerte de la parte no pueden realizarse actos del procedimiento", y sostiene que el proceso debe ser reasumido "así sea en las formas propias del juicio arbitral". Para Schizzerotto, *ob. cit.*, págs. 311-12, n. 125, durante el plazo de treinta días concedido al sucesor "a fin de proveerse en el juicio", ningún acto del procedimiento podría ser llevado a cabo. Sobre la inaplicabilidad en general de las normas del Código de procedimiento civil relativas a la interrupción del proceso ordinario, Corte de Apelación de Turín, 14 de noviembre de 1955 (*Mont. Trib.*, 1956, 15).

128 Así Redenti, *loc. cit.*, a quien se adhiere D'Onofrio, *loc. cit.*

129 En cambio Redenti, *loc. cit.*, se limita a hacer remisión, a los fines de la determinación de los sucesores, al art. 111, y afirma que se excluiría "la intervención del sucesor a título particular (como la intervención del adquirente del derecho litigioso por acto *inter vivos*)".

130 Acerca de la opinión de Redenti, también a este respecto, véase la nota anterior.

árbitros[131]. Efectivamente, en la hipótesis de litispendencia ante árbitros distintos, dado que en la práctica pueda encontrar lugar, deberán ellos atenerse al principio de la prevención (art. 39, ap. 1°, Cód. proc. civ.), que parece habrá de terminarse sobre la base del momento en que hayan tenido inicio los singulares procesos con la aceptación de los respectivos árbitros. Por el contrario, en el caso de continencia de causas, remitidas todas y siempre a la cognición de árbitros, parecería ser que hubiera de seguirse la otra regla según la cual el juez de la causa continente es competente para conocer también de la contenida (art. 39, ap. 29)[132].

29. La suspensión del procedimiento

Siempre a propósito de las complicaciones que el proceso arbitral puede sufrir, tenemos que hablar ante todo de la suspensión de él. De ella se ocupa explícitamente el código en un caso, el del art. 819, del cual hablaremos dentro de poco, pero nos parece que todas las partes, así como están legitimadas para consentir mediante acto escrito en la prórroga del plazo de pronunciamiento del laudo (n. 33), pueden ir más allá también y pedir a los árbitros que suspendan el proceso durante un período incluso superior a los cuatro meses previstos como límite máximo por el art. 296 del Cód. proc. civ. para los juicios ordinarios[133]; y los árbitros, cuyo asentimiento aunque implícito conceptuaremos necesario si no se quiere que se consideren desvinculados del compromiso original, proveerán mediante ordenanza.

Además la ley, partiendo siempre desde el punto de vista del plazo de pronunciamiento del laudo, establece la suspensión cuando la parte recuse al árbitro que ella no haya nombrado por los motivos indicados en el art. 51 (art. 820, ap. 1°, en relación con el art. 815, ap. 1°): ahora bien, nada excluye que la instancia de recusación pueda ser presentada después de que todos los árbitros hayan aceptado el encargo, ya que la ley se limita a exigir que sea propuesta dentro de 10 días a partir de la notificación del nombramiento (art. 815, ap. 2°), y ya que algunas sentencias la consideran proponible incluso después, si los motivos en que se funda son conocidos por la parte

131 Cfr. Redenti, *loc. cit.*; Schizzerotto, *ob. cit.*, pág. 307, n. 123, quien, sin embargo, excluye la posibilidad de reunión en el caso de concesión impropia. Contra la aplicabilidad en el juicio arbitral de las normas del Código de procedimiento civil relativas a la conexión y continencia de causas, Coll. Arb., 4 de junio de 1952 (*Acque, Bonif. Costr.*, 1952, 35).

132 Cfr. Vecchione, *ob. cit.*, pág. 332, n. 120, quien, no obstante, en cuanto a la hipótesis de litispendencia, se plantea el problema partiendo de la premisa de que para investir de la misma causa a árbitros distintos no figuren todas las partes, sino respectivamente algunas de ellas. En el sentido expresado en el texto a propósito de la litispendencia, Schizzerotto, *ob. cit.*, pág. 119, n. 52.

133 Conformes Vecchione, *ob. cit.*, pág. 334, n. 121; Schizzerotto, *ob. cit.*, pág. 310, n. 124, para el cual la instancia de suspensión debe resultar de acto escrito.

con posterioridad o toman origen de hechos posteriores al nombramiento[134]. por tanto, cuando se haya producido la aceptación y esté ya en curso el procedimiento (n. 6), es este último, y no solo el plazo de pronunciamiento del laudo, lo que queda en suspenso, así como la recusación, poniendo temporalmente al menos fuera de causa a uno de los jueces, suspende por razones obvias el procedimiento ordinario (art. 52, ap. 3°, Cód. proc. civ.). La suspensión dura hasta el pronunciamiento sobre la instancia de recusación (art. 820, ap. 1°), es decir, hasta la emisión de la ordenanza no impugnable del presidente del Tribunal (art. 815, ap. 2°)[135], después de lo cual el plazo y con él el procedimiento reanudan su curso si se rechaza la recusación; en cambio, si se la acoge, se interrumpen el uno y el otro, como lo veremos más adelante (n. 31).

Ya hemos recordado que la ley habla explícitamente de suspensión del procedimiento verdadero y propio en el caso del art. 819, es decir, cuando los árbitros en el ejercicio de su poder discrecional como jueces del fondo[136], conceptúen que la decisión de una cuestión surgida en el curso del proceso y que entra en las que el art. 806 considera no comprometibles, tenga relevancia para el juicio a ellos encomendado[137]. Además, es opinión corriente que aparte de las controversias indicadas en el mencionado artículo (el cual, como es sabido, se limita a remitir a las previstas en los arts. 429 y 459, las que atañen a cuestiones de estado y separación personal entre cónyuges, y a todas aquellas que no pueden constituir objeto de transacción), no hay otras sometibles al juicio arbitral, ya por su misma naturaleza (se pone a este propósito el ejemplo de las controversias sobre el dominio público de las aguas), ya por consideraciones de rito (necesidad, por ejemplo, de la intervención del Ministerio público, según acaece cuando se ha propuesto querella de falsedad [n. 22]) (véase *Compromesso*). Y no solo esto, ya que tampoco se exige, para provocar la suspensión, que se trate de cuestión prejudicial objeto de otro proceso ya pendiente, como lo exige, en cambio, a este efecto el art. 295[138], o que sobre ella las partes hayan solicitado una declaración de certeza con eficacia de cosa juzgada: en efecto, se excluye incluso que los árbitros

134 Tribunal de Busto Arsizio. 7 de junio de 1951 (*Giurispr. ital.*, 1951, I, 2, 549); Casación, 6 de junio de 1957, n. 2077 (*Mass. Giust. civ.*, 1957, 807). En el mismo sentido Andrioli, *Commento*, cit., vol. III, págs. 554 y sigtes.; en cambio D'Onofrio, *Commento*, cit., vol. II, págs. 489, n. 1291, considera que el tenor de la ley no lo consentiría, aun considerando más equitativa la solución contraria.

135 Es decir, hasta la fecha del pronunciamiento y no hasta la comunicación de la ordenanza al recusante y al árbitro recusado: Así D'Onofrio, *Commento*, cit., vol II, pág. 499, n. 1304.

136 Así Vecchione, *loc. cit.*; Schizzerotto, *ob. cit.*, págs. 308-309, n. 124.

137 Acerca del precedente del art. 819, representado por el art. 19 del Cód. proc. civ. de 1865, cfr. antes, en el n. 22.

138 Andrioli, *Commento*, cit., vol, III, pág. 561.

puedan conocer de ello *incidenter tantum*[139]. Recuérdese, además, a título de mera información y sin que queramos tomar aquí posición al respecto, que según opiniones, aunque bien contrastadas, el art. 819 encontraría ulterior aplicación, ya en la hipótesis de que fuera contestada la existencia o la eficacia del compromiso o de la cláusula[140], ya cuando la cuestión prejudicial, aun siendo por su naturaleza sometible a los árbitros, no haya constituido objeto del compromiso o de un acuerdo posterior y la otra parte lo denuncie en vía de excepción a tenor del art. 817[141]. En todos estos casos, pues, los árbitros deben (mediante ordenanza) suspender el procedimiento y disponer que las partes propongan demanda ante el juez competente (art. 819, ap. 1°); en consecuencia, el plazo para el pronunciamiento del laudo queda en suspenso hasta el día en que una de las partes notifique a los árbitros la sentencia pasada en autoridad de cosa juzgada que ha decidido la causa incidental (o la providencia, ordenanza o sentencia, que ha declarado la extinción: art. 307, ap. 4°); pero si el plazo que falta por recorrer tiene una duración inferior a 20 días, se lo prorroga de derecho hasta alcanzar los 20 días (art. 819, ap. 2°).

Es de notar, finalmente, que como en su oportunidad lo veremos (ns. 47 y sigtes.), el art. 829, al igual que su precedente representado por el art. 19 del Cód. proc. civ. de 1865 no contempla la violación del art. 819 entre los motivos de nulidad de la sentencia arbitral[142]; al respecto, como cuando no se haya respetado la disposición del art. 806, se habla de inexistencia de la sentencia misma por defecto absoluto del poder de juzgar en el árbitro[143] (n. 44 *in fine*).

30. LOS ÁRBITROS Y EL CONTROL DE LEGITIMIDAD CONSTITUCIONAL

Llegados aquí, estimamos oportuno referirnos a una cuestión enteramente nueva, que toma su origen del control de legitimidad constitucional de las leyes y de los actos con fuerza de ley, del Estado y de las regiones, encomendados por la vigente Constitución italiana a la Corte especial (art. 134). Antes de que esta última entrara en función, se decidió varias veces, y siempre con referencia al decreto del 26 de julio de 1944, con el cual el Ministro de

---

139 ANDRIOLI, *loc. cit.*; D'ONOFRIO, *Commento*, cit., pág. 496, n. 1302; Casación, 3 de octubre de 1956, n. 3329 (*Giust. civ.*, 1956, I, 1625 y sigtes.); Corte de apelación de Milán, 16 de agosto de 1955 (*Giust. Civile Mass. App.*, 1955, 819); Id., 14 de octubre de 1955, y ambos con nota.

140 Esta opinión es sostenida por REDENTI, *ob. cit.*, vol. III, pág. 467, n. 267, y pág. 475, n. 268; en contra, D'ONOFRIO, *Commento*, cit., vol. II, pág. 497, n. 1302; acerca del principio de que los árbitros pueden conocer de la validez o no del compromiso o de la cláusula compromisoria (sin recurrir, por tanto, al art. 819), cfr. VECCHIONE, *ob. cit.*, págs. 204 y sigtes., n. 75, con remisiones.

141 Así D'ONOFRIO, *Commento*, cit., vol. II, pág. 496, n. 1302; pero véase la crítica de ANDRIOLI, *Commento*, cit., vol, III, págs. 561 y sigtes.

142 VECCHIONE, *ob. cit.*, pág. 334, n. 121.

143 Cfr. ahora, por todos, MARMO, *Questioni incidentali di nullità o decadenza di brevetto nel procedimento arbitrale* (*Giust. civ.*, 1956, I, 1628).

Agricultura determinó el precio del grano, y al Decreto Ley del 22 de junio de 1946, n. 44, de convalidación y ratificación del anterior, que correspondiendo a la autoridad judicial juzgar sobre la legitimidad constitucional de las leyes, con efecto limitado al caso decidido (art. 7, ap. 29, D. Trans. e Fin. Cost.), había que reconocer tal poder a los árbitros investidos de la controversia, hasta cuando estuviesen autorizados para decidir según equidad[144]. ¿Pero qué hay que decir ahora, en que la Corte constitucional existe y cumple su propia función?

Ni que decir tiene que el haber invocado el camino del arbitraje ritual, en vez de juicio ordinario, no debe precluir en principio la posibilidad de comprobar si una ley o un acto con fuerza de ley es o no constitucional: y ello así, no solo cuando los árbitros estén obligados a decidir según derecho, sino también cuando estén autorizados mediante cualquier expresión a pronunciar según equidad (art. 822), ya que en este último caso deben respetar siempre las normas jurídicas fundamentales, como hay que decir también de las normas de orden público (n. 34). Si el control de constitucionalidad de cualquier norma de ley, ya sea sustancial o procesal, estuviese precluido mientras pende la causa ante los árbitros obligados a observar y aplicar dicha norma, se seguiría de ello una inadmisible diferencia de trato con lo que acaece ante los jueces togados, donde tal cuestión puede siempre ser denunciada; y la diferencia repercutiría finalmente en la decisión arbitral, que tiene la misma eficacia que la de una sentencia. No en balde, cuando se examinan los problemas conexos con el instituto del arbitraje, hay que valorarlos teniendo siempre presente el último resultado al cual se llega por su medio. Por otra parte, no parece siquiera oportuno que para dar curso al control de legitimidad constitucional, haya que esperar a que la causa sea llevada ante los jueces togados mediante la impugnación de nulidad contra el laudo hecho ejecutivo: indudablemente, tal cuestión puede ser provocada por primera vez en sede de impugnación[145], pero una vez que haya sido contemplada ya en la fase anterior ante los árbitros, no vemos por qué el correspondiente proceso deba desplegarse ya en el vacío y de todos modos bajo esa espada de Damocles. Además, no se dice que la impugnación de nulidad esté en concreto propuesta y que esté legitimado para ejercitarla aquel que tenga interés en obtener el juicio de constitucionalidad: ciertamente, no lo están los árbitros mismos, a los cuales les estaría, por tanto, totalmente impedido provocar una cuestión que, según nuestro ordenamiento es, en cambio, denunciable e incluso *ex officio* (art. 1, Ley constitucional del 9 de febrero de 1948, η. 1, y art. 23, ap. 3°, Ley ordinaria del 11 de marzo de 1953, n. 87).

---

144 Casación, 27 de abril de 1951, n. 1030 (*Giur. Compl. Cass, Civ.* 1952, III, 865, con nota de GRASSO, *Questioni vecchie e nuove in materia di arbitrato*), y Casación, 13 de mayo de 1952, n. 1360 (*Ibid.*, 1953, I, 250 y sigtes., con nota de PECE, *Questioni in tema di arbitrato. Ancora sulla costituzionalità del D-L 22 giugno 1946, n. 44*).

145 Cfr, por todos, REDENTI, *Legittimità delle leggi e Corte costituzionale*, Milano, 1957, pág. 27, n. 21, texto y nota 4, y pág. 61, nota 43.

Por estos motivos nos hemos visto inducidos a admitir que la cuestión de legitimidad constitucional sea provocable en vía incidental también en el curso de un proceso arbitral[146]; y no nos parece que la dicción literal del citado art. 23 constituya un obstáculo infranqueable. Es verdad que él, al regular cuándo y cómo se puede pedir el control de constitucionalidad, habla de juicio "ante una autoridad jurisdiccional" (art. 23, ap. 1°), o de "autoridad jurisdiccional" que lo denuncie de oficio (art. 23, ap. 3°); pero no hay que olvidar que la fórmula empleada en el art. 1 de la precedente Ley constitucional del 9 de febrero de 1948, η. 1, es más genérica, en el sentido de que se limita a presuponer que la cuestión de legitimidad esté denunciada de oficio o provocada por una de las partes "en el curso de un juicio"[147]. Por lo cual, hay que preguntarse ante todo si no sería exacta una interpretación restrictiva que diese relieve únicamente a la expresión literal de la norma ordinaria y no tomase en cuenta la expresión empleada en la norma constitucional. Además, la solución que pasamos ahora a sugerir, y que toma su punto de partida precisamente del art. 819 del Cód. proc. civ., examinado en el número anterior (n. 29), nos parece capaz de atemperar el contenido esencial del art. 23, y en especial la competencia en él atribuida a la autoridad jurisdiccional, y efectuar el control sobre lo manifiestamente infundado de ella, con la deseable posibilidad de que la cuestión de legitimidad constitucional sea provocable también en el curso de un proceso arbitral, que siempre es también "un juicio" y, por tanto,

---

146 Este escrito estaba ya en galeras cuando pudimos ver la opinión contraria expresada, ya por SIMI, *I Presupposti processuali del giudizio di legittimità costituzionale* (*Rass. Avv. Stato*, supl., 1957, 119, n. 9), ya, con abundancia de consideraciones, por CAPPELLETTI, *La pregiudizialità costituzionale nel processo civile*, Milano, 1957, págs. 71 y sigtes., sobre lo cual nos reservamos volver en otro lugar.

147 El alcance más restringido del art. 23 de la Ley ordinaria del 11 de marzo de 1953, n. 87, con respecto a la del art. 1 de la Ley constitucional, del 9 de febrero de 1948, η. 1, precisamente sobre el punto aquí examinado del juicio en cuyo curso se puede provocar la excepción de ilegitimidad constitucional, no había escapado a Bosco, según resulta del texto de la intervención por él realizada en sede de discusión ante el Senado de la República (sesión del 18 de febrero de 1949). Durante dicho debate, dijo, en efecto, que "el Senado sabe muy bien que hay también juicios que no se siguen ante autoridades jurisdiccionales, como el juicio disciplinario o el juicio arbitral". Pero después de haber previsto e individualizado así exactamente el problema que surge de las dos distintas dicciones, Bosco agregaba, *sic et simpliciter*, que "no se trata de una violación de la Constitución, sino de una interpretación legítima de un concepto sintéticamente expresado en la ley constitucional" (cfr. BATTAGLINI-MININNI, *Manuale legislativo della Corte Costituzionale*, Padova, 1957, pág. 190). Sinceramente ¡ no vemos cómo y por qué el art. 23 de la ley ordinaria contendría una interpretación legítima de un concepto que el art. 1 de la Ley constitucional expresaría sintéticamente! Más bien pensamos que Bosco, dando así por admitido lo que estaba y está aun por demostrar, no se preocupó en modo alguno por los inconvenientes que de ello se siguen en lo que atañe por lo menos al sustitutivo de la actividad jurisdiccional que representa el proceso arbitral, y no tuvo en cuenta la solución que nuestro ordenamiento ofrece, en cambio, a este respecto, según tratamos de aclarar más adelante en el texto.

entra en la hipótesis prevista por el mencionado art. 1 de la Ley constitucional del 9 de febrero de 1948, η. 1[148].

Ciertamente, la cuestión acerca de la constitucionalidad o no de una norma de ley forma parte de las que no pueden constituir objeto de un proceso arbitral, así como los árbitros no pueden conocer siquiera de ella *incidenter tantum*; a ellos, como a los jueces del fondo, solo les compete valorar si la respectiva decisión tiene o no relevancia para el juicio a ellos encomendado; en la hipótesis negativa seguirán adelante en su camino y se volverá a hablar de ello, a lo más, en la fase de impugnación (art. 24, ap. 2°, Ley ordinaria del 11 de marzo de 1953, n. 87); en cambio, en la hipótesis positiva habrán de detenerse, suspendiendo sin más el procedimiento y disponiendo que las partes propongan demanda ante el juez competente. ¿Pero cuál es ese juez? En nuestra opinión, los árbitros, como particulares que son, no tienen carácter alguno para introducir el juicio de legitimidad directamente ante la Corte constitucional: las normas *ad hoc* prevén que sea la autoridad jurisdiccional quien disponga mediante ordenanza la inmediata trasmisión de los autos a la Corte y haga notificar la ordenanza misma, al cuidado de la secretaría, no solo a las partes y al Ministerio público, sino, de haberse dado lectura de ella en el debate público, también al presidente del Consejo de ministros y al presidente de la Junta regional, según que se trate de una ley o de un acto que tenga fuerza de ley del Estado o de una región. Además, la ordenanza (que también el art. 25, ap. 1°, de la Ley ordinaria del 11 de marzo de 1953, n. 87, al disponer su inmediata publicación en la *Gazzetta Ufficiale* al cuidado del presidente de la Corte constitucional, considera proveniente de la autoridad jurisdiccional), debe ser trasmitida por el secretario también a los presidentes de las dos Cámaras del Parlamento o al presidente del Consejo regional interesado (art. 23, aps. 2° y 4°, Ley ordinaria del 11 de marzo de 1953, n. 87, y art. *1*° de las normas complementarias para los juicios ante la Corte constitucional

---

148 Por lo demás, la introducción de un nuevo instituto del alcance y la importancia del control de legitimidad constitucional que debe efectuarse por la Corte especial, ha constreñido ya a los intérpretes a encarar nuevos problemas a fin de adaptar a él las otras partes de nuestro ordenamiento. Piénsese, por todos, en el problema de la admisibilidad de la sentencia no definitiva en el juicio de casación, con pronunciamiento simultáneo de ordenanza separada, que ha sido encarado y resuelto positivamente por la Corte de casación, por sentencia del 17 de octubre de 1956, n. 3676 (*Giust. civ.*, 1956, I, 1822), a pesar de que el Código de procedimiento civil prevea la forma de la sentencia no definitiva solo para las decisiones de los jueces de mérito (arts. 279, 340, 361). Como advierte el citado pronunciamiento, dicha aplicación analógica al procedimiento por casación la impone la situación determinada a consecuencia de la entrada en función de la Corte constitucional y de las normas que regulan el correspondiente procedimiento a tenor de las cuales la cuestión de legitimidad constitucional debe ser introducida por el juez *a quo* mediante ordenanza, mientras que la eventual controversia acerca de si el recurso de casación es o no admisible, debe resolverse en vía totalmente preliminar mediante pronunciamiento separado, el cual, a su vez, no puede revestir otra forma que la de la sentencia. Plenamente de acuerdo GIONFRIDA, *Giudizio di legittimità costituzionale della legge e questioni pregiudiziali attinenti al considdetto processo principale* (*Studi in onore di Ernesto Eula*, Milano, 1957, vol, II, págs. 97 y sigtes., n. 1.

aprobadas por esta última en las sesiones del 15 y 16 de marzo de 1956). Sinceramente, no vemos cómo todas esas actividades sean legítimamente efectuables por los árbitros, los cuales, recuérdese, al constituir en cuanto a ellos atañe un mundo cerrado, sin poder alguno en orden a los terceros, sin excluir a los órganos públicos, no están en modo alguno autorizados para remitir directamente la causa ni siquiera a la autoridad judicial ordinaria, sino que solo pueden suspender su juicio, y a lo más invitar a las partes a dirigirse diligentemente ante el juez competente, según ocurre en el caso aquí invocado del art. 819, o dejar que ellas procedan por su propio camino, como ocurre en la hipótesis de que sea recusado un árbitro (arts. 820, ap. 1°, y 815, ap. 2°, Cód. proc. civ.) (n. 29). Pero hay algo más, en el sentido de que, para llegar a someter a la Corte constitucional una cuestión de legitimidad, no basta que esta última sea provocada y sea prejudicial a la definición del juicio *de quo*: es necesario, en efecto, que la autoridad jurisdiccional no la considere manifiestamente infundada (art. 1 de la Ley constitucional del 9 de febrero de 1948, η. 1, y art. 23, ap. 2°, de la Ley ordinaria del 11 de marzo de 1953, n. 87). Es necesaria, por consiguiente, una ulterior indagación de reconocimiento que, en nuestra opinión, no puede ser efectuada por los árbitros, ya porque las normas que la regulan (entre ellas el citado art. 23, en su parte esencial), hacen cargo de ello a la autoridad judicial, ya porque el art. 819 atribuye a los árbitros únicamente el cometido de valorar si la decisión de la cuestión no comprometible tiene o no relevancia para el juicio a ellos encomendado.

En consecuencia, para consentir que el control de legitimidad constitucional sea promovible y provocable en vía incidental también en un proceso pendiente ante árbitros, creemos que el camino que hay que seguir es el siguiente, en la máxima obediencia posible a las normas vigentes, indudablemente no dictadas con referencia a la hipótesis que aquí consideramos: establecido el punto de partida según el cual la cuestión de legitimidad puede ser provocada por las partes o denunciada incluso de oficio por los árbitros, tal como acaece en el proceso ordinario, se tendrá como primera consecuencia que los árbitros, si consideran que la decisión de dicha cuestión tiene relevancia para el juicio a ellos encomendado (y la tendrá siempre que sea provocada *ex officio*), deberán suspender el procedimiento arbitral y disponer que las partes propongan demanda ante el juez ordinario que hubiera sido competente en defecto de compromiso o de cláusula compromisoria. En la práctica será la parte más diligente en proponer dicha demanda, analógicamente con lo que ocurre siempre que encuentra aplicación el art. 819, con la particularidad de que, en obediencia a las normas relativas a la introducción del control de legitimidad promovido en vía incidental, la parte misma tendrá que indicar en el acto de citación las disposiciones de ley o del acto con fuerza de ley del Estado o de una región viciadas de ilegitimidad constitucional, así como las disposiciones de la Constitución o de las leyes constitucionales, que se suponen violadas (art. 23, ap. 19, Ley ordinaria del 11 de marzo de 1953, n. 87). Corresponderá luego al juez togado competente, así investido de la cuestión prejudicial, decidir únicamente sobre si ella es o no manifiestamente infundada (y no también sobre su relevancia en orden al juicio arbitral, ya que este punto, repetimos, es de exclusiva competencia, en vía preliminar, de los árbitros como jueces del fondo[149]. El juez togado, si considera la cuestión de legitimidad constitucional manifiestamente infundada, pronunciará ordenanza debidamente motivada (art. 24, ap. 19, de la Ley ordinaria del 11 de marzo de 1953, n. 87), agotando así su cometido; después de lo cual, la parte más diligente pondrá de nuevo en movimiento el procedimiento arbitral suspendido, haciendo notificar la tal ordenanza a los árbitros (del mismo modo que lo pone en movimiento la notificación de la ordenanza que declara la extinción del juicio ordinario), salvo la eventual prórroga *ex lege* del plazo para pronunciar el laudo, de la cual hemos hablado en el anterior n. 29. En cambio, el juez togado, si considera la cuestión de legitimidad constitucional no manifiestamente infundada, emitirá ordenanza con la cual, mencionando los plazos y los motivos de la cuestión, dispondrá la inmediata trasmisión de los autos a la Corte constitucional, con todas las consecuencias de ley; pero no habrá necesidad de suspender el juicio en curso (art. 23, ap. 29, Ley ordinaria del 11 de marzo de 1953, n. 87), porque aquí como juicio en curso debe considerarse el arbitral ya suspendido a tenor del art. 819.

El procedimiento ante la Corte constitucional tendrá lugar según las normas *ad hoc*, sin que al respecto tenga importancia el hecho de que la cuestión de ilegitimidad haya surgido originariamente ante los árbitros. Esto habrá que tomarlo en cuenta únicamente después de cerrado ya el juicio constitucional, pues entonces no será suficiente lo que dispone para la normalidad de los casos el art. 29 de la Ley ordinaria del 11 de marzo de 1953, n. 87, o sea, que la sentencia con la cual se haya pronunciado la Corte o la ordenanza con la cual haya declarado lo manifiestamente infundado de la excepción de constitucionalidad, sea trasmitida, dentro de dos días, del depósito en secretaría, en unión con los autos, a la autoridad jurisdiccional que ha promovido el juicio. En efecto, aquí no se trata tanto de advertir y poner nuevamente en movimiento al juez togado, que ha agotado ya completamente su cometido con la ordenanza de trasmisión de los autos a la Corte, cuanto de advertir y de poner nuevamente en movimiento a los árbitros; pero a esto pueden proveer las partes, siempre a tenor del art. 819, ap. 2°, esto es, notificando a los árbitros la sentencia o la ordenanza de la Corte constitucional, de las cuales cualquiera puede obtener copia en la secretaría de la misma Corte (art. 19, Ley ordinaria del 11 de marzo de 1953, n. 87) o en la del juez *a quo* a quien haya sido trasmitida la sentencia o la ordenanza a tenor del citado art. 29. Mientras que no es necesario esperar al paso en cosa juzgada a que en virtud del art. 819, hay que aguardar cuando se trate de

149 Acerca de la relevancia decisiva para la decisión de fondo que debe tener la ley de cuya legitimidad se duda, cfr. Redenti, ob. últ. cit., pág. 41, n. 29.

sentencias, ya que contra todas las decisiones de la Corte constitucional no se admite impugnación alguna (art. 137, ap. 3°, Constitución)[150].

31. La interrupción del procedimiento

El código de rito, además de la suspensión, prevé también la interrupción del plazo por el pronunciamiento del laudo, conminándolo en el caso de que haya necesidad de proceder a la sustitución de los árbitros (art. 820, ap. 19, Cód. proc. civ.). A la sustitución, a su vez, hay que darle curso, según las modalidades establecidas para el nombramiento en el compromiso o en la cláusula compromisoria, o bien, en su silencio, según la disposición del art. 810, cuando por cualquier motivo (muerte, renuncia, y en general cesación del oficio) vengan a faltar todos o algunos de los árbitros nombrados (art. 811). En consecuencia, hay que actuarla también en la hipótesis de que el presidente del Tribunal haya acogido, con ordenanza no impugnable, la instancia de recusación; desde ese momento, si el árbitro no está ya, otra persona debe ocupar su puesto, y el plazo para el pronunciamiento, de suspenso que estaba, pasa a ser abiertamente interrumpido, según se ha dicho en el n. 29, pese al silencio o al diverso parecer de la doctrina[151].

También en el n. 29 hemos visto cómo el código considera objeto de la suspensión el plazo cuando ella se siga automáticamente de un determinado hecho (por ejemplo, de la presentación de la instancia de recusación), y cómo habla, en cambio, de suspender el procedimiento cuando sean los árbitros quienes provean al respecto (por haber surgido una cuestión no comprometible: art. 819, ap. 1°), analógicamente con ello también la interrupción es referida por el art. 820, ap. 1°, al plazo, precisamente porque se sigue *ex lege* de la necesidad de sustituir uno o más árbitros, pero hasta aquí puede decirse, como en los casos de plazos suspendidos, que interrumpido es propiamente el procedimiento. En efecto, desde el momento en que es necesario llenar un vacío nombrando un nuevo árbitro, ningún sujeto del proceso puede realizar actos válidos, ya que falta el órgano juzgador, autor o destinatario de dichos actos; en cambio, si solo el plazo fuese interrumpido, se podrían

150 Se excluye hasta que las decisiones de la Corte constitucional estén sujetas a revocación: cfr. Redenti, ob. últ. cit., pág. 72, n. 51.

151 En el sentido de que el plazo se interrumpe desde el día en que la parte que nombró el árbitro es invitada a sustituirlo, Casación, 11 de octubre de 1948, n. 1723 (*Rep. Foro it.*, 1948, voz *Arbitramento*, 107, n. 32). El único autor que parece haberse ocupado de la cuestión, es Vecchione, *ob. cit.*, pág. 333, n. 121, pero para afirmar que, una vez que se acoja la instancia de recusación y el nuevo árbitro haya aceptado el encargo, cesaría la suspensión del procedimiento; a la precedente transformación de la suspensión en interrupción no hace él alusión alguna, así como habla de suspensión y no de interrupción, pese a la disposición de ley para cuando uno de los árbitros llegue a faltar (*ob. cit.*, págs. 333 y sigtes., n. 121). Sobre la providencia de recusación, cfr. ahora, por todos, Micheli, *In tema di impugnabilità e di revocabilità dell'ordinanza presidenziale ex art. 810 C. Proc. civ.* (*Giurispr. ital.*, 1957, I, 1, 259 y sigtes.).

realizar en el ínterin todas las manifestaciones que entraran dentro del ámbito del procedimiento (como en los casos de suspensión, si objeto de ésta fuese únicamente el plazo: n. 29). Por otra parte, resulta evidente el sistema seguido por el legislador: mientras no haya un cambio en el órgano juzgador, basta suspender el procedimiento porque a su reanudación los jueces son siempre los mismos, en perfecta consonancia con lo que ha ocurrido antes de la suspensión: así se establece en el caso del art. 819 o en el otro en que se presente instancia de recusación y no se sepa todavía si será ella acogida o rechazada. En cambio, cuando entra necesariamente en escena por lo menos un nuevo árbitro (porque la antedicha instancia ha sido acogida o por cualquier otro motivo), se ha querido darle el tiempo y la facilidad de reanudar *ex novo* el proceso (el cual comienza precisamente a correr desde el momento en que el nuevo árbitro o todos los nuevos árbitros hayan aceptado el encargo)[152]: se entiende, sin embargo, que no obstante la mutación intervenida en el órgano juzgador, podrá éste aprovecharse, si no contempla nada en contrario de cuanto hubiere sido ya adquirido para el proceso antes de la interrupción[153].

32. Fin anormal del procedimiento

Ya hemos visto cómo después de la aceptación de los árbitros, corriendo *de iure* el plazo dentro del cual debe ser pronunciado el laudo, el proceso arbitral es capaz de recorrer todo su camino sin el impulso de las partes y hasta sin su participación (n. 7) activa. Ello importa que, en principio, una vez puesto en movimiento y no suspendido o interrumpido el proceso arbitral, no está sujeto a extinción por inactividad de las partes[154]; en efecto, basta que esté determinada la materia de la controversia mediante la proposición de las cuestiones, para que los árbitros estén en condiciones de decidir (n. 18): la subsiguiente inercia de todas las partes podrá constreñirlos a rechazar las singulares instancias, sin exclusión de una sola, por defecto de prueba y, en general, por no haberse demostrado su fundamento (n. 23), pero también en este caso los árbitros, si quieren cumplir su función, deberán dejar constancia

152 Conforme, Coll. arb., 17 de abril de 1955 (*Acque, Bonif. costr.*), 1956, 80.

153 No del todo conforme Redenti, *Dir. proc. civ.*, cit., vol. III, pág. 474, n. 268, III, ya porque no puntualiza que el procedimiento se reanuda desde el momento en que el nuevo árbitro haya aceptado el encargo, sino que afirma genéricamente que la reanudación, que debe hacerse en las mismas formas que la institución de un procedimiento *ex novo*, tiene lugar después de que se haya proveído a la sustitución; ya porque, según él, el nuevo colegio o el nuevo árbitro, desde que pueda, deberá proseguir y no comenzar de nuevo, ejerciendo las funciones que hubiera ejercido el colegio o el árbitro anterior, dependientemente de los actos ya realizados.

154 Cfr. Redenti, *ob. cit.*, vol. III, pág. 477, n. 270, II. En cambio, Vecchione, *ob. cit.*, pág. 355, n. 122, escribe que el proceso ante los árbitros puede extinguirse por inactividad o por reiterada ausencia de las partes de la audiencia; pero no puede menos de agregar que la una y la otra no basta y que es abiertamente necesario que las partes no hayan propuesto las cuestiones.

de ello mediante un laudo que debe hacerse ejecutivo, y capaz de formar estado de una vez para siempre. Más todavía, aun en el caso de que no esté determinada la materia de la controversia, los árbitros, una vez que hayan aceptado el encargo, no podrán considerarse sin más exonerados de cualquier obligación y no hacer nada: en efecto, a falta de una revocación conjunta de ese encargo y de una precisa norma establecida al respecto por las partes (n. 14), deberán cerrar el proceso dentro del plazo concedido para el pronunciamiento del laudo, levantando acta, mediante una providencia suya, de que no han sido puestos en condiciones de decidir por falta de contenido; de modo que ni aun en esta ocasión parece correcto hablar de extinción del proceso, sino más bien de proceso que, a diferencia de la hipótesis anterior, llega a su fin cerrándose sin un pronunciamiento de fondo y que, por tanto, no deja huella alguna sobre la situación sustancial[155].

Distinto es el caso en que el proceso arbitral haya sido suspendido o interrumpido por uno de los motivos recientemente examinados (ns. 29-31), pero también a este propósito hay que distinguir[156]. En efecto, cuando para poner nuevamente en movimiento el proceso sea necesario un acto de parte, como lo es la notificación de la sentencia en la hipótesis prevista por el art. 819, ap. 2°, puede ocurrir que ese acto no sea efectuado tal vez porque no se ha llevado a cumplimiento el proceso incidental ante la autoridad judicial: por consiguiente, no estando por desgracia establecido por la ley un plazo de decadencia, habría que decir que el juicio arbitral queda suspendido para siempre: de aquí proviene, en nuestra opinión, el interés de los árbitros, deseosos en cierto momento de librarse de sus obligaciones, de declarar no ya que el proceso ha llegado a su fin privado de contenido (como cuando no esté determinada la materia de la controversia), sino que ha surgido ya una situación en virtud de la cual, no viéndose cómo podría cesar la suspensión, no les queda más remedio que renunciar al encargo. Pero, a fin de no dejar a merced de los árbitros la elección del momento en que terminarían por librarse en forma unilateral de sus obligaciones, creeríamos que debieran advertir previamente a las partes, dándoles plazo para superar el motivo de la suspensión o para revocar el encargo, después de lo cual la renuncia estaría plenamente justificada (art. 813, ap. 2°).

En cambio, cuando para poner nuevamente en movimiento el proceso no sea necesario un acto de parte (nos referimos al caso en que sea rechazada la instancia de recusación, n. 29, o al acto en el cual se haya procedido a la sustitución de un árbitro y éste haya aceptado (n. 31), entonces, desde el momento en que viene a cesar la suspensión o la interrupción, los árbitros se

155 En consecuencia, no nos adherimos a la opinión de Vecchione, *loc. cit.*, según el cual, cuando las partes no hayan propuesto las cuestiones, se recaerá en un caso de extinción del proceso. Y menos todavía a Schizzerotto, *ob. cit.*, pág. 313, n. 126, ya recordado aquí en el n. 7, nota 5.

156 En cambio, no distingue Redenti, *loc. cit.*, según el cual el proceso se extinguiría en todos los casos de falta de reasunción después de verificarse una suspensión o interrupción.

encuentran en condiciones de juzgar y deben hacerlo en el plazo que se les ha concedido, con todas las consecuencias indicadas al comienzo de este número para la hipótesis de inactividad de las partes.

Finalmente, recuérdese que el proceso arbitral puede extinguirse por revocación conjunta del encargo a las árbitros[157], revocación que aquí, habiendo una relación entre las partes y los árbitros, ocupa el lugar de la renuncia a los actos del juicio aceptada por la contraparte (art. 306, Cód. proc. civ.). Y remontándonos más atrás, hasta el compromiso o hasta la cláusula compromisoria, debe contemplarse otra causa de extinción del proceso en la resolución consensual *ante tempus o* en la declaración de nulidad o en la anulación del uno o de la otra. Así pues, si la parte instante renuncia a sus demandas, o si la contraparte las reconoce fundadas, o hasta si conjuntamente llegan a una transacción, no les quedará a los árbitros más que tomar acto de ello con ordenanza o con simple declaración en acta, mientras que a las consecuencias de la extinción parecen asimilables la de la improcedibilidad por decadencia del plazo[158].

157 Conforme Redenti, *loc. cit.*

158 Para todas estas diversas hipótesis, cfr. todavía Redenti, *loc. cit.;* así como también, pero con alcance más limitado, Schizzerotto, *ob. cit.*, págs. 312 y sigtes., n. 126, y en el caso de excepción de incompetencia de los árbitros y de relativa aceptación de la contraparte, Casación, 26 de marzo de 1956, n. 912 (*Mass. Giust. civ.*, 1956, 318).

CAPÍTULO III

LA SENTENCIA ARBITRAL

SECCIÓN I. — *EL PRONUNCIAMIENTO DEL LAUDO*

SUMARIO: 33. EL PLAZO PARA EL PRONUNCIAMIENTO. - 34. DECISIÓN SEGÚN LAS REGLAS DE DERECHO Y DECISIÓN SEGÚN EQUIDAD. - 35. LAS OPERACIONES DELIBERATIVAS. - 36. REDACCIÓN Y CONTENIDO DEL LAUDO. - 37. LOS LAUDOS PARCIALES.

33. EL PLAZO PARA EL PRONUNCIAMIENTO

Después del desarrollo del proceso de que se ha tratado en el capítulo anterior, a los árbitros no les queda más que dar curso a la parte más importante y delicada de su cometido, esto es, a la deliberación y pronunciamiento del laudo. Sabemos incluso ya que ellos están obligados a hacerlo dentro de un determinado plazo, pues de lo contrario, faltando al compromiso asumido, están obligados al resarcimiento de los daños; pero ésta su responsabilidad solo surge, evidentemente, en el caso de que la sentencia arbitral sea luego anulada precisamente por habérsela pronunciado fuera de plazo (art. 813, ap. 2°, Cód. proc. civ. [voz *Compromesso*]). ¿Pero cuál es el plazo?

También a este propósito la ley ha respetado por lo pronto la autonomía de las partes, dejando a ellas el fijarlo primeramente, el prorrogarlo después, y siempre consensualmente, en la medida de su elección; en efecto, el plazo establecido por la ley en 90 días debe ser respetado por los árbitros únicamente "si las partes no han dispuesto en otra forma" (art. 820, ap. 1°), tal como se les reconoce *expressis verbis* a las mismas partes (pero no a sus defensores: n. 9) el poder de consentir, de común acuerdo, la prórroga mediante acto escrito (art. 820, ap. 4°), es decir, de consentir en una o más prórrogas, a su placer[1] También los árbitros pueden por ley prorrogar el plazo, pero no *ad nutum*, ya que el código les permite hacerlo a condición de que deban estar asumidos los medios de prueba y en general por una sola vez, y no más de

1 Cfr. CARNELUTTI, *Istituzioni*, cit., vol. II, pág. 231 n. 662; REDENTI, *ob. cit.*, vol. III, pág. 475, n. 269, I; D'ONOFRIO, *Commento*, cit., vol. II, pág. 500, n. 1304; VECCHIONE, *ob. cit.*, pág. 339, n. 124.

90 días (art. 820, ap. 2°)[2]. Para que también los árbitros puedan disponer al respecto con plena libertad, es necesario que las partes, en vez de proveer directamente, les hayan concedido el poder (que la jurisprudencia considera precisamente conferible por quien de él está investido por ley) de fijar el plazo y de prorrogarlo (o solamente de prorrogarlo) sin necesidad de ulteriores consentimientos[3]. Finalmente, según hemos visto, el art. 820, ap. 3°, prevé la prórroga automática del plazo de 30 días en el caso de muerte de una de las partes (n. 27), mientras que el art. 819, ap. 2°, lo prorroga de derecho hasta llegar a los 20 días cuando el procedimiento se reanude después de la suspensión en él contemplada y el plazo que queda por recorrer tenga una duración inferior a dicho lapso (n. 29).

El plazo corre a partir de la aceptación del nombramiento, que debe hacerse por escrito (art. 813, ap. 19)[4], y si los árbitros son varios y no han aceptado simultáneamente, corre a partir de la última aceptación (art. 820, ap. 19)[5]; además, si la persona elegida necesita de una específica autorización, como ocurre en ciertos casos con los magistrados (art. 16, ap. 2°, Real decreto del 30 de enero de 1941, n. 12, sobre el ordenamiento judicial), es desde la comunicación de dicha autorización, y no desde la aceptación, si es anterior, desde donde se conceptúa que tiene inicio dicho transcurso[6]. Hay que tener presente, por lo demás, que estando las partes autorizadas por la ley a fijar la duración o a prorrogar el vencimiento del plazo dentro del cual debe pronunciarse el laudo, suele reconocérseles el poder de establecer un distinto *dies a quo* (siempre que, se entiende, sea posterior a la aceptación de todos los árbitros), que puede ser, por ejemplo, el fijado en una audiencia posterior ante el colegio arbitral[7] o vinculado con una ulterior determinación de las cuestiones, manifestadas insuficientemente respecto de la efectiva materia

2 Sobre la posibilidad de que la prórroga se disponga también implícitamente con la providencia mediante la cual se dispone la recepción de un medio instructorio para un día posterior al vencimiento del plazo. cfr. Casación, 5 de julio de 1957 n. 263S (*Mass. Giurispr. ital.*, 1957, 1015). En contra, SCHIZZEROTTO, *ob. cit.*, págs. 330-31, n. 131.

3 Casación, 8 de agosto de 1951, n. 2462 (*Giurispr. ital.*, 1952, I, 1, 348); VECCHIONE, *loc. cit.* Cfr. también la Corte de apelación de Milán, 25 de mayo de 1954 (*Foro Pad.*, 1955, I, 1079, con nota conforme de VECOHIONE, *Impugnazione del lodo degli arbitri d'equità*, sentencia y nota recordadas anteriormente en el n. 15, nota 50.

4 Y no desde el momento de la presentación de conclusiones específicas a los árbitros: cfr. Corte de Apelación de Bolonia, 9 de noviembre de 1950 (*Foro Pad.*, 1951, II, 20).

5 Mientras dicha aceptación no haya sido dada por escrito, no comienza a transcurrir el plazo, aunque el árbitro haya manifestado, directa o indirectamente, su intención de aceptar y haya desplegado obra preliminar (Corte de Apelación de Turín, 30 de noviembre de 1946 [*Temi*, 1946, 6461).

6 Casación, 20 de abril de 1950, 1046 (*Giur. Compl. Cass. civ.*, 1950, II, 403, con nota, pero no sobre el punto aquí tratado del transcurso del plazo, de ZAPPAROLI, *In tema di validità del lodo arbitrale pronunciato da magistrato senza la autorizzazione prevista dall'art. 16 dell'ordinamento giudiziario*); VECCHIONE, *L'arbitrato*, cit., págs. 338 y sigtes., n. 124.

7 Coll. Arb., 23 de mayo de 1952 (*Rep. Foro it.*, 1953, voz *Arbitramento*, 172, n. 94).

de la discusión. Caso en el cual no se da ya la normal coincidencia entre inicio del transcurso del plazo para el pronunciamiento del laudo e inicio del procedimiento arbitral (n. 7), quedando firme únicamente este último, mientras que el primero, aunque al principio recaía en el mismo día, termina luego por quedar retardado.

Mientras remitimos a los ns. 29 y 31 para todo lo concerniente, respectivamente, a la suspensión y a la interrupción del plazo, queda por examinar qué sucede cuando no sea respetado. A este respecto, nuestro sistema no puede decirse a la verdad muy claro: por una parte, el pronunciamiento fuera de plazo del laudo es considerado como uno de los motivos que consienten impugnar por nulidad la sentencia arbitral (art. 829, ap. 1°, n. 6), mientras que el pretor no debe preocuparse de ello en sede de concesión del decreto de ejecutoriedad (n. 39); por otra parte la ley exige, para que se pueda luego proponer dicha impugnación, que la parte instante, antes de la deliberación resultante de la parte dispositiva firmada por la mayoría de los árbitros, haya notificado a las otras partes y a los árbitros que piensa hacer valer su decadencia (arts. 821 y 829, ap. 1°, n. 6)[8]. En consecuencia, si falta esa notificación o se la ha ejecutado después de la deliberación de la parte dispositiva[9], el hecho de que el laudo sea luego pronunciado fuera de plazo no tiene importancia alguna y los árbitros no están obligados a la observancia de un plazo fijo para la formación y firma del texto definitivo y del original que debe depositarse[10]. Por lo cual, si no se obedece tempestivamente a la disposición del art. 821, a pesar de que la ley hable de plazo para el pronunciamiento del laudo (art. 820), a ese efecto el pronunciamiento verdadero y propio, es decir, la emisión del acto-documento en sí y por sí ya perfecto y, por consiguiente, completo con las firmas de todos los árbitros (o de la mayoría de ellos en el caso previsto por el art. 823, ap. 3°), carece de importanda[11]. Pero a conclusión análoga se llega también en la hipótesis inversa, en que la declaración de que se piensa hacer valer la decadencia de los árbitros sea notificada tempestivamente antes de la deliberación del laudo resultante de la parte dispositiva firmada por la mayoría de los árbitros, si se sigue la opinión según la cual dicha

---

8 Se conceptúa que para esta notificación vale el principio de la libertad de formas: así CARNELUTTI, *loc. cit.*; mientras que para la firma de la parte dispositiva, cfr. Casación, 20 de abril de 1950, n. 1046 (*Giurispr. ital.*, 1951, I, 1, 236).

9 O aunque se haya ejecutado tempestivamente la notificación prevista por el art. 821, la parte no propone luego impugnación por nulidad: así VECCHIONE, *ob. cit.*, pág. 338, n. 124.

10 Cfr. REDENTI, *ob. cit.*, vol. III, pág. 476, n. 269; D'ONOFRIO, *Commento*, cit., vol. II, pág. 515, n. 1324. Al inconveniente recordado en el texto trataría de poner remedio GARBAGNATI, *Intorno al termine per il deposito del lodo arbitrale* (*Foro Pad.*, 1951, II, 73 y sigtes.), haciendo correr el plazo para el depósito de que se trata en el art. 825, ap. 1°, a partir de la fecha, no de la firma del laudo, sino de la firma únicamente de la parte dispositiva, pero acerca de esto, véase más adelante, en el n. 38.

11 Todo ello sin que tenga relevancia alguna el hecho, utilizado, en cambio, por GARBAGNATI, *ob. cit.*, 75, de que el laudo haya sido deliberado dentro del plazo o después del vencimiento de él para el pronunciamiento.

notificación no podría hacerse válidamente sin que hubiese vencido todavía el plazo. En efecto, si se exige que el plazo para el pronunciamiento haya sido superado ya en el momento en que una parte declara querer valerse de la decadencia, como la declaración de que hablamos debe por ley preceder a la deliberación de la parte dispositiva[12] síguese de ello que ya esta última sería necesariamente posterior al plazo y no habría ya necesidad de tomar en cuenta la fecha del posterior pronunciamiento del laudo, completo en todas sus partes. Para que la tal fecha pueda tener importancia en orden al plazo que estudiamos, hay que admitir, pues, que la declaración de decadencia sea previamente notificable[13].

34. Decisión según las reglas de derecho y decisión según equidad

Como es sabido, el art. 20 del Cód. proc. civ. de 1865 establecía, siguiendo las huellas del art. 1019, del *Code de procédure civile*, que los árbitros estaban obligados a decidir la controversia a ellos sometida según las reglas de derecho, si el compromiso no los había autorizado para decidir como amigables componedores, o sea, de acuerdo con la opinión grandemente dominante, según equidad[14]. Incluso, faltando entonces una disposición análoga al actual art. 114, el arbitraje era el único medio para obtener una decisión equitativa, aparte de los poquísimos casos de procesos llamados dispositivos (n. 12)[15]. El art. 20, como ya la correspondiente norma francesa, fue desaprobado por muchos porque se preferiría lo contrario, es decir, que la regla estuviese representada por el juicio según equidad, en forma que se constriñera a los árbitros a atenerse a esta última siempre que las partes no hubiesen dispuesto al respecto en el compromiso o en la cláusula compromisoria. No obstante esta tendencia (acogida en el proyecto preliminar Solmi, art. 617, rechazada en el definitivo art. 755, y acogida de nuevo en el texto propuesto por la Comisión de las Asambleas legislativas, art. 757), los autores del Código vigente han preferido no cambiar el método: razón por la cual también en el art. 822 se lee que los árbitros deciden según las normas de derecho (sin que

12 Por este motivo no rige el ejemplo formulado por Garbagnati, *loc. cit.*, quien en el caso de que dentro de los noventa días se haya firmado solo la parte dispositiva del laudo, admite la posibilidad de que el día siguiente la parte interesada pueda válidamente excepcionar la decadencia de los árbitros.

13 Que la declaración de decadencia sea notificable preventivamente, lo insinúa Redenti, *loc. cit.*, el cual, sin embargo, agrega que ello encontraría alguna dificultad en la dicción literal del mismo art. 821. Y ahora lo admite Schizzerotto, *ob. cit.*, pág. 333, n. 132, quien no obstante se aparta de la opinión aquí sostenida, cuando dice (pág. 332) que el art. 821 debe leerse como si dijera "antes de la firma del laudo".

14 Cfr. por todos Carnacini-Vasetti, *ob. cit.*, págs. 661 y sigtes., n. 17.

15 Sobre el proceso llamado dispositivo y sobre los casos en que encontraba aplicación bajo el imperio del ordenamiento anterior, cfr. Carnelutti, *Sistema*, cit., vol. I, págs. 133 y sigtes., n. 40.

para ellos valga la disposición del art. 113, ap. 2°), salvo que las partes los hayan autorizado con cualquier expresión a pronunciar según equidad. Ha desaparecido del código la calificación de "amigables componedores", pero se la utiliza todavía en la práctica en su significado tradicional; además, toda otra fórmula, siempre que no sea equívoca, sirve para indicar que las partes han querido una decisión equitativa[16]. Por otra parte, al mismo resultado se llega cuando en el compromiso o en la cláusula compromisoria se dice que el futuro laudo no es impugnable (art. 829, ap. 2°), pero en este caso, a diferencia del anterior, nos parece que los árbitros pueden, aunque no deben, atenerse a la equidad, y que la elección de los criterios en que inspirar su decisión se remite en definitiva a ellos. En el mismo sentido debe ser entendida e interpretada la expresión "no apelable", que ha quedado en el uso sin adherencia alguna al sistema actual, que a diferencia del precedente no admite la apelación contra las decisiones de los árbitros[17].

No es ésta ciertamente la sede para detenernos en el concepto de regla de derecho ni en su alcance, así como tampoco sobre el de equidad como justicia en el caso singular, que la persona investida del cometido de juzgar encuentra, por así decirlo, *in corde scripta*[18]; ni podemos detenernos tampoco sobre el problema de qué tipo de providencias se pueda dar, no solo en virtud del derecho[19], sino también en virtud de la equidad, aun no viendo por qué habría que introducir al respecto límites o exclusiones, al punto de que, por ejemplo, compartimos la opinión de quien ha admitido expresamente la validez de las providencias constitutivas pronunciadas por árbitros amigables componedores[20]. Más bien debe recordarse, aunque se trate de algo conocido,

16 Opinión unánime: cfr. Furno, *Appunti in tema di arbitramento e di arbitrato* (*Riv. dir. proc.*, 1952, II, 170 y sigtes.): Andrioli, *Commento*, cit., vol III, pág. 565; D'Onofrio, *Commento*, cit., vol. II, pág. 501, n. 1306; Redenti, *ob. cit.*, vol. III, pág. 447, n. 263; Vecchione, *ob. cit.*, págs. 335 y sigtes., n. 123, texto y nota; id., *Arbitrato irrituale. Eccesso dei limiti del mandato* (*Foro Pad.*, 1955, I, 283); así como también la numerosa jurisprudencia recordada en la reseña de Levoni, *ob. cit.*, págs. 1128 y sigtes., n. 50. En cuanto a un caso de fórmula equívoca, cfr. ahora Casación, 28 de enero de 1957, n. 286 (*Masa. Giust. civ.*, 1957, 118).

17 Cfr. Redenti, *loc. cit.*, y ahora la jurisprudencia a que remite Levoni, *ob. cit.*, pág. 1129.

18 Últimamente De Marini, *Il giudizio di equità nel processo civile*, Padova, 1957, especialmente págs. 143 y sigtes.

19 Se ha decidido varias veces que la sentencia arbitral, pudiendo tener eficacia constitutiva, está en condiciones de producir los efectos de que se trata en el art. 2932, del Cód. civ., es decir, del contrato que la parte no haya querido concluir: Corte de Apelación de Milán, 20 de diciembre de 1949 (*Foro it.*, 1950, I, 509); Casación, 24 de enero de 1951, n. 210 (*Giur. Compl. Cass. civ.*. 1951, II, 18, con nota conforme de Restaino, *L'esecuzione specifica dell'obbligo di concludere un contratto nel procedimento arbitrale*). Además, recientemente se ha admitido que los árbitros pueden dar providencias de declaración de certeza de la simulación: Casación, 27 de julio de 1957, n. 3167 (*Giust. civ.*, 1957, I, 2097, con nota de Barba, *Dell'impugnazione dell'ordinanza di nomina degli arbitri e di altre questioni in tema di arbitrato*).

20 Cfr. Andrioli, *loc. cit.*, Coll. Arb., 24 de setiembre de 1954 (*Rass. Giuliana di dir. e giur.*, 1955, 142).

que tampoco en los juicios según equidad pueden los árbitros prescindir de observar las normas jurídicas de orden público o las que constituyen el fundamento de los varios institutos[21]. Igualmente se admite que el árbitro de equidad pueda aplicar el estricto derecho siempre que declare expresamente encontrarlo coincidente con la equidad en el caso concreto[22]; por el contrario, el árbitro de derecho, no ha de comportarse como un amigable componedor, y no tiene otro poder que el de aplicar el derecho tal cual es (n. 19).

35. Las operaciones deliberativas

La formación del laudo, que a tenor del art. 824 debe ser pronunciado dentro de los límites de la República (n. 24 *in fine*), es evidentemente distinta según que la decisión de la controversia se remita a uno o a varios árbitros. En efecto, solo en el segundo caso vale la norma (tomada del art. 21, ap. 1° del cód. de 1865) a tenor de la cual el laudo es deliberado, por mayoría de votos, por los árbitros reunidos en conferencia personal (art. 823, ap. 1°). En esta última, que en sustancia es acto inseparable de la deliberación, de la cual constituye el presupuesto necesario, deben participar simultáneamente y en persona todos los árbitros[23], precisamente porque las partes, al preferir primeramente el arbitraje al juicio ordinario y en segundo lugar un colegio de árbitros al arbitraje único, han manifestado claramente su voluntad de poner su confianza en la obra de todos los árbitros indistintamente, sin exclusión de ninguno. Más todavía, la conferencia personal por así decirlo totalitaria se hace aún más indispensable por otra consideración, a saber, que por la discusión entre los árbitros y su intercambio recíproco de puntos de vista quedan mejor iluminadas las mentes y pueden ser abandonadas o corregidas opiniones personales erróneas o precipitadas: por eso, hasta la falta de un solo árbitro en la conferencia personal antes de la votación, es suficiente para hacer a ésta imposible (salvo el establecer luego la eventual responsabilidad del ausente), ya que, como observa Celso, "*in plures fuit compromissum et potuit praesentia eius trahere eos in eius sententiam* [el compromiso se hizo a varios,

21 Cfr. los autores anteriormente citados en la nota 16, en los lugares allí indicados, excepción hecha de Redenti, *ob. cit.*, a quien hay que consultar a los efectos indicados en el texto en la pág. 466, n. 267; y de Satta, *Dir. proc. civ.*, cit. pág. 640, n. 540; Lugo, *ob. cit.*, pág. 376, n. 267; y la jurisprudencia recordada por Levoni, *ob. cit.*, págs. 1524 y sigtes., ns. 9-11; y finalmente, Corte de Apelación de Milán, 11 de enero de 1957 (*Giust. civ.*, 1957, I, 719).

22 Cfr. Andrioli, *loc. cit.*, con remisiones; Satta, *loc. cit.*, Vecchione, *loc. cit.*; y también la jurisprudencia a que hace remisión Levoni, *ob. cit.*, págs. 1525 y sigtes., también en lo que respecta a los casos en que los árbitros no hayan controlado la correspondencia, en el caso concreto, de la norma de derecho con la equidad: sobre la no necesidad de que este control se efectúe en forma explícita, Corte de Apelación de Milán, 25 de mayo de 1954, cit., con nota conforme de Vecchione, también citada. Cfr. ahora Schizzeroto, *ob. cit.*, págs. 334 y sigtes., n. 134.

23 D'Onofrio, *Commento*, cit., vol. II, pág. 502, n. 1308; Carnelutti, *Istituzioni*, cit., vol. II, pág. 232, n. 662; Vecchione, *ob. cit.*, págs. 341 y sigtes., n. 125.

y la presencia de él pudo arrastrar a los otros a compartir su opinión]"[24]. Es verdad que también durante la instrucción pueden no faltar ocasiones de audiencias del colegio y, por tanto, de conferencias personales en las cuales los árbitros lleguen a conocimiento de sus respectivas opiniones: pero, se verifique o no esta hipótesis, la ley ha querido igualmente que en todo caso el colegio se reúna en pleno para deliberar el laudo, según resulta de manera inequívoca de la lectura del art. 823, ap. 1°. Por eso no vale para sustituir al árbitro ausente la adhesión dada posteriormente por él, ni la presencia de un mandatario, ni la previa declaración de remitirse a lo que decidan sus compañeros[25]. Por lo demás, que la ley se preocupe del concurso de todos los árbitros en la formación del laudo, así como en el desenvolvimiento en general de todo el proceso arbitral (salvo el caso de delegar en uno de ellos actos de instrucción según el art. 816, ap. 4° [n. 12]), resulta también del hecho de que el código regule la sustitución de uno o varios árbitros (art. 811) y establezca para este caso la interrupción del plazo para el pronunciamiento del laudo (art. 820, ap. 1° [n. 31]).

Cuando el laudo no haya sido deliberado en la primera conferencia personal, es evidente que la simultánea presencia física de todos los árbitros es necesaria también en las posteriores, hasta el momento culminante de la deliberación, que debe adoptarse, según lo ya expuesto, por mayoría de votos[26]. Pero ¿cómo se forma esa mayoría? El código actual, como también el anterior, nada dice al respecto, por lo cual surge la cuestión de si es o no aplicable la disposición del art. 276 relativa a la deliberación de la sentencia en los juicios ordinarios; antiguamente, las opiniones al respecto habían sido oscilantes[27], y todavía recientemente se propendía hacia la negativa, ya porque el recurso a dicho sistema de votación constreñiría a los árbitros a renunciar a la propia opinión, ya sobre todo porque en el colegio arbitral faltaría un presidente que pudiera establecer el orden de la votación sobre las diversas soluciones[28]. Pero este último obstáculo es fácilmente superable, tanto más cuanto que de hecho el colegio (como cualquier otro cuerpo deliberante) suele en la práctica encomendar desde el inicio del proceso las funciones presidenciales a uno de los árbitros (normalmente, al llamado tercer árbitro); por otra parte, es necesario también llegar a una decisión, por lo cual la mejor solución nos parece ser todavía hoy la que consiente a las partes, a tenor del art. 816, ap. 1°, o en su defecto a los árbitros, establecer el recurso a cualquier sistema capaz

24 L. 17, § 7, D, *de receptis*, 4, 8.

25 Cfr. CARNACINI-VASETTI, *ob. cit.*, pág. 663, n. 18.

26 Sobre la nulidad del pacto con que las partes hayan impuesto a los árbitros que tomen sus decisiones por unanimidad, cfr. SCHIZZEROTTO, *ob. cit.*, pág. 339, n. 135.

27 CARNACINI-VASETTI, *ob. cit.*, pág. 664, n. 19.

28 Así VECCHIONE, *ob. cit.*, pág. 343, n. 125.

de asegurar el resultado deseado y, por tanto, también al sistema acogido por el art. 276[29].

De todas las operaciones deliberativas no es necesario mantener el secreto bajo pena de nulidad[30], así como no es necesaria la redacción del acta[31], pero a fin de precluir la excepción de decadencia el art. 821 exige, como ya lo hemos visto (n. 33), que la deliberación del laudo resulte de la parte dispositiva firmada por la mayoría de los árbitros (y no solo por el presidente, según lo establece, en cambio, el art. 276, ap. 5°). Por lo demás, una vez que el laudo esté firmado por todos los árbitros, no es indispensable que se haga mención de la ocurrida conferencia personal[32] ni de la deliberación por unanimidad o por mayoría, ni antes aún del método seguido al efecto: la ley lo exige únicamente para la hipótesis en que haya sido firmada solo por la mayoría (n. 36); en cualquier otro caso se puede decir, por tanto, que los extremos mencionados se presumen hasta prueba en contrario.

36. REDACCION Y CONTENIDO DEL LAUDO

Por consiguiente, el laudo se redacta por escrito (art. 823, ap. 1°)[33]. A este cometido, evidentemente, no se sustrae siquiera el árbitro único[34], respecto del cual no vale, en cambio, lo que dijimos en el número anterior acerca de la

---

29 Pueden considerarse defensores de la opinión seguida en el texto: CARNELUTTI, *loc. cit.*, y D'ONOFRIO, *Commento*, cit., vol. II, págs. 501 y sigtes., n. 1308, pero el primero insiste en el sentido de Que, faltando una prescripción de ley, a los árbitros les es lícito seguir normas distintas de las dictadas para la deliberación de los jueces, aunque respondan al principio de la congruencia; mientras que el segundo, partiendo de la misma premisa, asegura que nada impide, y antes bien todo aconseja, si los árbitros lo conceptúan aplicable, atenerse al art. 276, ya que se trata de normas lógicas. Por la aplicación analógica de dicho artículo, está REDENTI, *ob. cit.*, vol. III, pág. 477, n. 270 si bien advierte que las disposiciones reglamentarias en él contenidas no tienen carácter taxativo, ni comportan sanciones de nulidad en caso de inobservancia. En el sentido sustentado en el texto, cfr. ahora también SCHIZZEROTO, *ob. cit.*, págs. 339 y sigtes., n. 135.

30 Así, Casación, 29 de octubre de 1957, n. 4203 (*Mass. Giust. civ.*, 1957, 1592); pero se puede observar que las partes, gracias a la disposición combinada de los arts. 816, ap. 1°, y 829, ap. 1°, n. 7, están en condiciones de imponer el respeto también en el proceso arbitral del art. 276, ap. 1° (n. 16).

31 A propósito de la documentación en acta de las operaciones de los árbitros y de su eficacia, véase antes en el n. 11, texto y nota 26.

32 Corte de Apelación de Génova, 26 de noviembre de 1949 (*Temi Genov.*, 1950, 117); REDENTI, *ob. cit.*, vol. III, pág. 479, n. 270, II; VECCHIONE, *ob. cit.*, pág. 342, n. 125, y remisiones.

33 Es indudablemente inadmisible, por tanto, el juramento decisorio deducido para probar el contenido del laudo no producido: así, Tribunal de Alejandría, 16 de marzo de 1956 (*Temi*, 1956, 378); cfr. también Casación, 2 de agosto de 1949, n. 718 (*Giur. Compl. Cass. civ.*, 1949, II, 709); también SCHIZZSROTTO, *ob. cit.*, pág. 344, n. 137.

34 CARNELUTTI, *loc. cit.*

deliberación y de su desenvolvimiento[35]. De ordinario, la redacción por escrito se encomienda al presidente o a un árbitro por mayoría, al cual, faltando aquí un oficio de secretaría (n. 11), le corresponderá no solo redactar los motivos que en los juicios ordinarios son extendidos por un juez (art. 276, ap. 59, y art. 118 de las Disposiciones de aplicación del Cód. proc. civ.), sino también formar materialmente el acto-documento original con el texto completo a tenor del art. 823, que en los procesos ante los jueces togados es obra del secretario (art. 119, Disp. de apl.)[36]. Las operaciones colegiales posteriores a la deliberación de la parte dispositiva, pueden hacerse en uno o en más tiempos, según que los árbitros aprueben, por ejemplo, los motivos y el texto-documento original en una reunión única, o lo hagan separadamente en dos reuniones distintas. En todo caso, cada árbitro puede proponer sus propias observaciones a los motivos y pedir que se lo tome en cuenta o se deje constancia de ello, también en forma de apostilla al texto previamente redactado[37].

A tenor del art. 823, ap. 29, el laudo, entendido como acto-documento original, debe contener: 19) la indicación de las partes; 29) la indicación del acto de compromiso o de la cláusula compromisoria y de las cuestiones (cláusula y cuestiones que no se mencionaban en el art. 21, ap. 2° del código de 1865); 3°) la exposición sumaria de los motivos (aunque se trate de juicio según equidad) [38]; 4°) la parte dispositiva[39]; 5°) la indicación del día, mes, año y lugar en que fue firmado[40]; 6°) la firma de todos los árbitros. Del art.

35 REDENTI, *ob. cit.*, vol. III, pág. 479, n. 270, I, observa Que también en el caso del árbitro único hay que distinguir tal vez entre deliberación de la parte dispositiva y firma del texto completo para evitar la excepción de decadencia a tenor del art. 821.

36 REDENTI, *ob. cit.*, vol. III, pág. 478, n. 270, I.

37 REDENTI, *loc. cit.*

38 Corte de Apelación de Genova, 27 de agosto de 1948 (*Temi*, 1948, 639); ANDRIOLI, *Commento*, cit., vol. III, pág. 577; D'ONOFRIO, *Commento*, cit., vol. III, pág. 513, n. 1324; VECCHIONE, *ob. cit.*, pág. 345, n. 126. Diríase, en cambio, contraria la reciente sentencia de la Casación, 25 de mayo de 1956, n. 1764 (*Rep. Foro it.*, 1956, voz *Arbitrato*, 220, n. 90).

39 El acto desprovisto de parte dispositiva, o porque los árbitros se han limitado a dar un dictamen, o porque han suministrado el contenido a una transacción ya concordada en general por las partes, podrá ser llamado y definido con cualquier *nomen iuris* (pericia contractual, consulta, transacción por obra y concurso de terceros), pero no será nunca un laudo: Casación, 12 de marzo de 1953, n. 611 (*Giurispr. ital.*, 1953, I, 1, 880, con nota de VECCHIONE, *Inesistenza giuridica del lodo per mancanza del dispositivo e per difetto dell' "animus decidendi"*, el cual critica la sentencia por las consecuencias allí sacadas); Tribunal de Milán, 25 de noviembre de 1948 (*Mon. trib.*, 1949, 91); también otras sentencias recordadas en la *Rassegna di giurisprudenza sul C. Proc. Civ.*, dirigida por ANDRIOLI, Milano, 1955, vol. IV, págs. 462 y sigtes. En doctrina, véase también JAEGER, *Conciliazione e rendiconto in sede arbitrale* (*Temi* 1949, 233); RESTAINO, *Garanzia del contraddittorio nel procedimento arbitrale ed esecuiorietà del lodo* (*Giurisprudenza Compl. Cass. civ.*, 1953, V, 100).

40 La Casación, 8 de enero de 1952, n. 20 (*Foro it.*, 1952, I, 174; *Foro Pad.*, 1952, I, 118, con breve nota favorable de GARBAGNATI, *Questioni di validità del lodo arbitrale*; y *Dir. e Giur.*, 1952, 164, con nota contraria de CALVOSA, *In tema di nullità del lodo arbitrale*) ha considerado válido el laudo que, en vez de indicar el día, mes, año y lugar en que se lo firmó, contenía la fórmula: "decidido así en Bari el 5 de enero de 1943", a lo cual seguía la firma de los árbitros.

829, ap. 19, n. 5, se infiere luego a contrario que la omisión de los requisitos recién indicados en los ns. 1 y 2 no constituyen de suyo motivo para proponer la impugnación de nulidad; ello induce a pensar que los tales requisitos pueden inferirse del contexto y de las referencias contenidas, con tal de que se consiga precisarlos[41], pues de lo contrario, si faltase totalmente la atribución al caso singular concreto en sus extremos subjetivos y objetivos, el laudo terminaría por ser inoperante y, por tanto, más que anulable, inexistente para el ordenamiento jurídico. En cambio, la omisión de los requisitos indicados en los ns. 3, 4, 5 y 6, legitima, por expresa, disposición de ley (art. 829, ap. 1°, n. 5), la impugnación de nulidad, por lo cual hablaremos de ello en dicha sede (n. 51). Aquí basta agregar que, como ya lo anticipamos (n. 35), a la firma de todos los árbitros la ley, con una dicción más completa que la correspondiente contenida en el art. 21, ap. 3°, del código de 1865[42], consiente sustituir la de la mayoría, con tal de que se deje constancia explícita de que el laudo fue deliberado en conferencia personal de todos con la expresa declaración de que los demás no quisieron o no pudieron firmarlo (art. 823, ap. 3°)[43]. Sin esta atestación y esta declaración, la firma de la mayoría no es suficiente, y se incurre en nulidad[44].

Finalmente, recuérdese que con el laudo los árbitros pueden proveer también sobre las costas del proceso y sobre el honorario a ellos debido (sin dar lugar, en defecto de encargo *ad hoc*, a un vicio de ultrapetición: n. 50, *sub a*, última nota), y que según la jurisprudencia dicha providencia no es parte integrante de la decisión arbitral y, por tanto, no puede constituir nunca motivo válido de impugnación[45]. Solución ésta exacta, pero únicamente

41 Al respecto se puede consultar la sentencia de la Corte de Apelación de Génova, 15 de marzo de 1955 (*Foro Pad.*, 1955, II, 33); y antes Corte de Apelación de Roma, 9 de febrero de 1952 (*Rep, Foro it.*, 1952, voz *Arbitramento*, 163, p. 82).

42 El cual preveía únicamente la hipótesis del árbitro que se negase a firmar el laudo, no también aquella en que estuviese imposibilitado para hacerlo, y no exigía que la mayoría dejase constancia de que dicho laudo había sido deliberado en conferencia personal de todos; ni subordinaba a ello explícitamente la validez del pronunciamiento arbitral; cfr. Carnacini- Vasetti, *ob. cit.*, pág. 666, n. 20.

43 Se ha decidido que la mención de la negativa puede ponerse después de la firma de los otros árbitros, con tal de que sea nuevamente suscrita por todos los que consienten en ella: Casación, 26 de agosto de 1950, n. 2543 (*Rep. Foro it.*, 1950, voz *Africa italiana*, 33, n. 18), a quien ahora se adhiere Schizzerotto, *ob. cit.*, pág. 349, n. 138 *in fine*. Conforme Corte de apelación de Trento, 30 de junio de 1956 (*Rep. Foro it.*, 1956, voz *Arbitrato*, 222, ns. 106-08).

44 Andrioli, *loc. cit.*; Redenti, *ob. cit.*, vol. III, pág. 479, n, 270, II; Vecchione, *L'arbitrato*, cit. pág, 343, n. 125.

45 Casación, 9 de abril de 1953, n. 909 (*Giust. civ.*, 1953, 1175, y *Giur. Compl. Cass. civ.* 1953, IV, 233, con nota de Favara, *Giudizio arbitrale ed onorario degli arbitri*); Corte de Apelación de Florencia, 22 de mayo de 1953 (*Giur. Tosc.*, 1953, 341). Sobre esta cuestión cfr. también Micheli, *Efficacia della determinazione dell'onorario da parte degli arbitri* (*Foro it.*, 1943, I, 377); Vecchione, *ob. cit.*, págs. 252 y sigtes., n. 96, con remisiones; también bajo el imperio del código anterior, Chiovenda, *La condanna nelle spese giudiziali*, 2ª ed., Roma, 1935, pág. 416, nota 5, y pág. 427, nota 4.

respecto de la mera liquidación que los árbitros efectúen en su propio favor, a título ya de reembolso de gastos, ya de honorarios: en efecto, ellos no pueden dar un pronunciamiento *in re propria*, y tan es así, que la ley, al concederles la facultad de determinar dicho monto, se cuida bien de precisar que la liquidación no es vinculante para las, partes si no la aceptan (art. 814, ap. 2°), es decir, la considera como una simple propuesta (véase *Compromesso*)[46]. En cambio, entra en la decisión arbitral, y puede, por tanto, ser impugnada de nulidad cuando se trate de arbitraje según derecho (art. 829, ap. 2°), la providencia mediante la cual los árbitros, prescindiendo de la liquidación del *quantum*, ponen a cargo de una o de la otra parte, o de ambas, los gastos todos del proceso, comprendidos no solo los soportados por los árbitros mismos y sus honorarios, sino también los gastos anticipados por los contendientes.

37. Los laudos parciales

El código de 1865 admitía expresamente en el art. 34, ap. 2°, que los árbitros (cuando las partes no hubiesen dispuesto en otra forma)[47], pronunciasen en el curso del procedimiento arbitral una o más sentencias "no definitivas" (o "interlocutorias"), cada una de las cuales, una vez hecha ejecutiva, daba lugar a una prórroga del plazo establecido para la definición del juicio. En cambio, el código vigente no solo no prevé la posibilidad de que en el proceso arbitral los árbitros emitan otro laudo (en singular) que no sea el final, ni considera el pronunciamiento de un laudo no definitivo entre las causas de prorrogación del plazo (n. 33), sino que contiene además la norma ya recordada (n. 11), en virtud de la cual "sobre todas las cuestiones que se presenten en el curso del procedimiento antes del pronunciamiento del laudo, los árbitros proveen mediante ordenanza no sujeta a depósito y revocable, excepción hecha del caso previsto por el art. 819". Ello no obstante, la jurisprudencia, después de haber excluido en un primer tiempo la admisibilidad de los laudos parciales y haber contemplado en la ordenanza la forma única de providencia para resolver cualquier cuestión, procesal o de fondo, que se presente en el curso del proceso[48],

46 Cuando las partes hayan asumido previamente el compromiso de aceptar con efecto vinculante el pronunciamiento sobre las costas, el compromiso es inválido si es incondicionado o genérico, mientras que obliga a las partes si va acompañado de la indicación de los criterios que hay que seguir en la liquidación y se han seguido tales criterios: así Micheli, *loc. cit.*; cfr. al respecto también Casación, 15 de junio de 1953, n. 1754 (*Giurispr. ital.*, 1954, I, 1, 110).

47 Carnacini-Vasetti, *ob. cit.*, pág. 666, n. 21.

48 Así, Casación, 23 de abril de 1948, n. 575 (*Foro it.*, 1948, I, 601); Corte de Apelación de Milán, 8 de abril de 1949 (*Temi*, 1949, 153); Corte de Apelación de Roma, 1° de julio de 1949 (*Giur. Compl. Cass. civ.*, 1949, II, 837), la cual con esta decisión cambió, en obsequio a la Corte de casación, su anterior opinión favorable a los laudos parciales (véase la sentencia del 2 de setiembre de 1947 [*Foro it.*, 1947, I, 1035]); Corte de apelación de Venecia, 26 de febrero de 1950 (*Giurispr. ital.*, 1951, I, 2, 484); Casación, 20 de abril de 1950, n. 1062(*Temi*, 1950, 228, con nota de Azara [Al.], *Ammissibilita del regolamento di competenza contro il pro-*

ha terminado, bajo el influjo de una parte de la doctrina[49], por acoger ya establemente la opinión contraria[50]. *Rebus sic stantibus*, no parece que sea el caso de volver a abrir una discusión que nos parecería ajena al carácter de este estudio (n. 1): baste recordar que la inadmisibilidad de los laudos parciales fue combatida en doctrina incluso antes de la reforma de 1950, con la cual se ha introducido la impugnabilidad inmediata de las sentencias de los jueces ordinarios[51], y que, por otra parte, precisamente esta reforma ha sido luego invocada por algunas sentencias para justificar el cambio de dirección que ha llevado a la situación jurisprudencial actual, y que ha arraigado pese a las reiteradas críticas de algún escritor[52]. Para hacer algo útil solo falta, pues, partir del dato en virtud del cual los laudos parciales son admisibles también cuando las partes no los hayan previsto expresamente a tenor del art. 816, ap. 1°, y tratar más bien de delimitar su campo de aplicación, así como esbozar su régimen jurídico.

Ante todo debe observarse que el pronunciamiento de un laudo parcial solo debe consentirse en aquellos casos en que el juez ordinario podría proveer por

---

vvedimento di un giudice arbitrale che decida sulla propria competenza senza pronunciare nel merito). Ya antes de las sentencias aquí recordadas, Andrioli, *Commento*, cit., vol. III, pág. 558, había dado por ciertas, en sede de interpretación del art. 816, ap. 5°, la supresión de los laudos interlocutorios y la no previsión por parte del legislador de los laudos parciales; mientras que la dirección jurisprudencial contraria a estos últimos fue inmediatamente aprobada por Barbareschi, *Inammissibilità dei lodi parziali* (*Giurispr. ital.*, 1948, I, 1, 493), y Calvosa, *Ancora sulle sentenze arbitrali parziali* (*Giur. Completa* Cass. *Civ.*, 1949, II, 841).

49 Cfr. Calamandrei, *Questioni sull'ammissibilità dei lodi parziali e sulla loro impugnazione* (*Riv. dir. proc.*, 1948, II, 260); Vocino, *Sentenze arbitrali parziali* (*Giur. Compl. Cass. civ.*, 1948, III, 459). Ya anteriormente la inadmisibilidad de los laudos parciales había sido sostenida por Carnelutti, *Istituzioni*, cit., 3ª ed., Koma, 1942, vol. II, pág. 570, n. 662, y por Satta, *Dir. proc. civ.*, cit., 1ª ed., Padova, 1948, pág. 522.

50 Casación, Secciones unidas, 7 de agosto de 1950, n. 2419 (*Foro it.*, 1951, I, 22; *Giurispr. ital.*, 1951, I, 1, 498; *Giur. Compl. Cass. civ.*, 1950, III, 314; *Riv. dir. proc.*, 1952, II, 79); Casación, 8 de marzo de 1951, n. 569 (*Giurispr. ital.*, 1951, I, 1, 392); Corte de Apelación de Turín, 23 de octubre de 1951 (*Temi*, 1952, 24); Casación, 7 de junio de 1952, n. 1275 (*Rep. Foro it.*, 1952, voz *Arbitramento*, 163, ns. 84-86); Id., 21 de marzo de 1953, n. 729 (*Foro it.*, 1953, I, 1702), etc. Siguen ahora esta dirección jurisprudencial, favorable a la admisibilidad de los laudos parciales: D'Onofrio, *Commento*, cit., vol. II, pág. 493, n. 1296; Redenti, *ob. cit.*, vol. II, pág. 473, n. 268, II, quien, aun partiendo de la premisa de que el código parecería excluir tal figura, se inclina a la afirmativa sobre la base de las innegables consideraciones de paralelismo con las disposiciones sobre el procedimiento ordinario introducidas con la reforma de 1950; además de las ediciones posteriores de los estudios de carácter general citados al final de la nota anterior. Cfr. ahora también Schizzerotto, *ob. cit.*, págs. 349 y sigtes. ns. 139-40, si bien contrario a la impugnabilidad inmediata de los laudos parciales.

51 Cfr. los autores recordados en la penúltima nota.

52 Cfr., en cuanto a la opinión contraria a la admisibilidad de los laudos parciales aun después de la citada sentencia de la Casación, secciones unidas, 7 de agosto de 1950, n. 2419: Barbareschi, *Ancora sull'ammissibilità dei lodi parziali* (*Giurispr. ital.*, 1951, I, 1, 497); ID., *I lodi arbitrali parziali* (*Riv. Sc. comm.*, 1951, 191); Da Milano, *Intorno alla validità dei lodi parziali* (*Riv. dir. proc.*, 1952, II, 79); Vecchione, *ob. cit.*, págs. 347 y sigtes., n. 127, y en la citada reseña de jurisprudencia (*Ibid.*, 1957, 169); Costa, *Manuale*, cit., pág, 92, n. 69.

sentencia inmediatamente apelable, acompañada de una ordenanza a tenor del art. 278, ap. 1°, y art. 279, ap. 3°. Únicamente para estas hipótesis puede valer, en efecto, el paralelismo recién invocado por la jurisprudencia, y según el cual la decisión parcial, encaminada a satisfacer un interés de la parte que puede tener urgencia en proveerse de un título ejecutivo o en obtener un pronunciamiento constitutivo o de declaración de certeza sobre los puntos de la litis que más le apremien, no está vinculada a la estructura propia del proceso ordinario y menos aún es incompatible con el proceso arbitral, más idóneo incluso para ajustarse a las exigencias concretas de las partes. Y también el laudo parcial debe ser duplicado con una ordenanza mediante la cual se provee en orden a la prosecución del proceso y a prorrogar, si es el caso, el plazo a tenor del art. 820, ap. 2° (n. 33). A diferencia, por otra parte, de la ordenanza prevista por el art. 816, ap. 5°, el laudo parcial debe ser depositado en la secretaría de la pretura para que sea declarado ejecutivo mediante decreto (art. 825, aps. 1° y 2° [n. 38]). En el caso de que el pretor niegue la ejecutoriedad, no se impedirá con ello la prosecución del proceso, sino que los árbitros deberán volver a examinar la situación y proveer de otro modo en orden a la continuación. Si se concede la ejecutoriedad, el laudo vinculará a los árbitros acerca del punto decidido, y siempre a diferencia de las ordenanzas del art. 816, ap. 59, no será ya modificable y revocable su laudo, sino inmediatamente impugnable por las partes con la impugnación de nulidad y la revocación de que se trata en los arts. 827 y sigtes.[53]. Acerca de la bifurcación del proceso que podrá seguirse de ello, véase más adelante, en el n. 55.

53 REDENTI, *loc. cit.*; Corte de Apelación de Florencia, 9 de septiembre de 1955 (*Giur. Tosc.*, 1955, 6657).

SECCIÓN II. — *EL DEPÓSITO DEL LAUDO Y EL DECRETO DEL PRETOR*

SUMARIO: 38. EL DEPÓSITO DEL LAUDO. - 39. EL DECRETO DEL PRETOR. - 40. LAS RECLAMACIONES CONTRA LA NO CONCESIÓN DEL DECRETO. - 41. LA SUSPENSIÓN DE LA EJECUCIÓN DE LA SENTENCIA ARBITRAL. - 42. LA CORRECCIÓN DE LA SENTENCIA ARBITRAL.

38. EL DEPOSITO DEL LAUDO

El laudo, una vez redactado y firmado por los árbitros, es de suyo completo como texto-documento[54], pero no todavía productor de efecto alguno. Para adquirir "eficacia de sentencia" (art. 825, ap. 39) debe ser depositado en la secretaría de la pretura competente y es necesario que el pretor lo declare ejecutivo por medio de decreto (art. 825, aps. 1° y 2°). Por otra parte, o el laudo se eleva a sentencia, o no pasa de ser una disertación incapaz de consecuencias autónomas: una eficacia reducida o diferente no es concebible[55]: en efecto, se conceptúa ya en forma casi unánime (y no podría ser de otro modo) que el laudo no depositado o al cual no se le haya concedido la ejecutoriedad, no puede valer como laudo arbitral, entre otras razones porque las partes querían llegar, así fuese a través del camino del arbitraje previsto por el Código de procedimiento civil, a una providencia que tuviese valor de sentencia[56]. Por

54 Sobre el punto de si contra el laudo es o no proponible la querella de falsedad, cfr. la opinión positiva de la jurisprudencia y la negativa también de autores que la admiten en orden a las actas arbitrales (n. 11, nota 26), en SCHIZZEROTTO, *ob. cit.*, págs. 342 y sigtes., n. 136, con remisiones.

55 En cambio, U. ROCCO, *Trattato*, cit., vol. I, pág. 154, coherentemente con su opinión sobre la naturaleza del arbitraje (*supra*, n. 4), sostiene que la decisión de los árbitros es una verdadera y propia sentencia provista de fuerza obligatoria, a la cual le faltaría la fuerza ejecutiva, que es característica del poder del imperio del Estado. Pero a esta construcción se opone todo el sistema seguido por el legislador patrio, y se refuta, entre otras cosas, por la disposición del art. 825, ap. 3°.

56 La opinión expresada en el texto había sido sostenida ya con éxito bajo el imperio del Código de 1865, a pesar de que entonces no hubiese una disposición como la contenida ahora en el art. 825, ap. 3°; cfr. por todos CARNACINI-VASETTI, *ob. cit.*, pág. 652, n. 3, y págs. 666 y sigtes., n. 22; véase ahora, así sea para llegar a construcciones teóricas no siempre idénticas, ANDRIOLI, *Commento*, cit., vol. III, págs. 570 y sigtes.; ID., *Procedura arbitrale e regolamento di giurisdizione*, cit. (*Foro it.*, 1956, I, 847); REDENTI, *ob. cit.*, vol. III, pág. 480, n. 270, III; CARNELUTTI, *Istituzioni*, cit., 5ª ed., vol. I, pág. 64, n. 62; SATTA, *Dir. proc. civ.*, cit., 5ª ed., págs. 630 y sigtes., n. 529; VECCHIONE, *ob. cit.*, n. 21, págs. 33 y sigtes., n. 24, págs. 41 y sigtes., n. 128, pág. 352. Entre toda la numerosa jurisprudencia, cfr. Corte de Apelación de Bari, 20 de enero de 1950 (*Corte Bari*, 1950, I, 111); Casación, 30 de setiembre de 1955, n. 2721 (*Giurispr. ital.*, 1955, I, 1, 917); y en especial la sentencia, ya citada varias veces al comienzo de la primera nota del η. 1, Casación, Sec. Un., 9 de mayo de 1956, n. 1505, con numerosas remisiones. Cfr. también Casación, 11 de julio de 1957, n. 2775 (*Mass. Giust. civ.*, 1957, 1064); Id., 10 de abril de 1957, n. 1238 (*Ibid.*, 1957, 486), que ha declarado

el contrario, un laudo no ritual no se transforma en ritual por haber sido erróneamente depositado y hecho ejecutivo (n. 44). Dígase lo mismo para cuando el árbitro, en lugar de decidir la controversia objeto del compromiso, explrese sobre ella un simple dictamen técnico con la intención de suministrar al magistrado ordinario elementos de juicio para dicha causa[57]. Para que se pueda llegar a una providencia que tenga la misma eficacia autónoma que una sentencia emitida por un juez ordinario, es necesario que haya un laudo como resultado de un procedimiento arbitral ritual y que ese laudo contenga una decisión, pero es necesario también, y absolutamente, que sea luego declarado ejecutivo; de lo contrario, como bien se ha dicho, el proceso arbitral se desvanece sin resultado alguno útil[58].

Al depósito del laudo en su original debe proveer uno de los árbitros: el vigente art. 825, ap. 1°, no contiene la concesión de que se trataba en el art. 24, ap. 1°, del código de 1865, que permitía expresamente al árbitro servirse a tal efecto de un mandatario provisto de mandato especial (este último, que debía adjuntarse luego al acta de depósito, art. 24, ap. 2°): no obstante lo cual, hay en doctrina quien lo admite también ahora[59]. Igualmente, ha desaparecido de este lugar, es decir, del título VIII del libro IV, la disposición, también contenida en el código de 1865, según la cual del depósito había que levantar acta, que la firmaban quien proveía al depósito, el pretor y el secretario (art. 24, ap. 2°); pero también el secretario, una vez que recibe el laudo, está obligado a dar constancia de él mediante acta a tenor de los arts. 57, Cód. proc. civ., y 44, Disposiciones de aplicación, y el acta debe ser firmada por él y por el árbitro (art. 126, ap. 29, Cód. proc. civ.)[60]; la única diferencia con el ordenamiento anterior consiste, pues, en que no parece ser ya necesaria la firma del pretor.

Con el laudo original quiere la ley que se depositen el acto de compromiso o el que contiene la cláusula compromisoria y los actos con los cuales se han

improponible por falta de objeto concreto la impugnación por nulidad propuesta contra un laudo no depositado.

En mérito a los laudos emitidos en los juicios arbitrales en la Cámara de Comercio de Trieste y a la necesidad de su depósito en virtud de normas de ley provenientes del anterior ordenamiento austrohúngaro, cfr. Corte de Apelación de Trieste, 24 de noviembre de 1948 (*Foro it.*, 1949, I, 307).

57 Véase antes, en el n. 36, texto y nota 39, especialmente donde se alude al requisito de la parte dispositiva y a las consecuencias que se siguen de ello cuando el laudo haya sido privado de ella.

58 REDENTI, *loc. cit.*

59 ANDRIOLI, *Commento*, cit., vol. III, pág. 569; CARNELUTTI, *Istituzioni*, cit., vol. II, pág. 234, n. 664; tendencialmente contrario VECCHIONE, *ob. cit.*, pág. 352, n. 128, nota 1. Para SCHIZZEROTTO, *ob. cit.*, págs. 361 y sigtes., n. 141, el depósito podría ser ejecutado hasta por un tercero no provisto de mandato.

60 En contra, CARNELUTTI, *loc. cit.*, para el cual es suficiente que el secretario haga constar el depósito realizado también mediante una anotación al pie o al margen del laudo, o hasta en el registro de secretaría.

propuesto las cuestiones (art. 825, ap. 19)[61], naturalmente si estas últimas no se han precisado en el mismo compromiso (n. 18). El depósito de los autos recién enumerados se exige al doble fin de que se pueda comprobar la existencia del encargo hecho por las partes y se suministre el medio preconstituido y permanente (aunque con lagunas, como dentro de poco diremos) a fin de controlar la legalidad de la función desplegada por los árbitros. El código de 1865 no exigía explícitamente que se depositase también el acto con la cláusula compromisoria y, por tanto, hallándose frente a una disposición incompleta, los intérpretes terminaban por considerarla también no taxativa y por admitir, en consecuencia, equivalentes respecto del mismo compromiso[62]. De tal dirección encontramos huellas hasta en la jurisprudencia actual, a pesar de que ahora la ley no ofrezca motivo para ello, ya que exigiendo el depósito del compromiso o del acto con la cláusula compromisoria, no omite ninguno de los actos de que tome origen el arbitraje: no sin razón se ha decidido, atrayéndose inmediatamente las críticas de la doctrina[63], que el depósito del compromiso y en general de los actos que deben acompañar al laudo, no sería necesario, hoy como ayer, cuando de equivalentes documentos surja la prueba del pacto arbitral y de la existencia de la controversia[64] y que, de todos modos, para la disposición literal del art. 829, ap. 1°, n. 5, sería motivo de nulidad únicamente el no depositar el laudo, no el no depositar los demás actos, aunque ello esté explícitamente exigido por el art. 825, ap. 1°. Más bien, una vez que para establecer el mínimo de los actos que deben depositarse se toma como taxativa e inderogable la enumeración contenida en esta última norma de ley y que se interpreta el art. 829, ap. 1°, n. 5, en el sentido de que por "sentencia (*rectius* laudo) depositada" debe entenderse el laudo depositado con todas las modalidades y todos los alegatos exigidos al efecto, síguese de ello, en consecuencia, que hay que excluir, por el contrario, la obligación de depositar cualquier otro acto no previsto en dicha enumeración, como, por ejemplo, el que contenga el nombramiento y la aceptación de los árbitros[65], o la sustitución de uno de ellos, o bien la prórroga del plazo para el

---

61 Sobre el porqué de haberse exigido también el depósito de las cuestiones, Andrioli, *loc. cit.*; Vecchione, *ob. cit.*, pág. 354, n. 128; también Corte de Apelación de Génova, 26 de noviembre de 1949 (*Temi Genov.*, 1950, 117). Excluye, sin embargo, que la falta de depósito de las cuestiones constituya motivo de nulidad, últimamente la Casación, 8 de octubre de 1954, n. 3430 (*Giust. civ.*, 1955, I, 1670, con remisiones). En el mismo sentido, Corte de Apelación de Trento, 30 de junio de 1956, cit., para cuando las cuestiones hayan sido transcritas en el laudo.

62 Carnacini-Vasetti, *ob. cit.*, págs. 667 y sigtes. n. 23.

63 Vecchione, *Questioni in materia di arbitrato* (*Giurispr. ital.*, 1955, I, 1, 161, en especial 170 y sigtes.); a su vez criticado por Schizzerotto, *ob. cit.*, págs. 367 y sigtes., n. 145.

64 Ultimamente Casación, 19 de junio de 1954, n. 2114 (*Giurispr. ital.*, 1955, I, 1, 159). Acerca de las consecuencias de no haberse hecho el depósito de las cuestiones cfr. Casa ción, 8 de octubre de 1954, n. 3430, cit., en la nota 8.

65 Corte de Apelación de Turín, 15 de marzo de 1950 (*Foro Pad.*, 1950, II, 25).

pronunciamiento del laudo, como, por ejemplo, actas y ordenanzas[66], aunque se extralimiten de la actividad instructoria, del árbitro o de los árbitros, si bien *in iure condendo* sería de desear la pública conservación de ello por obra del secretario[67].

El depósito del laudo debe efectuarse en el plazo perentorio —y, por tanto, no prorrogable por nadie, sin excluir a las partes[68]— de cinco días a partir de la fecha de suscripción (art. 825, ap. 1°), con lo cual el legislador ha acogido la opinión ya predominante bajo el imperio del código de 1865, cuando, aun callando la norma *ad hoc* (art. 24, ap. 1°), se tomaba como *dies a quo* el de la firma que debía indicarse, entonces como ahora, en el laudo mismo (art. 22, ap. 29, n. 5, al cual ahora corresponde el ya examinado art. 823, ap. 29, n. 5 [n. 36])[69]. Por otra parte, el texto de ley es tan claro y unívoco y consiente al pretor efectuar *prima facie* el control acerca de la oportunidad del depósito a que está obligado por ley (n. 39), que no vemos cómo, para tratar de eliminar defectos dependientes de la disposición del art. 821, y sobre todo de la falta de un plazo para la redacción del laudo ya deliberado (n. 33), se pueda afirmar que en caso de suscripción de la parte dispositiva anterior a la del texto definitivo de que se trata en el art. 823, ap. 2°, n. 6, el plazo para el depósito correría a partir de la primera y no a partir de la segunda[70]. Entre otras razones, el período de cinco días podría resultar inadecuado cuando dentro de él los árbitros se viesen constreñidos a proveer, no solo al depósito, sino también y ante todo a la redacción por escrito del laudo entero, a su aprobación y a su firma (n. 36).

Finalmente, en lo que atañe a la competencia para recibir el depósito, la ley la atribuye al pretor del lugar en que se lo pronunció (art. 825, ap. 1°); a la normal libertad para los árbitros de emitir dondequiera su pronunciamiento dentro de los límites de la República, salvo diversa disposición de las partes (n. 24), aquí corresponde, en cambio, la obligación de depositarlo en la pretura en cuyo mandamiento entre el lugar de suscripción indicado en el laudo mismo a tenor del ya contemplado art. 823, ap. 2°, n. 5[71]. Se trata de competencia funcional y, por tanto, inderogable, ya a favor de otro juez del

---

66 A propósito del depósito de las actas y de las ordenanzas y de cómo no es necesario, Casación, 20 de abril de 1950, n. 1046 (*Giurispr. ital.*, 1951, I, 1, 236).

67 Análogo voto se había expresado ya bajo el imperio del Código anterior: CARNACINI-VASETTI, *ob. cit.*, págs. 660 y sigtes., n. 14.

68 D'ONOFRIO, *Commento*, cit., vol. II, pág. 506, n. 1316; VECCHIONE, *L'arbitrato*, cit., págs. 355, n. 128; SCHIZZEROTTO, *ob. cit.*, pág. 364, n. 143.

69 CARNACINI-VASETTI, *ob. cit., n.* 20, pág. 665 y n. 23, pág. 667.

70 La opinión no acogida en el texto, es sostenida en el ya recordado escrito de GARBAGNATI, *Intorno al termine per il deposito del lodo arbitrale* (*Foro Pad.*, 1951, III, 73 y sigtes.). En contra, es decir, en el sentido compartido por nosotros, GHIRARDI, *Ancora sul termine per il deposito del lodo arbitrale* (*Ibid.*, 1952, III, 29 y sigtes.), también Corte de Apelación de Nápoles, 25 de noviembre de 1952 (*Monit. Trib.*, 1953, 181) y en general la doctrina aunque no se apoye en la opinión contemplada por GARBAGNATI.

71 Coll. Arb., 23 de mayo de 1952 (*Rass. Trib.*, 1953, 111).

mismo lugar, por ejemplo, del tribunal, ya de otro pretor cualquiera[72], y no es lícito poner remedio *in iure condito* a su falta mediante una trasmisión de oficio a la secretaría del juez competente[73].

39. EL DECRETO DEL PRETOR

En este momento entra en acción el pretor, quien, desplegando funciones típicamente de jurisdicción voluntaria[74], si comprueba la oportunidad del depósito y la regularidad formal del laudo, lo declara ejecutivo por medio de decreto (art. 825, ap. 2°). Del depósito y de la providencia del pretor se da noticia por la secretaría a las partes en los modos establecidos por el art. 133, ap. 2°, es decir, mediante cédula (art. 825, ap. 49). Respecto de lo que estaba establecido en el código de 1865 ha desaparecido así la norma, destituida de sanción y, por tanto, inútil, que prescribía al pretor proveer dentro de cinco días (art. 24, ap. 39)[75]. De todos modos, tampoco faltan hoy las cuestiones interpretativas, dependientes ya del tenor literal del art. 825 y del sistema en él seguido en orden a la reclamabilidad del decreto pretorial (n. 40), ya de su vinculación con los arts. 823 y 829[76]. Así, en lo concerniente al depósito del laudo (y de los demás documentos mencionados en el ap. 1° del art. 825, a pesar de que de éstos no se hable en el art. 829, ap. 19, n. 5 [n. 51]), algún autor considera que el control del pretor, de atenernos a la intención del legislador, debe referirse no solo a la oportunidad verdadera y propia de que se habla en los arts. 825, ap. 29, y 829, ap. 19, n. 5, sino también en general a la regularidad de él, ya que sería evidente que el laudo no debía ser homologado, no solo si el depósito ha sido tardío, sino también si no lo ha depositado uno de los árbitros o no se lo ha hecho en la secretaría de la pretura competente o si no fue acompañado por los otros documentos necesarios[77]. Por lo demás, acerca de la regularidad formal del laudo como

72 Así ANDRIOLI, *Commento*, cit., vol. III, pág. 570; VECCHIONE, *ob. cit.*, págs. 355 y sigtes., n. 128; ya bajo el imperio del Código anterior, MICHELI, *Nullità di lodo arbitrale per deposito presso pretore incompetente* (*Riv. dir. proc. civ.*, 1937, II, 140 y sigtes.) y CARNACINI-VASETTI, *ob. cit.*, pág. 667, n. 23, con remisiones también de jurisprudencia. Más recientemente la Corte de Apelación de Génova, 26 de octubre de 1949 (*Temi Genov.*, 1950, 113), se ha pronunciado, en cambio, contra la nulidad del laudo depositado en la cancillería de un pretor incompetente. En este último sentido SCHIZZEROTTO, *ob. cit.*, págs. 366 y sigtes., n. 144.

73 Insiste, en cambio, en la tesis de la posible trasmisión de oficio del laudo del pretor incompetente al competente, D'ONOFRIO, *loc. cit.*, pese a las críticas justamente dirigidas por ANDRIOLI, *loc. cit.*, y por VECOHIONE, *loc. cit.*

74 En este sentido, aunque partiendo de concepciones distintas acerca de la naturaleza del arbitraje (n. 3), se han expresado REDENTI, *ob. cit.*, vol. III, pág. 481, n. 270. III, y U. ROCCO, *ob. cit.*, vol. I, pág. 155. Véase también SATTA, *Dir. proc. civ.*, cit., pág. 641, n. 541.

75 Sobre este plazo y sobre su carácter no perentorio, cfr. CARNACINI-VASETTI, *ob. cit.*, pág. 668, n. 25.

76 CARNACINI-VASETTI, *ob. cit.*, pág. 669, n. 26.

77 Así CARNELUTTI, *loc. cit.*; cfr. también ANDRIOLI, *loc. cit.*

documento, se siente uno inducido a pensar que el pretor, si bien a través de un examen meramente extrínseco y necesariamente sumario (superficial)[78], se ve precisado a controlar la presencia, aunque observable por el contexto (n. 36), de todos los requisitos enumerados en el art. 823, ap. 29, necesarios para hacer que el laudo asuma carácter y autoridad de sentencia[79]. Es verdad que la falta de los indicados en los ns. 1 y 2 no constituye motivo de impugnación por nulidad (art. 829, ap. 1°, n. 5), y que la reclamación contra el decreto del pretor se concede ahora únicamente en la hipótesis de que se haya negado la ejecutoriedad (art. 825, ap. 5°); pero no vemos por qué razón no habría que tomarse en cuenta la precisa y taxativa enumeración del art. 823, ap. 2° y, por tanto, también los requisitos consignados en los ns. 1 y 2: entre otras razones, los árbitros, al decidir, no pueden menos de hacer referencia, por lo menos implícita, al acto de donde toma origen su encargo (compromiso o cláusula compromisoria) y a las cuestiones que sirven para determinar la materia de la controversia también a los fines del art. 829, ap. 19, n. 4 (n. 50); mientras que la no indicación de las partes, si no entra entre los motivos que legitimen el gravamen especial, da lugar en concreto a un defecto más grave todavía, al punto de excluir que el laudo pueda ser nunca sanado y productor de efectos (n. 51, texto y nota 90). En consecuencia, no creemos oportuno adherirnos a la opinión que, por un lado, no reconoce al pretor el poder de controlar no solo la suficiencia, sino hasta la simple existencia formal de los motivos[80], y que, por otro, yendo más allá de la disposición de ley, querría consentirle que descendiera al examen del fondo para negar el *exequatur* cuando el laudo tuviera por objeto materia no comprometible o cuando contradijera al orden público o a las buenas costumbres[81]. Más fiel a la disposición de ley parece, en cambio, la jurisprudencia cuando excluye que el pretor esté legitimado para indagar si las cuestiones resueltas tienen o no perfecta coherencia con las cuestiones *hinc et inde* propuestas[82] o si la representación y la correspondiente institución del juez arbitral son regulares[83], o bien cuando afirma que él no puede comprobar la oportunidad del pronunciamiento del laudo[84].

El laudo, una vez declarado ejecutivo, sale de la esfera privada y forma con el decreto mismo el acto —por la mayoría incluido en la categoría de los actos

78 Acerca de la naturaleza del pretor véase Redenti, *loc. cit.*

79 Redenti, *loc. cit.*

80 En el sentido aquí criticado, Vecchione, *ob. cit.*, pág. 359, n. 129; en contra, D'Onofrio, *Commento*, cit., vol. II, pág. 506, n. 1317.

81 En esta tesis, rechazada por nosotros así como la precedente, Vecchione, *loc. cit.*, está, en cambio, de acuerdo con D'Onofrio, *loc. cit.*, así como ahora también Schizzerotto, *ob. cit.*, pág. 373, n. 146, mientras que está en desacuerdo con Carnelutti, *Istituzioni*, cit., vol. II, pág. 237, n. 665.

82 Casación, 19 de junio de 1954, n. 2114 (*Giuriapr. ital.*, 1955, I, 1, 159).

83 Corte de Apelación de Génova, 15 de febrero de 1949 (*Foro Pad.*, 1949, I, 243).

84 Corte de Apelación de Napoles, 30 de abril de 1948 (*Monit. trib.*, 1948, 295).

complejos[85] — al cual la ley atribuye tanto el nombre de sentencia arbitral como la eficacia propia de las providencias jurisdiccionales para todos los respectos (comprendido el de constituir título para inscribir hipoteca judicial, art. 2819, Cód. civ.); incluso la sentencia arbitral, si para formar estado a tenor del art. 2909 tiene necesidad también ella de pasar en cosa juzgada, es decir, de no ser ya impugnable con la impugnación de nulidad (n. 45), en cambio, en lo que atañe a la ejecutoriedad, tiene inmediatamente esta eficacia, y, a diferencia de lo que ocurría bajo el imperio del art. 23 del código anterior[86], no necesita de la cláusula de ejecución provisional, la cual no tendría siquiera significación jurídica[87], ya que a ese explícito efecto el decreto del pretor hace que se eleve el laudo, de acto que por sí solo no tiene importancia alguna (n. 38), al rango de sentencia (art. 825, aps. 2° y 3°). El original del laudo y del decreto se conserva en la secretaría, y para el libramiento de copias en forma ejecutiva encuentra también aquí plena aplicación lo dispuesto en los arts. 475 y 476.

40. Las reclamaciones contra la no concesión del decreto

El art. 25 del Cód. proc. civ. de 1865 establecía que la cognición de las reclamaciones contra el decreto de ejecutoriedad o contra la negativa del pretor a pronunciarla, pertenecía al Tribunal. A esta norma corresponde ahora el último apartado del art. 825, integrado por el art. 196 de las Disp. de apl., pero no está ya prevista la hipótesis de que el pretor se niegue a proveer (caso en el cual no queda más que recurrir al art. 55, ap. 1°, n. 2, Cód. proc. civ.), y no solo esto, sino que la reclamación se concede únicamente contra el decreto que niega la ejecutoriedad[88]. El régimen del decreto, tomado en sí mismo y no como uno de los elementos que en su conjunto constituyen la sentencia arbitral, es, pues, distinto *secundum eventum*, es decir, según que el pretor haya declarado o no ejecutivo el laudo: en el primer caso, contra el decreto no hay nada que hacer; toda y cualquier eventual reacción debe investir, a lo menos en el plano formal, al acto global, es decir, a la sentencia

---

85 Redenti, *ob. cit.*, vol. III, pág. 480, n. 270, III; D'Onofrio, *Commento*, cit., vol. II, pág. 506, n. 1318; U. Rocco, *ob. cit.*, vol. I, pág. 155, Carnelutti, *Arbitrato estero* (*Riv. dir. comm.*, 1916, I. 386) había definido hace tiempo la sentencia arbitral como un acto complejo desigual emitido por un órgano complejo (árbitro más pretor). De hipótesis compleja hablaba también Micheli, *Nullità del lodo arbitrale per deposito presso pretore incompetente*, cit. (*Riv. dir. proc. civ.*, 1937, II, 144). Contra la opinión de que dicha sentencia sea un acto complejo, Garbagnati, *In tema di impugnazione per nullità del lodo arbitrale*, cit. (*Riv. dir. proc.*, 1947, II, 248 y sigtes. especialmente 254 y sigtes.), y ahora *In tema di regolamento preventivo di giurisdizione nel corso del procedimento arbitrale*, cit. (*Foro Pad.*, 1956, I, 687).

86 A tenor del art. 23 las reglas sobre la ejecución provisional de las sentencias de la autoridad judicial eran, efectivamente, aplicables a las sentencias de los árbitros.

87 Corte de Apelación de Génova, 22 de setiembre de 1950 (*Temi Genov.*, 1950, 407). Cfr. D'Onofrio, *loc. cit.*; Schizzerotto, *ob. cit.*, pág. 374 n. 147.

88 Por tanto, no es ya reclamable el decreto con el cual se haya concedido la ejecutoriedad. Corte de Apelación de Nápoles, 30 de abril de 1948 (*Monit. trib.*, 1948, 295).

arbitral, por lo cual se hablará de ello en el capítulo siguiente (ns. 43 y sigtes.); en cambio, en el segundo caso, no habiendo desembocado el *iter* procesal en la sentencia arbitral, no queda más que dirigirse contra el decreto. A propósito de lo cual el legislador, colmando una laguna del ordenamiento anterior[89], ha precisado, si bien sea en el último momento, que el plazo para proponer el recurso con la reclamación al presidente del Tribunal (y no ya al colegio) es el perentorio de quince días a partir de la comunicación de dicho decreto (art. 196, Disp. de apl.).

El presidente del Tribunal, oídas las partes, provee con ordenanza no impugnable (art. 825, ap. 5°), renovando el control ya efectuado por el pretor, con la única diferencia de que este último debe pronunciarse, por disposición de ley, una vez que los árbitros hayan depositado el laudo y en virtud de ese depósito, mientras que tratándose de una reclamación, corresponde a la parte (o a todas las partes, si tienen el mismo interés en que el laudo sea declarado ejecutivo) someter la cuestión al presidente del Tribunal. En cuanto a la eventual incompatibilidad con el art. 111 de la Constitución, de la norma que declara no impugnable la ordenanza de admisión o de rechazo de la reclamación, recuérdese que la Corte de Casación no ha tenido oportunidad de pronunciarse al respecto durante los ocho años en que el control de legitimidad constitucional de las leyes ha sido transitoriamente encomendado a los jueces ordinarios (art. 7, ap. 2°, Disp. Trans. y Fin. Const.)[90]; por consiguiente, no queda más que aguardar el juicio al respecto de la Corte constitucional, si la cuestión llega a provocarse y el juez *a quo* no la considera manifiestamente infundada.

41. La suspensión de la ejecución de la sentencia arbitral

Para completar el examen de la eficacia ejecutiva que la ley atribuye sin más al laudo gracias al decreto del pretor o a la ordenanza con la cual el presidente del Tribunal haya acogido la reclamación propuesta a tenor del art. 825, ap. 5° (n, 40), merece tomar desde ahora en consideración lo dispuesto por el art. 830, ap. 2°, en virtud de lo cual el juez ordinario llamado a decidir sobre la impugnación por nulidad (y, por tanto, el colegio si es competente para conocer de esta última, ya sea el Tribunal o la Corte de apelación) puede suspender mediante ordenanza la ejecución de la sentencia impugnada[91]. Pero ¿cuáles son los extremos para conceder la suspensión?

---

89 Carnacini-Vasetti, *ob. cit.*, pág. 670, n. 27.

90 Cfr. Bianchi D'Espinosa, *Ricorso per cessazione a norma dell'art. 111* (*Riv. trim. civ.*, 1957, 1032, n. 7).

91 Pero no la de las ordenanzas instructorias pronunciadas por los árbitros a tenor del art. 816, ap. 5°: Corte de apelación de Nápoles, 13 de junio de 1952 (*Giur. Compl. Cass. civ.*, 1952, I, 701).

En el silencio de la ley, que nada dice fuera de lo recién mencionado, y que no contiene ya la genérica remisión al régimen de la ejecución provisional de que se trataba en el art. 23 del código anterior, dos son, según se sabe, las opiniones que se dividen el campo, y hasta se les ha agregado recientemente una tercera. Pero esta última no parece que pueda encontrar quien la siga; en efecto, ¿qué significa sostener que la suspensión sería lícita en los casos en que se discuta si se han observado o no las reglas indicadas por el art. 829[92], cuando éste y no otro es siempre el objeto de aquel juicio sobre la impugnación por nulidad cuya instauración constituye el necesario presupuesto para que se pueda pedir la suspensión? La tercera vía que se habría trazado así, o no dice nada, o termina por atribuir a la simple proposición de la impugnación el efecto suspensivo que la ley le ha negado claramente. No quedaría, pues, más que tomar posición entre la dirección que querría someter la suspensión de la eficacia ejecutiva de la sentencia arbitral a lo que vale para la revocación de la ejecución provisional (art. 283, ap. 2°), y la otra que, al respecto, exige, en cambio, la presencia de los extremos requeridos por el art. 373. Pero tampoco este planteamiento nos convence del todo, ya que no se trata de ejercer una simple elección entre dos soluciones previamente establecidas.

Que la segunda, es decir, aquella por la cual la suspensión sería únicamente otorgable cuando de la ejecución pudiera seguirse grave e irreparable daño[93], no tenga fundamento, es ya hoy opinión que encuentra amplio eco en doctrina y jurisprudencia[94]: en efecto, el art. 830, ap. 29, a diferencia de los arts. 401 y 407, no contiene una explícita remisión al art. 373[95], y además, si la impugnación por nulidad prevista por el art. 829 es análoga a la impugnación por casación en cuanto al *rescindens* condiciona el *rescissorium*, es igualmente verdad que los motivos de nulidad son profundamente distintos de los motivos de casación y tienen, *quoad iustitiam*, un alcance incomparablemente más grave,

---

92 Esta opinión ha sido formulada y aplicada en una ordenanza de la Corte de apelación de Cagliari, 23 de setiembre de 1957 (*Foro it.*, 1957, I, 1909 y sigtes.).

93 Para esta tesis cfr. Corte de Apelación de Génova ord. 10 de febrero de 1948 (*Giurispr. ital.*, 1948, I, 2, 426); Id. id. de Venecia, ord. 26 de febrero de 1950 (*Ibid.*, 1951, I, 2, 484); Id. id. de Génova, 22 de setiembre de 1950 (*Temi Genov.*, 1950, 407); y recientemente, id. id. de Florencia, ord. 2 de febrero de 1956 (*Foro it.*, 1956, I, 476). SATTA, *Sulla sospensione dell'esecuzione nel giudizio arbitrale* (*Giurispr. ital.*, 1948, I, 2, 426), ha considerado exacta la solución adoptada por la primera ordenanza aquí citada, pero en el mismo escrito ha terminado luego por preguntarse si en realidad la suspensión prevista por el art. 830, ap. 2°, no es algo distinto de las otras formas de suspensión contemplada por la ley: y es lo que ha recalcado recientemente en *Foro it.*, 1955, I, 1058 y sigtes., encontrando ahora respuesta afirmativa en SCHIZZEROTTO, *ob. cit.*, págs. 436 y sigtes., n. 168.

94 Corte de Apelación de Turín, 5 de mayo de 1950 (*Foro Pad.*, 1950, I, 919); Id. id. de Bari, ord. 20 de marzo de 1952 (*Rep. Foro it.*, 1952, voz *Arbitramento*, 165, n. 120); Id. id. de Génova, ord. 20 de mayo de 1955 (*Foro it.*, 1955, I, 1057, con nota de adhesión de GRECO, *Sulla sospensione dell' esecuzione delle sentenze arbitrali*); CARNELUTTI, *Sospensione dell'esecuzione della sentenza arbitrale* (*Riv. dir. proc.*, 1956, II, 60); VECCHIONE, *ob. cit.*, pág. 396, n. 143; D'ONOFRIO, *Commento*, cit., vol. II, pág. 517, n. 1328.

95 Cfr. GRECO, *loc. cit.*

por cuanto algunos de ellos, los más importantes, afectan a las razones mismas de existencia de la sentencia arbitral; el juez de la impugnación por nulidad puede encontrarse, por tanto, frente a una situación de peligro no comparable a la que se presenta en el juicio de casación[96]. Por lo demás, a todo ello corresponde el tenor literal mismo del art. 830, ap. 2°, el cual, no subordinando la suspensión a extremo alguno, prácticamente la remite a la discreción del juez: en esto, pero solo en esto, hace eco al dictado del art. 283, ap. 2°, que hoy consiente al juez de apelación controlar en sede de inhibitoria, no solo si concurren los extremos indicados en el art. 282, sino también si la ejecución provisional ha sido oportunamente concedida[97]. Pero en nuestro caso se trata, no de revocar una eficacia ejecutiva excepcionalmente concedida por el juez de primer grado, sino de quitársela a la sentencia arbitral que las partes hubieren preferido consensualmente a una decisión de la magistratura ordinaria y a la cual le compete dicha eficacia por ley; y tan es así, que en los juicios sobre la impugnación por nulidad para los cuales sea competente el tribunal o la Corte de apelación, el legitimado para conceder la suspensión es, no el instructor, sino el colegio; por el contrario, algunos de los motivos de nulidad respecto de los cuales se pide la suspensión, afectan, según lo hemos recordado, a las razones mismas de existencia de la sentencia arbitral. Por consiguiente, una vez excluida la aplicabilidad en el caso del art. 373 (que es, en cambio, aplicable cuando se haya propuesto instancia de revocación: n. 57), no es siquiera exacto invocar en todo y por todo el régimen que vale para la revocación de la ejecución provisional: el art. 283, ap. 2°, y el art. 830, ap. 2°, son dos normas sencillamente paralelas, que solo tienen de común el reconocer ambas al juez un poder discrecional; pero este poder debe ejercitárselo sobre la base de valoraciones que no pueden menos de ser distintas en uno y otro caso.

42. La corrección de la sentencia arbitral

El art. 826, colmando una laguna del código anterior, establece que en los casos indicados por el art. 287 se puede pedir la corrección de la sentencia arbitral al pretor del lugar en que haya sido ella depositada; declarada además aplicable la disposición del art. 288, que al efecto regula el procedimiento *ad hoc*[98]. Corregible es, no solamente el laudo, sino también el decreto de ejecutoriedad, con la diferencia de que únicamente en este segundo caso es competente para conocer de ella el mismo juez de quien provenga el acto cuya

---

96 Así Carnelutti, ob. últ. cit., pág. 62.

97 Cfr. por todos, Andrioli, *Commento*, cit., 3ª ed., vol. II, págs. 276 y sigtes.

98 Vecchione, *ob. cit.*, págs. 359 y sigtes. n. 130, querría, sin embargo, que el procedimiento así exigido se integrase en el sentido de que el pretor debería oir en sede de corrección, no solamente a las partes, sino también a los árbitros. Cualquiera que sea la opinión que se sustente al respecto, dicha tesis no tiene, de todos modos, razón de ser en los casos en que se pida la corrección del decreto y no la del laudo.

corrección se pide, pero ello no debe suscitar sorpresa, ya que los árbitros, una vez redactado y depositado el laudo, agotaron su cometido. Más bien debe recordarse que de la remisión al art. 287, que consiente se corrijan únicamente las sentencias contra las cuales no haya sido propuesta apelación[99], se ha argüido que en el caso de impugnación por nulidad también la corrección se pida al juez competente a tenor del art. 828, ap. 2°[100].

99 En mérito a las cuestiones a que ha dado y da lugar la fórmula ahora contenida en el art. 287, cfr. por todos, ANDRIOLI, *Commento*, cit., vol. II, pág. 284, con remisiones.

100 D'ONOFRIO, *Commento*, cit., vol. II, pág. 508, n. 1321.

Capítulo IV
Las impugnaciones

SUMARIO: 43. Cuáles son las impugnaciones utilizables contra la sentencia arbitral y cuáles contra la sentencia del juez ordinario pronunciada en sede de impugnación. - **44.** Naturaleza jurídica y límites de aplicabilidad de la impugnación por nulidad. - **45.** Competencia, plazos y forma para proponer la impugnación por nulidad. - **46.** Los motivos en general por los cuales se admite la impugnación por nulidad. - **47.** Examen de los singulares motivos: nulidad del compromiso. - **48.** Irregular nombramiento de los árbitros. - **49.** Sentencia pronunciada por quien no podía ser árbitro. - **50.** Pronunciamiento espontáneo u omitido y contradictoriedad de disposiciones. - **51.** Defecto de requisitos formales de la sentencia y su depósito tardío. - **52.** Tardío pronunciamiento del laudo. - **53.** Inobservancia de las formas prescritas para el procedimiento. - **54.** Violación de las reglas de derecho. - **55.** La providencia del juez sobre la impugnación de nulidad. - **56.** El eventual nuevo juicio sobre el fondo. - **57.** La instancia de revocación.

43. Cuales son las impugnaciones utilizables contra la sentencia arbitral y cuales contra la sentencia del juez ordinario pronunciada en sede de impugnación

Contra el laudo hecho ejecutivo por el pretor y, por tanto, también equiparado entonces en sus efectos a una sentencia de la autoridad judicial, el Código de procedimiento civil de 1865 declaraba explícitamente proponibles la apelación (arts. 28 y sigtes.), la demanda de revocación (art. 30) y el recurso de casación (art. 31) excluyendo, en cambio, la oposición contumacial (art. 27) y silenciando la oposición de terceros; además otorgaba un medio específico, existente también en otras legislaciones, a saber, la acción de nulidad (arts. 32 y sigtes.), que había de promoverse, a diferencia de la apelación de que debía ser investido el juez ordinario inmediatamente superior (art. 29), ante la autoridad judicial que hubiera sido competente para conocer de la controversia (art. 33, ap. 19). Dicha acción de nulidad era utilizable contra el laudo tanto definitivo como interlocutorio, ya emitido por árbitros de derecho ya por amigables componedores, a fin, no de discutir su contenido de fondo, sino de denunciar tanto la infracción de las condiciones esenciales sin las cuales el juicio arbitral no era válidamente instaurable, como la violación de las condiciones sin las cuales no se concebía ni el juicio ni la sentencia[1]. Frente a tanta abundancia de medios de impugnación el legislador de 1940 (ajustándose al proyecto preliminar y al definitivo SOLMI, así como al posterior propuesto por la Comisión de las asambleas legislativas), reaccionó estableciendo expresamente en el art. 827 del código vigente que "la sentencia arbitral solo está sujeta a la impugnación por nulidad y a la impugnación por revocación". En consecuencia, firme siempre el principio en virtud del cual no puede haber un juicio de impugnación ante otro colegio de árbitros[2], la sentencia arbitral hoy no es ya impugnable ni mediante la apelación ni directamente mediante el recurso de casación[3], así como no está prevista la posibilidad de que se la someta al nuevo instituto que es el reglamento de competencia en virtud de los arts. 42 y sigtes. del Cód. proc. civ.[4].

---

1 Así CARNACINI-VASETTI, *ob, cit.*, pág. 676, n. 33.

2 Casación, 21 de agosto de 1951, n. 2552 (*Giur. Compl. Cass. Civ.*, 1951, III, 517, con nota de adhesión de FAVARA, *Arbitrato ed arbitraggio in tema di lavoro*); VECCHIONE, *ob. cit.*, pág. 365, n. 133; SCHIZZEROTTO, *ob. cit.*, pág. 379, n. 150, según los cuales las partes pueden de común acuerdo declararse no satisfechas con la sentencia arbitral y no tomarla en cuenta, para remitir luego la misma sentencia a un nuevo colegio arbitral, pero como juez de primer grado, no vinculado en modo alguno por el juicio anterior. Sobre la posibilidad de no tomar en cuenta la sentencia arbitral, a diferencia de la del juez ordinario, ya CHIOVENDA, *Istituzioni*, cit., pág. 78, n. 26. Acerca de la oportunidad, por otra parte, de regular *in iure condendo* el arbitraje de apelación, cfr. la propuesta al Convegno [Congreso] de Cadenabbia de 1954 (*Atti*, cit., págs. 70, 117 y 201).

3 Este último no es proponible contra la sentencie arbitral aunque se trate de una decisión según equidad o declarada por las partes no apelable. Acerca de la imposibilidad de utilizar el recurso de casación, cfr., si bien sobre la base de consideraciones no siempre iguales y aceptables, VOCINO, *In tema di ricorso per cassazione contro la sentenza arbitrale secondo equità* (*Giur. Compl. Cass. Civ.*, 1946, II, 736); ANDRIOLI, *Commento*, cit., vol. III, pág. 572 (del cual no parece fundada la observación en virtud de la que el recurso de casación estaría implícitamente precluido porque del art. 828 se inferiría la no admisibilidad de los compromisos sobre causas que estuviesen en segundo grado: en el mismo sentido, D'ONOFRIO, *Commento*, cit., vol. II, pág. 509, n. 1322); REDENTI, *ob. cit.*, vol. III, pág. 481, n. 271; VECCHIONE, *ob. cit.*, págs. 396 y sigtes., n. 144; SCHIZZEROTTO, *ob. cit.*, pág. 440, n. 169. En jurisprudencia, cfr. Casación, 21 de diciembre de 1954, n. 4574 (*Rep. Foro it.*, 1954, voz *Arbitrato*, 192, n. 113).

4 Casación, Secciones Unidas, 19 de julio de 1957, n. 3050 (*Mass. Giust. Civ.*, 1957, 1151); Id., 17 de julio de 1956, n. 2742 (*Ibid.*, 1956, 919); Id., 21 de diciembre de 1954, n. 4574 (*Mass. Foro it.*, 1954, 920, con remisiones); Id., 31 de julio de 1950, n. 2250 (*Ibid.*, 1950, 455); Id., 20 de abril de 1950, n. 1062 (*Temi*, 1950, 228 y sigtes., con la citada nota de AZARA (AL.), *Ammissibilità del regolamento di competenza contro il provvedimento d'un giudice arbitrale*, etc.); en el mismo sentido, pero también aquí o en forma apodíctica o en virtud de consideraciones no siempre concordantes, REDENTI, *loc. cit.*; GIUDICEANDREA, *Le impugnazioni civile*, 1952, vol. II, pág. 65, n. 142; VECCHIONE, *ob. cit.*, págs. 399 y sigtes., n. 145; en contra, ahora SCHIZZEROTTO, *ob. cit.*, págs. 123 y sigtes., n. 56.

Además, el silencio ya observado en el código de 1865 acerca de la oposición de tercero está ahora valorado con el tenor literal del art. 827, según el cual los medios de impugnación de la sentencia arbitral son "solo" la acción de nulidad y la revocación. Al tercero que se considere perjudicado por una decisión de los árbitros contra la cual las partes no hayan propuesto impugnación ante el juez ordinario competente a tenor de ley, no le queda, pues, más que prescindir del remedio previsto por el art. 404, tanto más cuanto que no sabría a quién dirigirse, y experimentar la acción autónoma de declaración negativa de certeza, que, entre otras cosas, se reconoce a los terceros precisamente en los ordenamientos en que falta la oposición[5]; esta acción debe ser ejercitada en las formas ordinarias de un proceso de cognición, comenzando por el primer grado, contra las partes del juicio arbitral[6]. En cambio, si una de las partes ha impugnado por nulidad la sentencia arbitral ante el juez ordinario, entonces no se ve por qué el tercero no pueda aprovecharse de ello interviniendo también en tutela de sus propios derechos[7].

Ni que decir tiene, por otra parte, que la sentencia emitida por el juez ordinario sobre la impugnación de nulidad es impugnable a su vez tanto con el recurso

---

5 A propósito de esta acción que corresponde al tercero cuando el ordenamiento jurídico no le ofrezca la oposición especial, cfr., por todos, Chiovenda, *Principii*, cit., pág. 1014. Acerca de su proponibilidad en orden a la sentencia arbitral, cfr. Andrioli, *Commento*, cit., vol. III, pág. 573; Redenti, *ob. cit.*, vol. III, pág. 487, n. 271, II: D'Onofrio, *loc. cit.*; Costa, *Manuale*, cit., págs. 91-92, n. 68. Contrario, según parece, Schizzerotto, *ob. cit.*, pág. 380, n. 150, ya que excluye la admisibilidad "de una oposición de tercero como si dijéramos impropia, es decir, mediante la acción dirigida a hacer declarar la ineficacia de la sentencia arbitraria (*sic*) ante el juez ordinario"; en efecto, en su opinión, "el tercero debe experimentar la acción que cree corresponderle independientemente de la sentencia arbitral que no puede oponérsele"; pero ¿qué acción compete al tercero sino la de declaración negativa de certeza, cuando el perjuicio se le siga en concreto de la sentencia arbitral o de la ejecución de ella? Según el razonamiento de Schizzerotto, tampoco la oposición de tercero, donde se la admita, tendría razón de ser.

6 Redenti, *loc. cit.*

7 Redenti, *loc. cit.*; D'Onofrio, *loc. cit.*; Vecchione, *ob. cit.*, pág. 565, n. 133; Schizzerotto, *ob. cit.*, pág. 381, n. 150.

Acerca de la intervención de un tercero en el juicio de revocación centra la sentencia arbitral, no resulta que la cuestión haya sido tratada también por su escasísimo relieve práctico: de todos modos recuérdese que la doctrina propende a excluirlo en todo juicio de revocación, cualquiera que sea la sentencia así impugnada (cfr. S. Costa, *L'intervento in causa*, Torino, 1953, pág. 333, n. 146).

de casación[8] y con la regulación de competencia[9], como con la revocación y la oposición de terceros[10]. Pero ¿qué decir de la sentencia pronunciada asimismo por un juez ordinario, pero previa instancia de revocación propuesta a tenor del art. 831? Si nos atuviésemos exclusivamente a las disposiciones del Código de procedimiento civil, la respuesta parecería indudable: en efecto, el art. 403, ap. 2°, establece en principio que contra la sentencia dada en el juicio de revocación se admiten los medios de impugnación (excepto una nueva instancia de revocación: art. 403, ap. 1°) a los cuales estaba originariamente sujeta la sentencia impugnada; tales medios, en cuanto a la sentencia arbitral, se reducen a la impugnación por nulidad, pero ésta no es proponible contra una decisión de la autoridad judicial ordinaria, entre otras razones porque competente para conocer de ella sería el mismo juez que ya pronunció en sede de revocación. Por tanto, ateniéndonos al código, la sentencia emitida sobre la instancia de revocación, propuesta a su vez contra un laudo hecho ejecutivo, no sería impugnable de ningún modo. Pero llegados a este resultado, nos

8 Casación, Secciones Unidas, 20 de julio de 1951, n. 2030 (*Foro it.*, 1952, I, 1955 con remisiones; *Giur. Compl. Cass. Civ.*, 1951, III, 760); Casación, 24 de marzo de 1952, n. 805 (*Mass. Foro it.*, 1952, 200); MICHELI, *Sulla ammissibilità del ricorso per cassazione contro la sentenza che pronuncia sulla domanda di nullità della sentenza arbitrale* (*Giur. Compl. Cass. Civ.*, 1944, 368 y sigtes.). D'ONOFRIO, *Commento*, cit., vol. II, pág. 517, n. 1327; VECCHIONE, *ob. cit.*, pág. 397, n. 144 (el cual, sin embargo, a diferencia de la jurisprudencia, no equipara la sentencia pronunciada en virtud de la impugnación por nulidad a una decisión de apelación, sino que la considera como una sentencia emitida en grado único); SCHIZZEROTTO, *ob. cit.*, pág. 440, n. 169. Naturalmente, el recurso de casación está sujeto también en estos casos a todas las reglas que le atañen: así, se ha decidido que no pueden ser deducidos por su medio motivos de nulidad distintos de los contemplados con la impugnación por nulidad (como si dijéramos, por ejemplo, por defecto de capacidad o de representación en ¡a estipulación del compromiso o de la cláusula compromisoria, defecto denunciado ante el juez competente a tenor del art. 828), salvo el poder de las partes de suscitar las cuestiones que, aunque no deducidas en las fases precedentes, debieran ser de oficio encaradas y resueltas por la Corte de casación (casación, 19 de mayo de 1956, n. 1730 [*Mass. Gíust. Civ.*, 1956, 581 y sigtes., con nota de remisiones]. Con el recurso de casación se puede plantear también la cuestión de jurisdicción: así, Casación, Secciones unidas, 15 de marzo de 1957, n. 913 (*Mass. Giust. Civ.*, 1957, 364).

9 Casación, 9 de julio de 1953, n. 2211 (*Giurispr. ital.*, 1955, I, 1, 162, con nota de VECCHIONE, *Questioni in materia di arbitrato*, especialmente en págs. 168 y sigtes.); Id., 31 de julio de 1950, n. 2250 (*Mass. Foro it.*, 1950, 455, con remisiones); VECCHIONE, *ob. cit.*, págs. 398 y sigtes., n. 145; SCHIZZEROTTO, *ob. cit.*, pág. 440, n. 170.

Acerca de los poderes de la Corte de Casación en sede de regulación de competencia contra la sentencia con la cual el juez ordinario haya anulado el laudo por haber sido pronunciado sobre controversia individual del trabajo, Casación, 16 de julio de 1953, n. 2329 (*Foro it.*, 1954, I, 19, con observación de ANDRIOLI).

10 VECCHIONE, *ob. cit.*, págs. 364 y sigtes., n. 133; SCHIZZEROTTO, *ob. cit.*, págs. 380 y sigtes., n. 150, los cuales, sin embargo, se remiten inexactamente a ANDRIOLI, *Commento*, cit., vol. III, pág. 573, que no se ocupa de la cuestión correspondiente a la proponibilidad de la oposición de tercero contra la sentencia pronunciada por el juez ordinario consiguientemente a la impugnación de nulidad, sino que trata el otro problema, aquí ya recordado, sobre si se concede al tercero proponer una acción autónoma de declaración negativa de certeza contra la sentencia arbitral.

parece que no se puede olvidar la bien conocida disposición del art. 111, ap. 2°, de la Constitución, y que se tiene que concluir, por tanto, que contra dicha sentencia es siempre proponible el recurso de casación por violación de ley.

44. NATURALEZA JURÍDICA Y LIMITES DE APLICABILIDAD DE LA IMPUGNACIÓN POR NULIDAD

Antes de descender al estudio particularizado de la impugnación por nulidad, estimamos oportuno recordar que bajo el imperio del código de 1865 la mayor parte de la doctrina había llegado a considerarla, contentándose entretanto con esta constatación, como un medio de impugnación totalmente especial e independiente, no susceptible, por tanto, de ser clasificado ni entre los ordinarios ni entre los extraordinarios[11]; y como se justificase dicho resultado sobre todo con la observación de que la acción de nulidad, aunque su admisión siguiera el pronunciamiento de la autoridad judicial sobre el fondo, no tenía directamente el efecto de someter dicho fondo a un segundo examen (y tan era así, que ese pronunciamiento valía como decisión de primer grado: n. 43), sino que tendía únicamente a hacer desaparecer, en los casos y por los vicios especificados por la ley, el juicio arbitral para hacer revivir en su lugar la jurisdicción ordinaria; por lo cual el laudo, mientras no hubiese sido impugnado con éxito, persistía como verdadera sentencia, mientras que la admisión de la acción de nulidad lo eliminaba como si nunca hubiese existido[12]. Si éste era el precedente, necesariamente distinto es el razonamiento que hay que hacer ahora y, por tanto, nos remitimos a él aquí, a modo de premisa.

Ya hemos visto, en efecto, cómo la sentencia arbitral, según el código vigente, no es ya impugnable también con la apelación y con el recurso de casación (n. 43); por el contrario, la acción de nulidad, que la ley llama ahora explícitamente impugnación y quiere se proponga ante el juez superior al que hubiese sido competente en defecto del compromiso y de la cláusula compromisoria (art. 828, ap. 2°), no solo se admite, pese a cualquier renuncia, en ciertos casos determinados (art. 829, ap. 19) que *grosso modo* corresponden a los previstos en el código anterior (n. 46), sino que es también proponible si las partes no han dispuesto en otra forma mediante una previa renuncia o exigiendo un laudo según equidad o no impugnable, una vez que los árbitros, al juzgar, no hayan observado las reglas de derecho (art. 829, ap. 2°). En consecuencia, la impugnación por nulidad, aun sirviendo también, al igual que la *querela nullitatis* de derecho común[13], como instrumento para hacer controlar por el

11 CARNACINI-VASETTI, *ob, cit.*, pág. 676, n. 33, con remisiones.

12 CARNACINI-VASETTI, *loc, cit.*

13 Sobre la *querela nullitatis*, cfr. los escritos fundamentales de CALAMANDREI, *La teoria dell' "error in iudicando" nel diritto italiano intermedio* (*Studi sul processo civile*, Padova, 1930, vol. I, especialmente págs. 57 y sigtes., 147 y sigtes.; ID., *Vizi della sentenza e mezzi di gravame*

juez si la sentencia arbitral está regularmente construida *in procedendo*, es hoy el único medio para denunciar también los *errores in iudicando*, si es que se admite su denuncia; por lo demás, si por una parte mantiene la característica de dar acceso, una vez acogida, a un pronunciamiento en cuanto al fondo por parte del juez ordinario, por otra no pone en existencia, a este efecto, un nuevo proceso capaz de desarrollarse a través de los normales grados de causa. En efecto, no solo el juicio rescisorio constituye el único prolongamiento del *rescindens*, como en el pasado, sino que correspondiendo ahora la cognición del uno y del otro al juez superior al que hubiera sido competente, se sigue de ello que el nuevo pronunciamiento, en todas sus partes y, por tanto, también en lo que al fondo concierne, no es impugnable con la apelación (n. 43).

Bien se comprende, pues, que si ya resultaba difícil encuadrar en los habituales esquemas la acción de nulidad prevista en el código anterior, son mayores todavía las perplejidades a que ha dado y continúa dando lugar la impugnación vigente, cuando se trata de calificarla. A la verdad, si la jurisprudencia parece ya orientada a considerarla como un remedio, por así decirlo complejo, por una parte, de carácter formal (art. 829, ap. 1°) y por otra, enteramente similar a la apelación (art. 829, ap. 2°)[14], y si en doctrina se ha hablado y se habla de apelación extraordinaria[15] o limitada en lo que respecta a los motivos[16], o también de apelación *tout court*, así sea particularmente cualificado por el origen de la sentencia que a ella se somete[17], no ha faltado quien advierte en ello una *contaminatio* entre la apelación ordinaria, la acción de nulidad y el recurso de casación[18], o una figura híbrida, fruto de la promiscuidad de los dos conceptos de la invalidación y de la impugnación[19]; ni quien, coherentemente con la premisa según la cual el laudo, aun después del decreto del pretor, conservaría su naturaleza de acto jurídico privado, atribuya a la impugnación por nulidad la virtud de dar vida a un proceso

---

(*Ibid.*, especialmente págs. 210 y sigtes.); ID.. *La Cassazione civile*, Torino, 1920, vol. I, págs. 175 y sigtes.; y todava recientemente, ID., *Sopravvivenza della querela di nullità nel processo civile vigente* (*Riv. dir. proc.*, 1951, I, 116 y sigtes., n. 3, con remisiones).

14 Cfr., sobre todo, Casación, 17 de julio de 1953, n. 2368 (*Giust. Civ.*, 1953, 2525, con remisiones); Id., 28 de setiembre de 1954, n. 3144 (*Ibid.*, 1954, 2139); Id., 12 de enero de 1956, n. 27 (*Ibid.*, 1956, 210).

15 Carnelutti, *Istituzioni*, cit., vol. II, pág. 235, n. 665.

16 Satta, *Dir. proc. civ.*, cit., pág. 642, n. 643; Andrioli, *Commento*, cit., vol. III, págs. 574. También Costa, *Manuale*, cit., pág. 88, n. 68, atribuye a la impugnación de nulidad los efectos de la apelación.

17 Schizzerotto, *ob. cit.*, págs. 386 y sigtes., especialmente pág. 390, n. 151.

18 D'Onofrio, *Commento*, cit., vol. II, pág. 511, n. 1323 (aprobado en este punto por Vecchione, *ob. cit.*, págs. 366 y sigtes., n. 134, quien no obstante niega en todo caso que se trate de apelación), considera el juicio sobre la demanda de nulidad como un juicio de nulidad también cuando baya sido deducida la violación de normas de derecho sustancial, y contempla en el juicio de fondo, eventualmente posterior a la declaración de nulidad del laudo, un juicio realizado en grado único.

19 Camber, *Sull'art. 829, ult. comma, del C. proc. civile* (*Riv, dir. proc.*, 1946, II, 175 y sigtes.).

de primero y único grado, en el cual se ejercitaría, en eventual acumulación, una acción constitutiva de anulación del laudo, entendido como lo hemos indicado, y una acción de congnición en mérito a la misma controversia objeto del pronunciamiento arbitral[20]. Pero nos parece poder hacer la observación, ante todo, de que hoy se hace obra más vana todavía que ayer cuando se trata de reducir la impugnación por nulidad a una de las figuras tradicionales, tales como se encuentran con sus características especiales en el segundo libro del código, precisamente porque hay hasta algo más y distinto de la acción de nulidad anterior a la vigente que no se conseguía encuadrar en otros esquemas; y eso de más y de distinto no es capaz de hacer de ello un gravamen de apelación, ya que entre otras cosas comprende siempre, y hasta en ciertos casos únicamente, la *querela nullitatis* del ap. 1° del art. 829, y a la luz de esa *querela* es considerada hoy por la ley, incluso en el nombre y en el juez a quien se la dirige, como una impugnación[21]. Por otra parte, hasta cuando se la conceda por la no observancia de las reglas de derecho (art. 829, ap. 2°), la impugnación que estudiamos se articula siempre a través de las dos fases del *rescindens* y del *rescissorium*[22], aunque compenetradas desde el punto de vista del procedimiento, como lo están en la revocación concerniente, en cambio, a determinados vicios de hecho, y como no lo están, por el contrario —por lo menos entre nosotros[23]— en el juicio de casación que, sin embargo, atañe, entre otras cosas, a los *errores in iudicando*; con esto de más, la peculiaridad respecto de este último juicio, que el pronunciamiento del juez ordinario sobre la impugnación por nulidad es a su vez susceptible de recurso de casación (n. 43). En consecuencia, creemos que está en la verdad quien la considera una figura *sui generis*, profundamente distinta en el plano exterior de las impugnaciones del proceso ordinario, pues el juicio que ella provoca, estando encomendado a la autoridad judicial y, por tanto, a órganos de otro orden y con otros poderes, opera en cierto modo desde el exterior respecto de la que era la esfera de

---

20 GARBAGNATI, *In tema di impugnazione per nullità del lodo arbitrale*, cit. (*Riv. dir. proc.*, 1947, II, 248 y sigtes.); ID)., *In tema di regolamento preventivo di giurisdizione nel corso del procedimento arbitrale*, cit. (*Foro Pad.*, 1956, I, 685 y sigtes.). También Rocco (U.), *Trattato*, cit., vol. I, pág. 156, atribuye a la impugnación por nulidad muchas analogías con las acciones de impugnativa de los negocios jurídicos, y niega que el juicio instaurado con ella sea la prosecución del arbitral, contemplando en él un nuevo y autónomo proceso en el cual se experimentaría una acción independiente. Cfr., finalmente, DE MARTINI (D.), *Il lodo, la sentenza arbitrale, Vazione ed i casi di nullità*, etc., 1ª parte (*Foro Civ.*, 1949, 420, n. 3).

21 Sobre la *querela nullitatis* como verdadera acción de impugnación y no como declaración negativa de certeza, cfr. todavía CALAMANDREI, *locs. cits.*

22 Tan es así, que MICHELI, *ob. cit.*, pág. 371, afirma que la violación de las reglas de derecho debe entenderse como injusticia que importa nulidad del laudo.

23 En cuanto al distinto sistema adoptado, por ejemplo, por el Código de procedimiento civil portugués, a tenor del cual el Tribunal supremo de justicia es juez en el mismo procedimiento tanto del *rescindens* como del *rescissorium*, cfr. DOS REIS, *A função do Supremo Tribunal de Justiça* (*Studi in onore di Enrico Redenti*, cit., vol. I, págs. 385 y sigtes.).

acción de los árbitros[24]. Pero, como no compartimos la opinión según la cual la impugnación por nulidad sería asimilable a un medio extraordinario de gravamen (pues en nuestra opinión, mientras sea proponible, impide ella el paso en cosa juzgada de la sentencia arbitral)[25], así también, desde el punto de vista de su contenido, no limitaremos su carácter peculiar al hecho de que de ella se sigue un control *a posteriori*, y hasta *a tergo*, sobre la existencia de los presupuestos y los caracteres funcionales y formales que la ley exige para la eficacia y validez de los procedimientos y de las decisiones arbitrales[26]: en efecto, la impugnación por nulidad es figura *sui generis* también por el hecho de que representa entretanto el único medio para provocar, mientras no esté excluido, dicho control aun acerca de la observancia o no de las reglas de derecho, que a su vez se despliega en el modo y con los efectos ya indicados.

Nos hallamos, pues, frente a una figura *sui generis* de impugnación, desplegada por su cuenta también gracias a la reforma realizada en el código vigente, que en su unidad no encuentra parangón en las impugnaciones utilizables contra las sentencias de los jueces ordinarios. Con éstas tiene de común, además del nombre y del régimen de impugnación que el legislador le ha dado (por lo cual son invocables las disposiciones de índole general de los arts. 323-338, si son aplicables: véase n. 45), también el hecho de que presupone una sentencia. Si ésta falta, entonces, en lugar de en la impugnación (aunque reducida al solo juicio *rescindens*, como si pudiera no seguir a él el juicio *rescissorium*; n. 56)[27] parece más correcto hacer que termine en una acción autónoma de declaración negativa de certeza que habría de ejercitarse sin que hubieran de observarse los plazos y la competencia indicados en el art. 828 ni los límites implícitos en el art. 829, en un proceso de cognición del todo independiente y capaz de los grados normales de juicio (de los cuales uno quedaría, por el contrario, perdido, si se aceptase como buena la utilización de la impugnación a los solos efectos del *iudicium rescindens*). Esto vale, si nos atenemos a la interpretación ya afirmada[28], para el caso en que el pretor (o el

24 Así REDENTI, *ob. cit.*, vol. III, págs. 481 y sigtes., n. 271, I.

25 En contra REDENTI, *ob. cit.*, vol. III, pág. 480, n. 270, III, quien, sin dar las razones de ello, propende a contemplar en el laudo hecho ejecutivo una sentencia ya pasada formalmente en autoridad de cosa juzgada.

26 REDENTI, *ob. cit.*, vol. III, pág. 481, n. 271, I.

27 Sobre esta pretendida posibilidad de que el juicio sobre la impugnación por nulidad se limite al *rescindens* sin dar lugar al *rescissorium*, cfr., por todos, REDENTI, *ob. cit.*, vol. III, pág. 482, n. 271, I; así como en jurisprudencia, Corte de Apelación de Bolonia, 9 de julio de 1954 (*Giurispr. ital.*, 1955, I, 2, 2666 y sigtes., con larga nota de redacción), y Casación, 1° de diciembre de 1956, n. 4408 (*Giust. Civ.*, 1957, I, 225). También VECCHIONE, *ob. cit.*, págs. 410 y sigtes., n. 148, citado ahora por SCHIZZEROTTO, *ob. cit.*, págs. 403 y sigtes., n. 155, es de opinión que en el caso de nulidad absoluta el juez de la impugnación debe abstenerse de conocer del fondo, y sostiene además que la impugnación iría dirigida únicamente contra el decreto de ejecutoriedad del pretor.

28 Cfr. FURNO, *Appunti in tema di arbitramento e di arbitrato*, cit. (*Riv. dir. proc.*, 1951, II, especialmente 167 y sigtes.); VECCHIONE, *ob. cit.*, págs. 404 y sigtes., n. 147; y ahora con numerosas referencias a las cuales se remite SCHIZZEROTTO, *ob. cit.*, págs. 394 y sigtes., n. 153.

presidente del Tribunal) haya declarado erróneamente ejecutiva una decisión dada por árbitros libres (véase *Arbitrato irrituale*) o una pericia contractual o el resultado de un arbitramento (véase *Arbitraggio*), etc., ya que no basta el decreto de ejecutoriedad para dar vida a una sentencia arbitral cuando falte su primer elemento, esto es, el laudo pronunciado por árbitros rituales (y viceversa: n. 38); pero vale también cuando se esté frente a vicios particulares (ns. 26 *in fine*, 29 *in fine*, 49, 50 *in fine* y 51),. tal como especialmente acaece, según la opinión que recientemente ha encontrado amplio crédito[29], siempre que el procedimiento arbitral, aun habiéndose desplegado como ritual y aun habiendo llevado a un tal laudo, tome origen de un compromiso o de una cláusula compromisoria radical e insanablemente nulos y, por tanto, como si fuesen inexistentes. Cuando se tenga esa nulidad absoluta e insanable, en forma que pueda ser excepcionada y en general comprobada en cualquier tiempo, no tenemos por qué indicarlo aquí, y remitimos a la voz especial (véase *Compromesso*), mientras que dentro de poco diremos del compromiso nulo que legitima únicamente la impugnación en virtud del art. 829, ap. 1°, η. 1 (n. 47); baste destacar que el origen particular del arbitraje termina así por superar en forma peculiar el medio mismo que la ley otorga a fin de impugnar el laudo, por lo cual no se podía hablar de la impugnación por nulidad sin aludir previamente al límite que su empleo experimenta de ese modo.

45. COMPETENCIA, PLAZOS Y FORMA PARA PROPONER LA IMPUGNACIÓN POR NULIDAD

La impugnación por nulidad debe ser propuesta, pues, por la parte vencida[30], no ya a la autoridad judicial que hubiese sido competente para conocer de la controversia (art. 33, ap. 1°, Cód. proc. civ. de 1865: *supra*, en el n. 43), sino al pretor, al Tribunal o a la Corte de apelación, según que respecto de la causa decidida hubiese sido competente el conciliador, el pretor o el Tribunal (art. 828, ap. 2°)[31]. Por consiguiente, compete a la Corte de apelación juzgar sobre la impugnación contra una sentencia arbitral dada en una controversia de valor indeterminable[32].

29 También a este propósito nos limitamos a citar a SCHIZZEROTTO, *ob. cit.*, págs. 396 y sigtes., n. 154, y las numerosas remisiones allí contenidas también de jurisprudencia; y también, en cuanto a algunas menciones, a REDENTI, *ob. cit.*, vol. III, págs. 482 y sigtes., n. 271, I. Y ahora Casación, 11 de diciembre de 1956, n. 4408 (*Mass. Giust. Civ.*, 1956, 1521); Id., 16 de octubre de 1957, n. 3885 (*Ibid.*, 1957, 1464).

30 O por un acreedor suyo en vía subrogatoria, de atenernos a la sentencia de la Corte de Apelación de Turín, 16 de mayo de 1955 (*Foro Pad.*, 1955, II, 54).

31 Sobre si el art. 828, ap. 2°, determina o no una competencia funcional por grado o por el contrario, una competencia por materia, cfr., en este segundo sentido, Tribunal de Lucca, 1° de setiembre de 1949 (*Giurispr. ital.*, 1950, I, 2, 123), y sobre todo las observaciones críticas allí formuladas en nota por BARBARESCHI.

32 Corte de Apelación de Caltanisetta, 14 de junio de 1949 (*Rep. Foro it.*, 1950, voz *Arbitramento*, 141, n. 116).

Desde el punto de vista de la distribución en el plano territorial, el código vigente, innovando aquí también respecto del precedente, que se limitaba a la disposición anteriormente recordada de remitirse en todos sus aspectos a las normas ordinarias de competencia, toma como base el lugar en que la sentencia arbitral fue depositada, y establece inderogablemente que la impugnación de nulidad debe ser propuesta al juez (pretor, Tribunal o Corte de apelación, según el criterio arriba indicado) en cuya circunscripción se encuentre precisamente la secretaría de la pretura depositaria del laudo (art. 828, ap. 1°)[33].

La jurisprudencia ha tenido ocasión de declarar que las disposiciones recién recordadas deben aplicarse también en el caso de que competente para el fondo sea un juez especial, salvo concretar que la autoridad judicial ordinaria, llamada a conocer de la impugnación por nulidad, que sea al efecto competente, debe limitar, pese al precepto del art. 830, ap. 1°, su pronunciamiento al *iudicium rescindens*, remitiendo el *rescissorium* al juez especial (n. 56)[34]. En cambio, las normas sobre la competencia contenidas en el art. 828 no entran en modo alguno en juego cuando se trate de un laudo que no haya sido depositado (n. 38) o que de todos modos no haya sido declarado ejecutivo, por ejemplo, por habérselo depositado fuera de plazo[35]: presupuesto para que se pueda proponer la impugnación por nulidad y, por tanto, para que deban observarse las normas *ad hoc*, es que haya una sentencia arbitral, es decir, un laudo más el correspondiente decreto de ejecutoriedad, tal como lo hemos visto en el número anterior, respecto ya del laudo no ritual, ya del ritual, pero radicalmente nulo.

En el código de 1865 el plazo para proponer la demanda de nulidad correspondía al plazo para apelar contra las mismas sentencias arbitrales (art. 33, ap. 1°, que remitía al art. 29, ap. 2°); actualmente, eliminado el medio de la apelación el legislador se ha atenido, en lo que respecta a los plazos, al régimen que vale para la apelación contra las sentencias de los pretores y de los Tribunales, ya que la impugnación por nulidad debe ser notificada dentro de treinta días a partir de la notificación de la sentencia arbitral y de todos modos no más de un año a partir del *dies a quo* que, en defecto de la publicación de dicha sentencia, está representado por la fecha de la providencia con la cual ha sido declarado ejecutivo el laudo (art. 828, aps. 1° y 3°). Una vez respetados estos plazos, la impugnación, ajustándonos a la orientación seguida por la

---

33 Sobre el carácter indérogable de esta disposición, cfr. D'ONOFRIO. *Commento*, cit., vol. II, pág, 516, n. 1326; VECCHIONE, *ob. cit.*, pág. 371, n, 135; así como también, a propósito de los laudos pronunciados según el estatuto de la Cámara de Comercio de Trieste, Casación, 8 de junio de 1957, n. 2139 (*Giust. Civ.*, 1957, I, 1505).

34 Casación, 24 de febrero de 1950, n. 436 (*Rep. Foro it.*, 1950, voz *Arbitramento*, 141, ns. 117 y 118); cfr. también Corte de Apelación de Venecia, 21 de mayo de 1948 (*Temi*, 1948, 436); Id. de Roma, 10 de marzo de 1948 (*Foro it.*, 1948, I, 426). Conforme ANDRIOLI. *Procedura arbitrale e regolamento di giurisdizione*, cit. (*Foro it.*, 1956, I, 849).

35 Tribunal de Trieste, 5 de julio de 1952 (*Rep. Foro it.*, 1953, voz *Arbitramento* 174, n. 113).

jurisprudencia, pero criticada por una parte de la doctrina, impide el paso en cosa juzgada de la sentencia arbitral, aunque se la proponga ante un juez incompetente, aun cuando sea él de grado inferior, a condición de que la causa sea luego reasumida, a tenor del art. 50, ante el juez declarado competente[36]. A este último, a su vez, se lo considera no vinculado respecto de la declaratoria ajena[37] y, por tanto, si se aceptan por buenas las premisas aquí expuestas, podría pedir de oficio la regulación de competencia (art. 45, Cód. proc. civ.).

En el silencio de la ley se considera unánimemente que la forma de la impugnación por nulidad es la del acto de citación[38], con todos los requisitos del caso, entre los cuales deben enumerarse, entre otros, ya los motivos aducidos en apoyo de la demanda[39], corroborados con la exposición de los elementos de hecho y de derecho en que se fundan[40], ya el mandato al defensor[41]. Mientras que no ha faltado quien haya hecho presente que la impugnación debe ser notificada personalmente, a tenor de los arts. 137 y sigtes., cuando en el acto de notificación de la sentencia arbitral la parte no haya elegido domicilio en casa del propio procurador[42]: opinión ésta que consideramos exacta en cuanto excluye que a los fines de la fase de impugnación, que debe desplegarse ante la autoridad judicial, sea relevante el nombramiento del procurador o la declaración de residencia o la elección de domicilio eventualmente efectuada en el juicio ante aquellos particulares que son los árbitros; pero, a fin de atenernos al art. 330 adaptado al proceso que estudiamos, nos vemos

36 Corte de Apelación de Palermo, 29 de abril de 1955 (*Giust. Civ.*, 1955, I, 1180, con numerosas remisiones); Casación, 15 de noviembre de 1946 (*Giurispr. ital.*, 1947, I, 1, 448, también aquí con nota informativa). En doctrina, cfr. en el mismo sentido Andrioli, *loc. cit.* (quien parte del presupuesto ya visto de que la impugnación por nulidad sea una apelación limitada y que, por consiguiente, encuentren aplicación también respecto de ella las reglas sobre la competencia por razón de la materia y por razón del territorio, improrrogables); De Martini (D.), *ob. cit.*, págs. 424 y sigtes., n. 66; y ahora Schizzerotto, *cb. cit.*, págs. 391 y sigtes. n. 152. En contra Barbareschi, *Impugnazione per nullità della sentenza arbitrale avanti un giudice incompetente* (*Giurispr. ital.*, 1946, I, 2, 227, pero solo en cuanto al caso de que se haya acudido erróneamente a un juez incompetente de grado igual o inferior al del juez competente, ya que en su opinión la impugnación propuesta a un juez superior, pero incompetente, por ejemplo, por razón del territorio, tendría eficacia conservativa). Seguido por Sbaiz, reseña sobre el *Arbitrato* (*Riv. Trim. Civ.*, 1948, n. 17, págs. 430 y sigtes.); así como también, sin distinguir entre unos casos y otros, D'Onofrio, *Commento*, cit., vol. II, pág. 516, n. 1326, y Vecchione, *ob. cit.*, pág. 372, n. 135.

37 Andrioli, *loc. cit.*

38 Vecchione, *ob. cit.*, pág. 371, n. 135; Schizzerotto, *ob. cit.*, pág. 432, n. 167, con remisiones de jurisprudencia.

39 Corte de Apelación de Brescia, 13 de enero de 1954 (*Corti Brescia e Venezia*, 1954, 378).

40 Corte de Apelación de Genova, 31 de diciembre de 1955 (*Foro Pad.*, 1956, II, 22). Recientemente Casación, 5 de junio de 1957, n. 2638 (*Mass. Giust. Civ.*, 1957, 1015), ha admitido que los motivos sean integrados en las defensas posteriores a la citación.

41 Que no obstante podrá ser librado también tardíamente a tenor del art. 125, ap. 2°, cfr. Carnacini, *Limiti del rilascio tardivo della procura al difensore*, ya citado.

42 Así Vecchione, *loc. cit.*

inducidos a precisar que la notificación debe hacerse siempre en el domiclio elegido (o en la residencia declarada) en el acto de notificación de la sentencia, tanto si ese lugar es el domicilio del propio procurador, como si está en otra parte, siempre que se encuentre en todo caso dentro de la circunscripción de la pretura donde ha sido depositada la sentencia.

A la impugnación por nulidad se aplican, como ya lo hemos indicado (en el número anterior), las disposiciones contenidas en el libro segundo del código referentes a las impugnaciones en general, que no estén en contraste con las normas *ad hoc* o con su misma naturaleza: así, no es reclamable, por ejemplo, el precepto del art. 327, ap. 2°, por la razón ya indicada, a saber, que el instituto de la contumacia es extraño al proceso arbitral (n. 10)[43]; por el contrario, no compartimos la opinión según la cual sería improponible la impugnación incidental[44], puesto que también la contraparte, dentro de los límites de su eventual derrota, puede tener interés (especialmente después de que le haya sido notificada la impugnación ajena) en hacer que se declare cierta la nulidad de la sentencia arbitral por un motivo distinto del denunciado por el impugnante principal, y sobre todo para obtener en el caso previsto por el 2° apartado del art. 829 una decisión en derecho sobre ciertos puntos distinta de la anterior; además, no hay que olvidar, como parece hacerlo quien excluye la impugnación incidental, que ésta puede provenir de un litisconsorte, obligado después de la instauración de la fase de nulidad, a aprovecharse del juicio ya instaurado a fin de respetar el *simultaneus processus.*

Al impugnante, en orden al cual se propende ahora a considerar aplicable el art. 384[45], le incumbe luego la carga, bajo pena de improcedibilidad, de producir en juicio copia auténtica de la sentencia impugnada[46], mientras que es dudoso si tiene que presentar también las actas instructorias[47], que los árbitros no tienen obligación de depositar en pretura (n. 38) y que el impugnante

43 Conforme Andrioli, *loc. cit.*

44 Opinión sostenida por la Corte de Apelación de Roma, 15 de febrero de 1949 (*Rep. Foro it.*, 1950, voz *Arbitramento*, 142, n. 130), Vecchione, *ob. cit.*, pág. 393, n. 143, y ahora Schizzerotto, *ob. cit.*, pág. 432, n. 167. En el sentido compartido por nosotros, Tamburrino, *Compromesso ed arbitri; questioni alla decise in primo grado dal giudice ordinario e impugnativa del lodo in via incidentale* (*Arch. Ric. Giur.*, 1950, 289).

45 Cfr. Schizzerotto, *ob. cit.*, pág. 433, n. 167, con remisiones; en contra, sobre el presupuesto, ya contemplado, de que no se trate de un juicio de impugnación o por lo menos que no sean aplicables las disposiciones referentes a la apelación, respectivamente, Garbagnati, *In tema di impugnazione per nullità del lodo arbitrale*, cit. (*Riv. dir. proc.*, 1947, II, 250), y Vecchione. *ob. cit.*, pág. 293, n. 143, el primero de los cuales con nota a la decisión conforme de la Corte de Apelación de Roma, 7 de octubre de 1946.

46 Corte de apelación de Turín, 28 de octubre de 1950 (*Foro Pad.*, 1951, I, 167); Tribunal de Alejandría, 16 de marzo de 1956 (*Temi*, 1956, 278); Schizzerotto, *ob. cit.*, pág. 433, n. 167.

47 Por la afirmativa, Corte de Apelación de Bolonia, 10 de junio de 1955 (*Mon. Trib.*, 1955, 268); por la negativa, Corte de Apelación de Milán, 13 de febrero de 1951 (*Foro Pad.*, 1951, II, 37).

debería, por tanto, procurarse dirigiéndose a ellos, y hasta pidiéndoles, en caso de negativa, la exhibición a tenor del art. 210.

46. LOS MOTIVOS EN GENERAL POR LOS CUALES SE ADMITE LA IMPUGNACIÓN POR NULIDAD

En cuanto a los casos en que se admite la impugnación por nulidad, sabido es cómo en el art. 32 se los ha agrupado en cinco números a los cuales corresponden —en gran parte también en la sustancia— los siete del ap. 1° del vigente art. 829; además, ya hemos visto (n. 44) cómo y por qué este último contiene, a título de completa innovación respecto del ordenamiento anterior, un segundo apartado autónomo en virtud del cual la misma impugnación de nulidad se concede también cuando los árbitros, al juzgar, no hayan observado las reglas de derecho, a menos que las partes les hubiesen autorizado a decidir según equidad o hubiesen declarado no impugnable el laudo. Piénsese lo que se quiera acerca de la bondad de esta perpetrada conmixtión bajo una enseña única de lo que estaba anteriormente dividido, el hecho es que la lista de los motivos de nulidad contenida en el art. 829 debe considerarse taxativa y, por lo tanto, no susceptible de extensión y de integración[48]: en particular debe excluirse que gracias al apartado 2° se pueda aumentar el catálogo de los vicios formales suministrado por el apartado 1°[49]. Por esta razón se ha decidido que no vicia la validez de la sentencia arbitral, por ejemplo, la no mención en el laudo de cuestiones propuestas a los árbitros y de las conclusiones de las partes[50], o la no abstención del árbitro recusable (art 815), comprendida la hipótesis de abstención obligatoria (art. 51, ap. 1°)[51].

Esto supuesto, solo resta seguir el orden a que se ha atenido el legislador patrio, comenzando por los motivos del apartado 1°, todos ellos no renunciables

48 Casación, 23 de setiembre de 1955, n. 2603 (*Rep. Foro it.*, 1955, voz *Arbitrato*, 188, n. 125); Rocco (U.) *loc. cit.* Dudas sobre la exactitud de esta orientación interpretativa ha formulado VECCHIONE, *ob. cit.*, pág. 389, n. 141, y ahora SCHIZZEROTTO, *ob. cit.*, pág. 424, n. 165, quien, además, no se limita al caso de la violación de las normas de orden público que deben ser observadas también por los árbitros amigables componedores (*supra*, n. 34). Como quiera que sea, no ha tenido seguidores la opinión de CARNELUTTI, *Istituzioni*, cit., vol. II, págs. 236 y sigtes., n. 665, que pretende poner a ello remedio infiriendo expresamente otro motivo de la interpretación analógica del art. 797, ap. 1°, n. 7; esta opinión ha sido criticada por ANDRIOLI, *L'ultimo comma dell'art. 829 C. Proc. Civ., e una lacuna, che non c'e* (*Foro it.*, 1943, I, 602 y sigtes.) para quien, cuando entran en juego normas de orden público, la controversia no es ya deferible a los árbitros, pues en tal caso se incurriría en la nulidad prevista por el art. 829, ap. 1°, η. 1.

49 GUGLIELMI, *Sull'azione di nullità delle sentenze arbitrale* (*Acque, Bonif. Costr.*, 1955, 551).

50 Casación, 23 de setiembre de 1955, n. 2603, cit.

51 Corte de Apelación de Nápoles, 13 de junio de 1955 (*Dir. Giur.*, 1955, 400).

previamente[52], a diferencia de lo que ocurre con la no observancia de las reglas de derecho (n. 54)[53].

47. EXAMEN DE LOS MOTIVOS SINGULARES: NULIDAD DEL COMPROMISO

El primero de tales motivos consiste en la nulidad del compromiso (art. 829, ap 1°, η. 1), y según opinión unánime, de la cláusula compromisoria[54]; ha desaparecido, por considerársela que entra en la fórmula empleada, la explícita alusión al compromiso ya vencido de que se trata en el art. 32 η. 1, del código anterior, mientras que ha quedado sin prejuzgar y, por tanto, remitida al intérprete la cuestión del compromiso totalmente inexistente[55], que se contempla, en cambio, también como motivo igualmente legitimante de la impugnación especial, en el *Code de procédure civile* (art. 1028, η. 1), en el ginebrino (art. 358, η. 1), y en la *ZPO* austríaca (parágrafo 595, η. 1), así como era contemplada en el código sardo de 1859 (art. 1129, η. 1)[56]. A esta cuestión, en cuanto de ella se siga la inexistencia o nulidad radical e insanable de la sentencia arbitral, nos hemos referido ya (n. 44 *in fine*); nos limitaremos, por tanto, aquí a observar cómo, para quienes no admiten distinción alguna en el ámbito de los vicios que pueden inficionar el compromiso o la cláusula compromisoria, el remedio evidentemente consistirá siempre y solo en

---

52 Ya bajo el código anterior, que no concedía la acción de nulidad en la hipótesis ahora prevista por el art. 829, ap. 2°, y que, por tanto, excluía en todo caso la validez de las renuncies, se limitaba el alcance de dicha norma a las renuncias previas, sin extenderla a las posteriores a la emisión del laudo, al cual la parte interesada en la reforma podía siempre dar su aquiescencia: CARNACINI-VASETTI, *ob. cit.*, pág. 676, n. 33. Sobre la renuncia posterior (que debe entenderse, sin embargo, en el sentido de que tiene que ser posterior, no solo a la firma del laudo, sino también a la emisión del decreto del pretor, momento desde el cual corre el plazo de un año para impugnar la sentencia arbitral, así como corre a partir de la publicación en cuanto a la sentencia de la autoridad judicial ordinaria) y sobre el modo mediante el cual dicha renuncia puede ser manifestada, cfr. VECCHIONE, *ob. cit.*, pág. 393, n. 142.

53 A título meramente ejemplificativo citamos acerca de esto, que no puede ser puesto siquiera en duda. Casación, 17 de julio de 1953, n. 2368 (*Giust. Civ.*, 1953, 2525, con nota de remisiones): id., 28 de setiembre de 1954, n. 3.144 (*Ibid.*, 1954, 2.139); id., 12 de enero de 1956, n. 27 (*Ibid.*, 1956, 1, 210); Corte de Apelación de Nápoles, 13 de junio de 1955 cit. (*Dir. e Giur.*, 1955, 400); VARONESE, *Rinuncia all'impugnazione per nullità del lodo arbitrale* (*Giur. Compl. Cas. Civ.*, 1950, II, 57); R. R., *Poteri degli arbitri in tema di prove e delle parti circa il lodo che abbiano dichiarato "non appellabile"*, cit. (*Ibid.*, 1954, II, 68).

54 Cfr., por todos, REDENTI, *ob. cit.*, vol. III, pág. 483, n. 271, I; ANDRIOLI, *Commento*, cit., vol. III, pág. 576; VECCHIONE, *ob. cit.*, págs. 372 y sigtes., n. 136; SCHIZZEROTTO, *ob. cit.*, pág. 407, n. 157; Corte de Apelación de Genova, 15 de febrero de 1949 (*Foro Pad.*, 1949, I, 243); Id. de Nápoles, 20 de diciembre de 1951 (*Rep. Foro it.*, 1951, voz *Arbitramento*, 164, n. 99).

55 A propósito de esta cuestión bajo el imperio del Código de 1865, cfr. CARNACINI-VASETTI, *ob. cit.*, pág. 677, n. 34, nota 3.

56 En cuanto a estos precedentes, cfr. CARNACINI-VASETTI, *loc. cit.*; también VOCINO, *Inesistenza del compromesso e sentenza arbitrale* (*Scritti giuridici in onore di Francesco Carnelutti*, Padova, 1950, vol. II, pág. 643).

la impugnación por nulidad bajo el aspecto del η. 1 del art. 829, ap. 1°[57]; mientras que, en cuanto a la dirección hoy predominante, tal impugnación solo es ejercitable cuando haya que vérselas con un vicio que engendre la anulabilidad[58] o también la nulidad, pero sanable, tal como termina por ser sanada siempre que hayan vencido los plazos dispuestos por el art. 828, aps. 1°? y 3°[59]. Como quiera que sea, mientras no se conceptúe legítimo el recurso, no a una acción autónoma de declaración negativa de certeza, sino a la impugnación por nulidad de que tratamos, no es necesario que la nulidad o anulabilidad del compromiso o de la cláusula compromisoria, aun siendo anterior al nacimiento del procedimiento arbitral, haya sido denunciada en el curso de esta última bajo pena de preclusión, a diferencia de lo que ocurre con la nulidad dependiente del nombramiento regular de los árbitros (n. 48). Por otra parte, el hecho de que el acto de compromiso o el que contiene la cláusula compromisoria deba ser depositado en la secretaría de la pretura juntamente con el laudo (art. 825, ap. 1°), no influye sobre la impugnabilidad de la sentencia arbitral bajo el aspecto que estudiamos, y ello porque el control del pretor se limita a la tempestividad del depósito y a la regularidad formal del laudo (art. 825, ap. 2° [n. 39]). Si así no fuese, si el pretor hubiera de preocuparse siempre de la validez del compromiso o de la cláusula compromisoria, el vicio del uno o de la otra sería a lo más denunciable bajo forma de la reclamación contra el decreto de ejecutoriedad que, no habiendo tenido nunca este cometido, pudo ser totalmente excluido por el legislador de 1940 en el caso de que la ejecutoriedad hubiese sido ya concedida (n. 40). Dicho control del pretor en sede de formación de la sentencia arbitral no está en modo alguno previsto y, por tanto, la nulidad del compromiso constituye el primero de los motivos de impugnación de la mencionada sentencia.

Al sistema seguido por la ley, en virtud del cual en el caso de nulidad (y para alguien hasta en el de inexistencia) del compromiso y de la cláusula compromisoria el ataque debe dirigirse, una vez concluido el juicio, contra la sentencia arbitral, corresponde el resultado a tenor del cual el pronunciamiento del juez ordinario sobre la impugnación tiene efecto exclusivamente respecto de la sentencia; esta última quedará confirmada al punto de pasar luego en autoridad de cosa juzgada o será, en cambio, anulada y suprimida sobre el presupuesto y a causa de la nulidad o anulabilidad del compromiso o de la

57 Así Vocino, *ob. cit.*, págs. 643 y sigtes., así como también, *Annullabilità del compromesso e sentenza arbitrale* (*Scritti giuridici in onore di Antonio Scialoja*, Bologna, 1953, vol. IV. págs. 415 y sigtes.), y ahora, sobre todo, id., *Nullità assoluta del compromesso e sentenza arbitrale* (*Studi in onore di Alfredo De Gregorio*, Città di Castello, 1956, vol. II, págs. 605 y sigtes.).

58 A propósito de la anulabilidad del compromiso y de la cláusula compromisoria, así como también si puede conocer de ello el juez de la impugnación, cfr. Redenti, *ob. cit.*, vol. III. pág. 483, n. 271, I.

59 Acerca de los casos en que la nulidad del compromiso o de la cláusula compromisoria sería sanable para 'a doctrina y la jurisprudencia predominantes, cfr. las remisiones directa o indirectamente contenidas en el n. 44, mientras que ahora, de una vez, remitimos para un más completo estudio a la voz *Compromesso*.

cláusula compromisoria, pero la nulidad o anulabilidad no puede por ello decirse declarada cierta de una vez para siempre y a otros efectos, como sería relevante, sobre todo, en cuanto a la cláusula compromisoria[60].

48. Irregular nombramiento de los árbitros

La impugnación por nulidad se admite también si los árbitros no han sido nombrados con las formas y en los modos prescritos en los capítulos I y II del título VIII dedicado al arbitraje, siempre que la nulidad haya sido deducida en el juicio arbitral (art. 829, ap. 1° n. 2). Este último presupuesto distingue, pues, entre el motivo que examinamos y el motivo anterior: para no incurrir en la preclusión es necesario que la parte legitimada para la impugnación (y no una parte cualquiera) haya denunciado la nulidad en el procedimiento ante los árbitros: de ello se infiere la oportunidad de distinguir, pues no se dice que el defecto correspondiente a las formas y a los modos del nombramiento no termine por viciar el compromiso mismo, sino por hacerlo nulo y consentir, por tanto, la impugnación de la sentencia arbitral por el η. 1 del art. 829. En efecto, aunque el n. 2 de dicho artículo haga explícita remisión también al capítulo I, se ha observado inmediatamente que la violación del ap. 2° del art. 809, a tenor del cual el compromiso o la cláusula compromisoria debe contener el nombramiento de los árbitros o bien establecer el número de ellos y el modo de nombrarlos, no tiene necesidad de ser deducida en el juicio arbitral[61]; más todavía, la mayor parte de la doctrina y la jurisprudencia son del mismo parecer también en lo que atañe al requisito del número impar de los árbitros (art. 809, ap. 1°)[62]. En consecuencia, la remisión a las formas y a los modos prescritos en el capítulo I no tiene ya hoy importancia alguna, entrando su violación bajo el η. 1 del art. 829, ap. 1°, y bajo el correspondiente régimen jurídico, mientras que el alcance del n. 2, con la sanatoria en él prevista para la nulidad que no haya sido deducida en el juicio arbitral, se reduce al caso de que en el nombramiento o en la sustitución de los árbitros no se hayan observado las disposiciones contenidas a este respecto en el compromiso o en la cláusula compromisoria y en los arts. 810 y sigtes.[63].

---

60 Redenti, *loc. cit.*

61 Andrioli, *Commento*, cit., vol. III, pág. 576.

62 Casación, 5 de junio de 1952, n. 1614 (*Rep. Foro it.*, 1952, voz *Arbitramento*, 159, n. 39); Id., 19 de abril de 1956, n. 1166 (*Giust. Civ.*, 1956, I, 2097); Corte de Apelación de Bari, 11 de noviembre de 1953 (*Corti Bari, Lecce e Potenza*, 1954, 30); Vecchione, *ob. cit.*, págs. 374 y sigtes., n. 137; Schizzerotto, *ob. cit.*, págs. 408 y sigtes., n. 158; Costa, *Manuale*, cit., pág. 88, n. 68.

63 La Casación, de 25 de octubre de 1957, n. 4109 (*Giust. Civ.*, 1957, I, 1557), ha excluido que también la ilegal participación en el colegio arbitral de una persona carente de regular encargo entre en la hipótesis prevista por el n. 2 del art. 829, ap. 1°, y en ella ha contemplado, en cambio, un caso de pronunciamiento espontáneo; y ello se explica si se piensa que respecto de este último el árbitro no está siquiera investido del poder de decidir (n. 50, *sub a*).

49. SENTENCIA PRONUNCIADA POR QUIEN NO PODÍA SER ARBITRO

Además, la sentencia arbitral es impugnable por nulidad cuando haya sido pronunciada por quien no podía ser nombrado árbitro a tenor del art. 812, el cual niega esta capacidad, no solo a los menores, a los declarados en interdicción, a los inhabilitados, a los fallidos y a los que están sometidos a interdicción de los oficios públicos, sino también, con una disposición tan necia como inconveniente, a los extranjeros, contrariamente a lo que disponía el art. 10, ap. 1°, del código anterior. Y no es necesario detenerse mucho para excluir la idoneidad para ser árbitros de las personas jurídicas[64], y en general de los sujetos de derecho distintos de las personas físicas; se discute, en cambio, acerca del apátrida, que alguien, incurriendo, sin embargo, en las críticas de la mayoría, querría excluir de la prohibición conminada por el art. 812, ap. 19, y ello en virtud del art. 29 de las Disposiciones preliminares[65].

En cuanto al régimen concerniente a la nulidad de que tratamos, recuérdese que, no solo no está ella sometida a preclusión alguna, sino que frente a un laudo pronunciado por persona totalmente incapaz de entender y de querer, pudiera surgir el problema si no fuese más exacto considerarlo totalmente inexistente con las consecuencias ya indicadas a propósito del compromiso o de la cláusula compromisoria radicalmente nulos (n. 44 *in fine*). De la dicción de la ley se infiere además que el momento relevante para que haya nulidad, es el del pronunciamiento (y no el de la firma, también porque el laudo puede ser firmado solo por la mayoría de los árbitros: n. 36); por tanto, no tiene importancia que en origen haya sido nombrado árbitro quien no podía serlo, con tal que tempestivamente haya sido sustituido o haya cesado la causa que lo incapacitaba para dicho cometido, mientras que, por el contrario, la incapacidad sobrevenida es determinante en sentido negativo.

50. PRONUNCIAMIENTO ESPONTÁNEO U OMITIDO Y CONTRADICTORIEDAD DE DISPOSICIONES

El n. 4 del art. 829, ap. 1°, contiene tres motivos de nulidad, de los cuales el primero, consistente en que la sentencia (*rectius* los árbitros) haya pronunciado fuera de los límites del compromiso, proviene del η. 1 del art. 32 del código anterior, mientras que los otros dos (no pronunciamiento sobre alguno de los objetos del compromiso y disposiciones contradictorias) han sido tomados en bloque del n. 2 del antedicho artículo. Además, el legislador de 1940 ha dejado

64 Cfr., en cuanto a una incluso demasiado amplia demostración del tema sostenido en el texto, VECCHIONE, *ob. cit.*, págs. 268 y sigtes., n. 97, y SCHIZZEROTTO, *ob. cit.*, págs. 225 y sigtes., n. 91, los cuales, sin embargo, no están de acuerdo en cuanto a la justificación que debe adoptarse.

65 Así D'ONOFRIO. *Commento*, cit., vol. II, pág. 484, n. 1285; en contra, sin embargo, ANDRIOLI, *Commento*, cit., vol. III, pág. 546; VECCHIONE, *ob. cit.*, pág. 275, n. 98; SCHIZZEROTTO, *ob. cit.*, pág. 229, n. 92.

expresamente a salvo la norma del art. 817, de la cual hemos tenido ya ocasión de ocuparnos cuando vimos precisamente cómo la parte que no excepciona en el curso del procedimiento arbitral que las conclusiones de las otras partes salen de los límites del compromiso o de la cláusula compromisoria, no puede por ello impugnar por nulidad la sentencia (n. 18); pero esta explícita remisión al art. 817, aun encontrándose al final del n. 4 del art. 829, solo tiene razón de ser en relación a la primera hipótesis en él prevista, que es la única que puede tomar origen de la actitud de las partes en el juicio y que, por tanto, puede en tal caso dar lugar a una explícita excepción antes de la emisión de la sentencia arbitral[66]. También en orden a esta diferencia en el régimen jurídico aludimos separadamente a los tres motivos de nulidad contemplados por el n. 4 del art. 829.

a) Por consiguiente, si los árbitros han pronunciado fuera de los límites del compromiso o de la cláusula compromisoria (o también, en este último caso, de las cuestiones en que hayan sido especificados los puntos controvertidos) y ello así porque se hayan atenido a las conclusiones con las cuales una de las partes haya sido la primera en extralimitarse de tales confines, la otra parte, que no haya incurrido en la preclusión sancionada por el art. 817, puede proponer impugnación por nulidad. Esto quiere decir que la sentencia arbitral no es, en cambio, atacable por este motivo cuando los árbitros no hayan seguido a la parte en sus extralimitaciones o cuando el adversario no haya elevado tempestivamente la excepción llamada de incompetencia (caso en el cual los árbitros terminan por juzgar también en mérito a las conclusiones exorbitantes); asimismo, es unánimemente admitido que no está legitimado para denunciar el vicio de que tratamos, quien haya sido la causa de él[67]. Por el contrario, la preclusión contenida en el art. 817, evidentemente, no entra en acción, y la sentencia arbitral es siempre impugnable por nulidad por el vencido, siempre que el pronunciamiento fuera de los límites del compromiso o de la cláusula compromisoria no tome origen de las conclusiones de las partes, sino que haya de imputarse exclusivamente a los árbitros[68].

---

66 Casación, 21 de febrero de 1955, n. 502 (*Rep. Foro it.*, 1955, voz *Arbitrato*, 189 y sigtes., ns. 144 y 145); y otras anteriores sentencias recordadas por LEVONI en la citada reseña de jurisprudencia (*Ibid.*, 1956, 1546); ELIA, *In tema di arbitrato* (*Giur. Compl. Cass. Civ.*, 1948, III, 275); SCHIZZEROTTO, *ob. cit.*, págs. 413 y sigtes., n. 160.

67 Corte de Apelación de Brescia, 19 de setiembre de 1961 (*Riv. dir. proc.*, 1952, II, 22 y sigtes., con nota de CARNELUTTI, *Pronuncia arbitrale fuori dai limiti del compromesso*, quien observa que la parte que haya propuesto la conclusión exorbitante, no puede impugnar la sentencia arbitral, no tanto en virtud del art. 167, cuanto en virtud del art. 817, que presupone la previa formulación por obra del impugnante de la excepción de exorbitancia); SCHIZZEROTTO, *ob. cit.*, pág. 414. n. 160.

68 Casación, 9 de agosto de 1948, n. 1447 (*Giur. Compl. Cass. Civ.*, 1948, III, 266, con la ya citada nota de ELIA); VECCHIONE, *ob. cit.*, pág. 379, n. 138, y *Questioni in materia di arbitrato*, cit. (*Giurispr. ital.*, 1955, I, 1, 163 y sigtes. para quien se trata en este caso de nulidad dependiente de efecto de competencia, y no de un *error in procedendo*, como lo había afirmado la Casación por la recordada sentencia, n. 1447 del 9 de agosto de 1948); SCHIZZEROTTO, *ob. cit.*, pág. 416, n. 160.

De todos modos, el pronunciamiento fuera de los límites del compromiso o de la cláusula compromisoria que sea denunciado con la impugnación y pueda ser tomado en consideración por el juez ordinario, da lugar más que a un vicio de ultrapetición (según acaece en la hipótesis prevista por el art. 112, del Cód. proc. civ.), a una exorbitancia por obra de un particular que, respecto del objeto exorbitante, no está siquiera investido en abstracto del poder para decidir: tan es así, que alguien habla en este caso de defecto de competencia en el árbitro[69]. Defecto que no es contemplable únicamente cuando las partes, así sea en curso del juicio arbitral, hayan ampliado concordemente, con uno o más escritos adicionales firmados por ellos, la materia del litigio, poniendo en existencia nuevos compromisos[70] o nuevas cuestiones, estas últimas en el caso de que el punto de partida esté representado por una cláusula compromisoria. A falta de lo cual, ningún argumento vale para justificar el exceso, ni siquiera el intento de favorecer o beneficiar a una parte con el consentimiento de la otra, si la primera no quiere aceptar el enriquecimiento o en general la ventaja; *invito beneficium non datur* [no se beneficia a nadie contra su voluntad][71]. Asimismo, no excluye el vicio de que tratamos, como no excluye ningún otro motivo de nulidad contemplado en el art. 829, ap. 1° (n. 46), el hecho de que las partes hayan declarado previamente el laudo no impugnable o hayan autorizado a los árbitros a que decidan según equidad[72]. En cambio, no es en modo alguno el caso de recurrir al n. 4 del art. 829 cuando los árbitros se hayan ajustado a la equidad en vez de hacerlo a las normas de derecho, o viceversa (n. 34), ya que en esta hipótesis no se trata de exorbitancia de los límites del compromiso, sino de violación de ley (n. 54, texto y nota 106)[73].

b) Al pronunciamiento fuera de los límites del compromiso corresponde, en sentido contrario, el no pronunciamiento sobre alguno de los objetos del compromiso o alguna de las cuestiones formuladas a base de una preexistente cláusula compromisoria. También aquí el problema se presenta, por un lado, como interpretación de la voluntad de las partes[74], es decir, a fin de comprobar qué es lo que han sometido en concreto a la decisión de los árbitros; y por otra, como interpretación de la decisión misma, a fin de ver si y dónde hay

69 Véase nota anterior.

70 Corte de Apelación de Genova, 27 de octubre de 1951 (*Temi Genov.*, 1952, 66); cfr. también Corte de Apelación de Milán, 31 de octubre de 1950 (*Giurispr. ital.*, 1951, I, 2, 615, con nota de FURNO, *Alcune questioni in materia di arbitrato*); SCHIZZEROTTO, *ob. cit.*, pág. 413, n. 160.

71 Coll. arb., 14 de julio de 1953 (*Acque, Bonif. Costr.*, 1955, 314).

72 Corte de Apelación de Génova, 15 de febrero de 1949 (*Foro Pad.* 1949, I, 243).

73 Para una serie de casos concretos en que la jurisprudencia más reciente ha admitido o negado que los árbitros hubiesen pronunciado fuera de los límites del compromiso, remitimos a la reseña de LEVONI (*Ibid.*, 1956, 1544 y sigtes.), mientras que el caso del pronunciamiento sobre las costas que no da lugar a tal defecto porque tiene carácter accesorio y es consecuencia natural del juicio, cfr. Corte de Apelación de Milán. 1° de febrero de 1952 (*Foro Pad.*, 1952, II, 19).

74 SCHIZZEROTTO, *ob. cit.*, págs. 415 y sigtes., n. 160.

efectivamente silencio por obra de la sentencia arbitral (tomada en su conjunto y, por tanto, también en la motivación y no solo en la parte dispositiva)[75] sobre una cuestión originariamente sometida a los árbitros y no renunciada luego por todas las partes[76]. A propósito de lo cual se ha decidido que no hay pronunciamiento emitido, por ejemplo, cuando los árbitros declaren no haber podido proveer sobre un punto por no estar suficientemente informados, o cuando después de haber afirmado el derecho al resarcimiento del daño, remitan la liquidación de él a una fase ulterior del juicio[77]; se ha conceptuado lo contrario en un caso en el cual la parte interesada había ofrecido la prueba y se podía, por consiguiente, dar curso a la instructoria[78]. Igualmente, se ha considerado nula la sentencia por la cual los árbitros, requeridos a resolver todas las cuestiones hereditarias y a llegar a una sentencia de división, se limitaron, en cambio, a establecer las cuotas ideales correspondientes a los coherederos, remitiendo a las partes ante un notario para la estimación del caudal hereditario, la formación de las cuotas y la estipulación del acto[79].

c) Según la tradición interpretativa formada bajo el imperio del código anterior[80], la sentencia arbitral es nula por contener disposiciones contradictorias cuando dicha contradictoriedad exista en las partes que constituyen la parte dispositiva, de modo que las unas sean inconciliables con las otras[81]. A este respecto la jurisprudencia no ha dejado en ocasiones de subrayar que el vicio de que se trata lleva a la no ejecutabilidad de la sentencia[82]; pero bueno será advertir que en la hipótesis de total ineficacia intrínseca, el laudo, aunque incapaz de producir efecto alguno tanto antes como después del vencimiento de los plazos para proponer la impugnación[83],

---

75 Corte de Apelación de Brescia, 14 de enero de 1955 (*Corti Brescia e Venezia*, 1955, 336).

76 Casación, 21 de mayo de 1942, n. 1371 (*Rep. Foro it.*, 1942, voz *Possesso*, 1084, ns. 86 y 87). Para la Corte de Apelación de Milán, 20 de abril de 1956 (*Temi*, 1956, 588), no constituye motivo de nulidad el haberse omitido el pronunciamiento en mérito a simples excepciones.

77 Así, bajo el imperio del art. 32, n. 2, del código anterior, Casación, 27 de enero de 1936 (*Giurispr. ital.*, 1936, I, 1, 158).

78 Corte de Apelación de Génova, 15 de marzo de 1955 (*Foro Pad.*, 1955. II, 23).

79 Corte de Apelación de Palermo, 29 de abril de 1955 (*Giust. Civ.*, 1955, I, 1180). En cuanto a otros casos en Que la jurisprudencia ha contemplado la presencia del vicio de omisión de pronunciamiento, cfr. la citada *Rassegna*, dirigida por ANDRIOLI, vol. IV, págs. 477 y sigtes.

80 CARNACINI-VASETTI, *ob. cit.*, pág. 679, n. 35.

81 Sobre este punto es numerosísima y constante la jurisprudencia: cfr., últimamente, Casación, 18 de octubre de 1956. n. 3694 (*Giust. Civ.*, 1956, I, 1819); Id., 12 de enero de 1956, *Ibid.*, 1956, I, 210, con nota de remisiones; Corte de Apelación de Génova, 31 de diciembre de 1955 (*Foro Pad.*, 1956, II, 22); Casación, 15 de octubre de 1955, n. 3183 (*Mass. Giur. ital.*, 1955, 774); Id., 2 de agosto de 1955, n. 2507 (*Ibid.*, 1955, 608); Id., 17 de diciembre de 1954, n. 4538 (*Giust. Civ.*, 1954, 2900, con nota de remisiones), mientras que para anteriores precedentes remitimos a la citada reseña de LEVONI (*Ibid.*, 1956, 1547 y sigtes.). En doctrina, últimamente, SCHIZZEROTTO, *ob. cit.*, págs. 416 y sigtes., n. 160.

82 Así Casación, 18 de octubre de 1956, n. 3694, citada en la nota anterior.

83 REDENTI, *ob. cit.*, vol. III, pág. 484, n. 271, I.

debe considerarse inexistente[84], con todas las consecuencias que de ello se siguen (n. 44 *in fine*). Por otra parte, si la contradictoriedad es entre los motivos o entre la parte dispositiva y la motivación, entonces o se excluye cualquier impugnación, como se la excluye, por ejemplo, cuando la *ratio decidendi* pueda ser contemplada en la valoración lógica y consecuente de las pruebas[85]; o bien, si el defecto no es superable con las normas de lógica jurídica y hace, por tanto, imposible la comprensión del pensamiento motivador del árbitro[86], se propende a denunciarlo bajo forma de falta absoluta de motivación (art. 829, ap. 1°, n. 5 [número siguiente])[87], aunque la sumaria motivación exigida para el laudo sea algo menor que la concisa exposición que el art. 132, n. 4, exige para las sentencias del juez ordinario[88].

51. DEFECTO DE REQUISITOS FORMALES DE LA SENTENCIA Y SU DEPOSITO TARDÍO

Los motivos de nulidad previstos por el n. 5 del art. 829, ap. 1°, ya considerados por otros más bien como diferentes[89], atañen a las lagunas en el contenido de la sentencia (*rectius* del laudo) o bien a lo tardío de su depósito. En consecuencia, conceptuamos también aquí oportuno hablar de ellos por separado.

a) Según lo hemos hecho notar en el n. 36, no todos los requisitos exigidos por el art. 823, ap. 29, lo son bajo pena de nulidad: no lo son, efectivamente, la indicación de las partes[90] ni la indicación del acto de compromiso o de la cláusula compromisoria y las cuestiones correspondientes, pues el n. 5 del art. 829, ap. 1°, remite únicamente a los cuatro requisitos siguientes. Entre éstos, el primero concierne a la exposición sumaria de los motivos que especialmente la jurisprudencia considera viciada, hasta en el caso del laudo pronunciado

84 CARNELUTTI, *Istituzioni*, cit., vol. II, pág. 236, n. 665, resuelve siempre este contraste en la inexistencia del laudo, cuando una de las disposiciones elida a la otra.

85 Corte de Apelación de Roma, 13 de enero de 1954 (*Foro Pad.*, 1954, I. 276 y sigtes.), con nota de VECCHIONE, *Motivazione del lodo arbitrale e impugnazione nel merito.*

86 Casación, 12 de enero de 1956, n. 27, cit.; Id., 8 de octubre de 1954, n. 3430 (*Giust. Civ.*, 1955, I, 1670); Id.. 18 de abril de 1951, n. 956 (*Mass. Giur. ital.*, 1951, 264); Id., 18 de agosto 1949, n. 2351 (*Ibid.*, 1949, 591). Cfr. también Corte de Apelación de Perugia, 27 de agosto de 1956 (*Mass. Giust. Civ.*, 1956, 28).

87 Principio unánimemente acogido en jurisprudencia: cfr. Casación, 18 de octubre de 1956, n. 3694, así como las otras sentencias recordadas por LEVONI, *loc. cit.*; y también, por todos, VECCHIONE, *Arbitrato.* cit., pág. 383, n. 139.

88 Corte de Apelación de Turín, 15 de marzo de 1950 (*Foro Pad.*, 1950. I, 634).

89 REDENTI, *loc. cit.*

90 Por lo demás, si las partes no han sido mencionadas en el laudo ni son en modo alguno identificables y el pretor ha dado igualmente el decreto previsto por el art. 825, más que de nulidad en virtud del art. 829 (y, por consiguiente, sanable) parece correcto hablar de inexistencia de la sentencia arbitral (n. 39).

según equidad[91], no solo cuando haya una laguna formal (de contenido = forma)[92], sino también, según lo hemos visto anteriormente (n. 50, *sub* c), en la hipótesis de motivos improcedentes, contradictorios entre sí o en oposición con la parte dispositiva, por lo cual exista una situación concretamente análoga a la proveniente de la falta absoluta de motivación. Ño decimos, por otra parte, que esta última no pueda ser breve, siempre que sea comprensible y lógica: lo que la ley trataría de evitar sería, según la interpretación predominante, que el laudo se reduzca a una incontrolable afirmación de verdad, sin reflejar un esquema de razonamiento fundado y deductivo[93]. Tan es así, que no hace mucho se ha dicho en resumen que hay defecto de motivación por falta de idoneidad cuando los árbitros no hayan explicado o no hayan conseguido explicar su decisión, o cuando hayan dado razones que lógicamente hubieran debido llevar a una situación distinta o abiertamente opuesta[94].

También a propósito del requisito siguiente, es decir, a propósito de la parte dispositiva (art. 823, ap. 2°, n. 4), se conceptúa que su falta debe entenderse, no solamente y no tanto en sentido formal (entre otras razones porque no se dice que la parte dispositiva deba ser netamente distinta de las otras partes del laudo), cuanto en sentido concreto. Con la consecuencia de que si del laudo no se sigue un mandato, o éste es inaplicable[95], se terminará por tener algo absolutamente distinto de la decisión prevista y deseada por las partes, y se podrá, por tanto, ir más allá de la disposición de la ley para reconocer que se trata de un caso, no de anulabilidad, sujeta como tal al régimen de la impugnación de que tratamos, sino más bien de nulidad intrínseca[96], siempre excepcionable y, como quiera que sea, siempre comprobable mediante un juicio autónomo de cognición (n. 44 *in fine*).

No hay mucho que hacer observar acerca de los otros motivos de impugnación dependientes de la falta de uno de los requisitos del laudo previstos, para los fines y los variados efectos uno a uno examinados en los ns. 5 y 6 del art. 823, ap. 2°[97]; solo recordaremos que recientemente se ha excluido que pueda inferirse el lugar de suscripción del laudo de una prueba

91 Andrioli, *Commento*, cit., vol. III, pág. 577.

92 Como escribe Redenti, *loc. cit.*

93 Corte de Apelación de Génova, 15 de marzo de 1955, eit.; Id. de Roma, 22 de enero de 1952 (*Rep. Foro it.*, 1952, voz *Arbitramento*, 165, n. 119); Id. de Caltanissetta, 11 de julio de 1949 (*Giurispr. ital.*, 1951, I, 2, 491); Schizzerotto, *ob. cit.*, pág. 420, n.

94 Vecchione, *Motivazione del lodo arbitrale e impugnazione*, cit., pág. 278.

95 En cuanto a la necesidad de que baya un mandato y éste sea aplicable, cfr. D'Onofrio, *Commento*, cit., vol. II, pág. 514, n. 1324; Andrioli, *loc. cit.*; Vecchione, *Arbitrato*, cit., pág. 384, n. 139; Schizzerotto, *ob. cit.*, pág. 421, n. 162.

96 Redenti, *loc. cit.*

97 Acerca de la correlación entre la indicación del lugar en que se ha firmado el laudo y la disposición del art, 824, cfr, Vecchione, *loc, cit.*

presuntiva[98], y que únicamente en la hipótesis de no suscripción (a la cual no subvenga la disposición del último apartado del art. 823) se habla de nulidad insanable, análogamente a lo que ocurre en el caso del art. 161, ap. 2°[99].

b) En cuanto al caso de que el laudo no haya sido depositado en los cinco días a partir de su firma (de la firma de la parte dispositiva únicamente: n. 38) recuérdese que, no estando ya concedido por el código vigente presentar reclamación contra el decreto de concesión de la ejecutoriedad (n. 40), ésta de la impugnación es ahora la única vía para denunciar la violación del plazo establecido por el art. 825, ap. 1°.

52. TARDÍO PRONUNCIAMIENTO DEL LAUDO

En el caso, recién contemplado, de depósito tardío del laudo, la obra del pretor, cuando él conceda igualmente el decreto de ejecutoriedad, solo es denunciable mediante la impugnación por nulidad. *A fortiori es* éste el único remedio ofrecido por la ley en la hipótesis de que el laudo haya sido pronunciado por los árbitros después del vencimiento del plazo indicado en el art. 820, ya que al respecto falta hasta el control preliminar del pretor. Además, el n. 6 del art. 829, ap. 1°, al indicar el motivo en examen, deja a salvo, y no podía menos de hacerlo, la disposición del art. 821, a tenor del cual, según vimos al hablar del plazo de pronunciamiento del laudo (n. 33), el respectivo transcurso no es denunciable como causa de nulidad si la parte, antes de la deliberación del laudo resultante de la parte dispositiva firmada por la mayoría de los árbitros, no notificó a las otras partes y a los árbitros que pensaba hacer valer su decadencia[100]. De todos modos, el tardío pronunciamiento del laudo, cuando sea todavía denunciable, lo hace exclusivamente anulable y no lo vicia nunca en su raíz[101]; lo cual no excluye que si no ha precluido la impugnación y se la acoge, deba luego establecerse qué consecuencias se siguen de ello hasta en orden al compromiso o a la cláusula compromisoria, a propósito de lo cual remitimos a la voz correspondiente (véase *Compromesso*).

53. INOBSERVANCIA DE LAS FORMAS PRESCRITAS PARA EL PROCEDIMIENTO

La última hipótesis, en la cual la impugnación por nulidad se admite no obstante cualquier previo renunciamiento, es aquella en que no se hayan observado en el procedimiento las formas prescritas para los juicios bajo pena

98 Casación, 12 de marzo de 1957 (*Giust, civ.*, 1957, I, 786).

99 REDENTI, *loc, cit.*

100 A propósito de todos los casos en que, a tenor de los ns. 2, 4 y 6 del art. 829, ap. 1°, la impugnación de nulidad está subordinada a la efectiva proposición en curso de causa de la excepción de la contraparte, así como de las cuestiones que de ello pueden seguirse, cfr. ANDRIOLI, *Commento*, cit., vol. III, pág. 578.

101 REDENTI, *loc. cit.*

de nulidad, cuando las partes hayan establecido su observancia a tenor del art. 816 y la nulidad no haya sido sanada (art. 829, ap. 19, n. 7). Al respecto solo tenemos aquí que remitirnos al estudio anteriormente realizado en orden a los requisitos formales del proceso arbitral (ns. 14-16), tanto más cuanto que nos preocupamos no solo de indicar cómo y en qué límites, mínimos y máximos, pueden ser impuestos, sino también de esclarecer la diversa importancia y, por tanto, las diversas consecuencias que de ello se siguen en caso de violación. Aquí nos limitaremos a agregar que la indagación sobre si la nulidad puede decirse sanada o no, debe efectuarse según las normas del Código de procedimiento civil, pero si no es necesario que a tales normas se haga remisión[102], sí que es necesario que no contrasten con las características ni con las reglas del juicio arbitral.

54. Violación de las reglas de derecho

Ya hemos recordado reiteradas veces (ns. 43 y sigtes.) cómo el código vigente ha innovado respecto del anterior, por una parte, al sustraer la sentencia arbitral al gravamen de la apelación y al del recurso de casación propuesto directamente contra ella, y por otra, al conceder la impugnación por nulidad también cuando los árbitros no hayan observado al juzgar las reglas de derecho, a menos que las partes los hubiesen autorizado a decidir según equidad o hubiesen declarado no impugnable el laudo (art. 829, ap. 2°). Por otra parte, en otra ocasión (n. 34), hemos aprobado la opinión corriente según la cual la previa declaración de no impugnabilidad del laudo, en cuanto lo sustrae a todo control acerca de si al juzgar se han respetado o no las reglas de derecho, equivale a abrir también aquí la puerta a una decisión según equidad; pero agregamos que, en tal caso, los árbitros, a diferencia de aquel en que las partes los hayan autorizado a ello con cualquier expresión, pueden, pero no deben, atenerse a la equidad, ya que en definitiva la elección en que inspirar la decisión se remite a ellos.

Descendiendo al estudio del ap. 2° del art. 829, conviene hacer presente que él, una vez promulgado, constituye desde el punto de vista formal una innovación respecto del proyecto de reforma Solmi, que también limitaba los gravámenes a la impugnación por nulidad y a la revocación (art. 621 del proyecto preliminar y art. 759 del definitivo), y que admitía la primera solo en los casos en que no es renunciable en vía preventiva (respectivamente arts. 623 y 761). Entre estos casos, correspondientes salvo alguna que otra variante a los siete actuales, se comprendía un octavo en virtud del cual la impugnación se concedía en origen "si los árbitros se han extralimitado de la obligación, a ellos impuesta, de observar las reglas de derecho" (art. 623, n. 4, del proyecto preliminar); pero posteriormente dicha hipótesis fue sustituida por la otra, más extensa, "si los árbitros no han observado las reglas de derecho, salvo

102 Así, Andrioli, *Commento*, cit., vol. III, pág. 578.

en los casos en que podían pronunciar como amigables componedores" (art. 761, n. 4, del proyecto definitivo)[103]. Así, del simple exceso respecto de la obligación de observar las reglas de derecho, se pasó a cualquier violación de ellas, en virtud de lo cual los autores del código vigente creyeron oportuno hacer un caso autónomo, totalmente distinto de los otros, también por el hecho de que respecto de él no vale la regla de la no renunciabilidad previa. Pero los precedentes del actual 2° ap. del art. 829, en un primer tiempo influyeron sobre su interpretación (y por eso volvimos a evocarlos aquí), en el sentido de que se trató de limitar el alcance de la norma vigente al caso de que los árbitros, sin estar a ello autorizados, abandonen las reglas de derecho y juzguen según equidad[104]. Tal interpretación, aunque alguien la vinculara (además de al proyecto preliminar Solmi) al espíritu del procedimiento arbitral[105], no podía ni puede conciliarse con la clara disposición de ley, ya que esta última no distingue en el ámbito de las inobservancias de las reglas de derecho, como se distinguiría si hubiera de tomarse en consideración únicamente la consistente en haber juzgado según equidad sin estar para ello autorizados[106]. En consecuencia, mediante la impugnación por nulidad, cuando las partes no hayan renunciado a ello declarando previamente el

---

103 Conforme sobre este punto del texto posteriormente propuesto por la Comisión de las Asambleas legislativas (art. 762, n. 4), que, sin embargo, partía de la premisa antitética según la cual los árbitros debían decidir siempre como amigables componedores, a menos que las partes hubiesen establecido en otra forma (art. 757) (n. 34).

104 Esta opinión fue sostenida primeramente por Satta, *Guida pratica per il nuovo processo civile ital.*. 2° ed., Padova, 1942, págs. 255 y sigtes., para quien en caso de error de derecho determinante como tal no de la nulidad, sino de la injusticia de la sentencia, no hubiera habido impugnación. A ella se adhirió en un primer tiempo la jurisprudencia: Corte de Apelación de Roma, 25 de julio de 1944 (*Giurispr. ital.*, 1946, I, 2, 192); Casación, 31 de julio de 1944, n. 454 (*Foro it.*, 1944-46, I, 321; *Giur. Compl. Cass. Civ.*, 1944, 366, con nota crítica, ya varias veces citada, de Micheli, *Sulla ammissibilità del ricorso per cassazione contro la sentenza che pronuncia sulla domanda di nullità della sentenza arbitrale*; *Riv. dir. proc.*, 1946, II, 175 con la recordada nota de Camber, *Sull'art. 829, ult. comma, del C. Proc. Civ.*). En el mismo sentido. De Martini (D.), *ob. cit.*, 2ª parte (*Foro Civ.*, 1950, págs. 63 y sigtes., n. 8).

105 Así, todavía, Satta, *Dir. proc. civ.*, cit., pág. 643, n. 544, quien, sin embargo, recoge ahora la orientación interpretativa ya dominante, reconociendo que "es acaso conforme a las exigencias prácticas". Cfr. también COSTA, *Manuale*, cit., pags. 89 y sigtes., 68.

106 Según algún autor, el caso de los árbitros que se hayan excedido al decidir según equidad una controversia sobre la cual las partes querían un pronunciamiento aplicando las reglas de derecho, entraría, no en el ap. 2° del art. 829, sino en el n. 4 del ap. 1° (así, por todos, Andrioli, *Commento*, cit. vol. III, pág. 579); una mención también en Furno, *Sul regime d'impugnazione delle sentenze equitative* (*Giurispr. ital.*, 1953, I, 2, 35 y sigtes., especialmente 41). En contra, Vecchione, *ob. cit.*, págs. 387 y sigtes., n. 140, con remisiones; también del mismo autor *Sull' impugnativa del lodo d'arbitri di equità* (*Riv. dir. proc.*, 1956, II, 187 y sigtes.); Schizzerotto, *ob. cit.*, págs. 417 y sigtes., n. 161; cfr. también Carnelutti, *Appunti sull' arbitrato d'equità* (*Riv. dir. proc.*, 1955, II, pág. 173), quien es asimismo de la opinión de que los árbitros, cuando por un error en la interpretación del compromiso o por cualquiera otra razón deciden según las reglas de derecho la controversia que las partes querían se resolviese según equidad, violan no solo el compromiso, sino también la ley y, en concreto, el art. 829; por lo cual la sentencia sería anulable en virtud del ap. 2° del art.

laudo no impugnable o cuando no hayan autorizado a los árbitros a decidir según equidad, es denunciable cualquier *error in iudicando* que se concrete en una violación o falsa aplicación de normas de derecho[107], sin que obste para nada que por los mismos motivos se pueda luego recurrir en casación contra la sentencia dada por el juez de la impugnación. Entre dichas normas entran, por ejemplo, también las del Código civil sobre la interpretación de los contratos[108], y en efecto el art. 1362 debe considerarse no observado cuando los árbitros se hayan limitado en el laudo al sentido literal de las palabras y no hayan indagado, sobre la base de las premisas, de todas las cláusulas contractuales y del subsiguiente comportamiento de las partes, cuál hubiera sido la común intención de los contratantes[109].

55. LA PROVIDENCIA DEL JUEZ SOBRE LA IMPUGNACIÓN DE NULIDAD

Así examinados los casos en los cuales es proponible la impugnación por nulidad, queda por ver qué puede hacer el juez ordinario cuando pronuncia sobre ella sin que le sea consentido tomar en consideración motivos de nulidad no deducidos por las partes[110]. Ante todo, hay que distinguir la hipótesis de admisión de la hipótesis de rechazo: efectivamente, en esta última la sentencia arbitral no es ya atacable mediante otra impugnación por nulidad mientras se proponga por otros motivos[111]; ella queda en pie aunque integrada y aclarada en su motivación por cuanto haya dicho el juez de la impugnación (aunque no se quiera llegar a reconocerle, como parece ser que no debe reconocérsele, el poder de corrección expresamente concedido a la Corte de casación, por el art. 384, ap. 2°, del Cód. proc. civ.)[112]. De todos modos, en el caso de rechazo, cae la

829, sin necesidad de recurrir a interpretación analógica alguna. A este propósito, cfr. lo que indicamos en el n. 50, *sub a*.

107 Así la jurisprudencia, a partir de la sentencia de la Casación, Sec. un., 5 de marzo de 1945, n. 142 (*Giurispr. ital.*, 1946, I, 1, 209; *Foro it.*, 1944-46, I, 227), hasta las más recientes decisiones de la Corte de Apelación, Florencia, 22 de noviembre de 1954 (*Giur. Tosc.*, 1956, 59), de la Corte de Apelación de Génova, 15 de marzo de 1955 (*Foro Pad.*, 1955, II, 33) y de la Casación del 11 de diciembre de 1956, n. 4403 (*Giust. civ.*, 1957, I, 425), además de las otras intermedias recordadas por SCHIZZEROTTO, *ob. cit.*, pág. 424, n. 164, nota 659. En doctrina cfr. además de los autores citados en la nota anterior, también CARNELUTTI, *Istituzioni*, cit., vol. II, pág. 236, n. 665; REDENTI, *loc. cit.*

108 Casación, 6 de julio de 1955, n. 2091 (*Foro it.*, 1956, I, 37); Corte de Apelación de Roma, 17 de mayo de 1955 (*Acque, Bonif. Costr.*, 1955, 551, con la ya citada nota de GUGLIELMI, *Sull'azione di nullità delle sentenze arbitrali*); Tribunal de Palermo, 6 de mayo de 1955 (*Giur. Sicil.*, 1955, II, 62).

109 Así en particular, Corte de Apelación de Roma, 17 de mayo de 1955, cit.

110 Así Casación del 17 de julio de 1953, n. 2368, cit. (*Giust. civ.*, 1953, 255).

111 Sobre esta obvia consecuencia del rechazo de la impugnación por nulidad, cfr. SCHIZZEROTTO, *ob. cit.*, pág. 434, n. 167.

112 La opinión según la cual al juez de la impugnación le correspondería el poder de corrección que el art. 384, ap. 2°, le reconoce a la Corte de Casación, es sostenida, en cuanto a los laudos decididos según las reglas de derecho, por D'ONOFRIO, *Commento*, cit., vol. II, págs.

suspensión de la ejecución que hubiese sido concedida en pendencia del juicio a tenor del art. 830, 2° ap., mientras que la parte vencida que proponga luego recurso de casación contra la sentencia dada por el juez de la impugnación, puede valerse del art. 373 para pedirle que disponga de nuevo la suspensión o que se preste conveniente caución, pero esta vez no ya en virtud de su poder discrecional (n. 41), sino solamente cuando de la ejecución pueda seguirse grave e irreparable daño.

En la hipótesis contraria, en que la impugnación sea acogida, el resultado al cual se llega es ante todo el de una declaración de nulidad o de anulación del laudo con carácter de *iudicium rescindens*, que representa la garantía ordinaria, más amplia y más segura, contra posibles degeneraciones y exorbitancias del arbitraje[113]. No sin razón en el código se dice que "el pretor, el Tribunal o la Corte de apelación, cuando acoge la impugnación, declara por sentencia la nulidad del juicio arbitral y de la sentencia" (art. 830, ap. 1°). Además, con esta norma, que no admite distinción alguna y que atribuye incluso a la aceptación de la impugnación el efecto de quitar de en medio no solo la sentencia sino también todo el juicio arbitral, parece en particular que el legislador hubiese querido recalcar la opinión, afirmada no sin notables disentimientos bajo el imperio del menos explícito código de 1865[114], según la cual un motivo cualquiera de nulidad, una vez declarado cierto, derroca el laudo entero. En consecuencia, se tiende todavía a considerar este último como un acto unitario, y se continúa hablando de una indivisibilidad de él[115] que contrasta con la regla sancionada

---

513 y sigtes., n. 1324, pero es combatida, si bien sea en virtud de distintos argumentos, por la doctrina restante: cfr. ANDRIOLI, *Commento*, cit., vol II, pág. 577; VECCHIONE, *ob. cit.*, pág. 383, n. 139; SCHIZZEROTTO, *ob. cit.*, págs. 420 y sigtes., n. 162.

113 REDENTI, *ob. cit.*, vol. III, pág. 482, n. 271, I.

114 Acerca de la llamada indivisibilidad del laudo bajo el imperio del código anterior, cfr. CARNACINI-VASETTI, *ob. cit.*, págs. 681 y sigtes., n. 38; así como también, posteriormente ANDRIOLI, *L'indivisibilitd del lodo arbitrale* (*Riv. dir. proc. civ.*, 1939, II, 249 y sigtes.), quien negaba que el tal principio tuviese alcance general y sobre todo que fuese una consecuencia del vicio de omisión de pronunciamiento.

115 En efecto, la jurisprudencia ha retornado a esta opinión en forma indiscutida: cfr., además de la interesante sentencia pronunciada bajo el imperio del viejo código, por la Casación, 26 de julio de 1941, n. 2274 (*Rep. Foro it.*, 1941,. voz *Arbitramento*, 103, n. 47); Id., 3 de octubre de 1953, n. 3159 (*Giurispr. ital.*, 1955, I, 1, 160). Id., 7 de abril de 1954, n. 1076 (*Ibid.*); Id., 19 de junio de 1954, n. 2114 (*Ibid.*, 159); Id., 21 de setiembre de 1954, n. 2453 (*Foro it.*, 1954, I, 1396); Corte de Apelación de Roma, 17 de mayo de 1955, cit. Id., de Génova, 22 de julio de 1955 (*Foro Pad.*, 1955, II, 69). En doctrina, cfr. CARNELUTTI, *Istituzioni* cit., vol. II, pág. 236 n 665; ID., *Pronuncia arbitrale fuori dei limiti del compromeso* (*Riv. dir. proc.*, 1952, II, 22); GARBAGNATTI, *Sulla nullità della sentenza arbitrale che abbia pronunciato fuori dei limiti del compromesso* (*Foro Pad.*, 1952, I, 337); ID., *Ancora in tema de nullità della sentenza arbitrale* (*Ibid.*, 1956 I, 171); DA MILANO, *loc. cit.*; GUGLIELMI, *loc.* cit.; VECCHIONE, *ob. cit.*, págs. 377 y sigtes., n. 138; ID., *Questioni in materia d'arbitrato*, cit. (*Giurispr. ital.*, 1955, I, 1, 161); un dato también en REDENTI, *ob. cit.*, vol. III, pág. 484, n. 271, I; mientras que SCHIZZEROTTO, *ob. cit.*, págs. 428 y sigtes., n. 166, en el principio de la indivisibilidad de la sentencia arbitral, compartido por él, encuentra apoyo para la tesis según la cual el laudo parcial solo sería impugnable juntamente con el definitivo (n. 37).

por el art. 159, ap. 2°, y que parece remontarse a tiempos lejanos cuando a propósito de la apelación se escribía que "*in secunda instantia agatur non de re in prius indicium deducta,... sed potissimum de sententia prius lata, quae sua vi individua esse censetur* [en la segunda instancia, trátase no de la cosa deducida en el primer juicio..., sino principalmente de la sentencia primeramente dada, que por su propia fuerza se considera indivisible]"[116]. Y los intérpretes, salvo alguna que otra excepción[117], no se conceptúan autorizados para apartarse del dictado de ley y para distinguir los casos en que evidentemente se trata de un vicio que afecta a la sentencia entera (según ocurre, por ejemplo, cuando esta última ha sido pronunciada en virtud de un compromiso nulo a tenor del η. 1 del art. 829, ap. 1°, o por quien no podía ser árbitro por incapacidad o había sido nombrado no ritualmente, o había decaído por transcurso del plazo, etc.), de los otros en los cuales el motivo de la nulidad no invalida necesariamente toda la decisión, como puede no invalidarla cuando consiste en la *ultra petitio* o en un defecto de pronunciamiento o en disposiciones contradictorias, o bien en un cualquier *error in iudicando* a tenor y dentro de los límites del art. 829, ap. 2°. A lo más se admite que, si hay algo sano, pueda ser luego utilizado o reproducido en el *rescissorium.*[118].

Excluido así, según la opinión de la mayoría, que la singular sentencia arbitral pueda salvarse en parte, no queda más que tratar de conciliar esta indivisibilidad de cada uno de los laudos, considerado en su aspecto estrictamente formal, con la opinión hoy dominante especialmente en jurisprudencia, y según la cual a los árbitros les es permitido, en cambio, en el curso del juicio, emitir laudos parciales y además inmediatamente impugnables (aunque solo sea porque respecto de ellos no está prevista la reserva de gravamen) y de dividir de este modo el objeto del compromiso y en general de la controversia a ellas deferida (n. 37). Al respecto parece ser que hay que ver en cada caso, si anulado el laudo parcial mientras continúa

---

116 Cfr. Carnacini, *Il litisconsorzio nelle fasi di gravame*, Padova, 1937, pág. 5 y allí bibliografía.

117 Cfr. sobre todo Andrioli, *Commento*, cit., vol. III, pág. 576, quien considera todavía válido todo lo sostenido por él en el citado escrito acerca de la *Indivisibilità, del lodo arbitrale*; así como también Rubino, *Sull'indivisibilità del lodo*, citado por Schizzerotto, *ob. cit.*, pág. 430 en nota. Véase también D'Onofrio, *Commento*, cit., vol. II, pág. 512, n. 1324, después de haber escrito en polémica con Andrioli, que el defecto de ultrapetición inficiona en su totalidad al laudo, agrega, sin embargo, que el principio de la indivisibilidad no debe ser aplicado cuando llegue a faltar la razón de ella. Entre las sentencias pueden incluirse en la dirección aquí mencionada, las siguientes, entre las primeras después de la entrada en vigor del código actual: Casación, 7 de junio de 1943, n. 1388 (*Rep. Foro it.*, 1943-45, voz *Arbitramento*, 110, n. 37); Id., 16 de febrero de 1945, n. 33 (*Ibid.*, 1943-45 voz *Arbitramento*, 110, n. 38); Corte de Apelación L'Aquila, 25 de julio de 1950 (*Ibid.*, 1950, voz *Arbitramento*, 142, n. 131); Corte de Apelación de Brescia, 15 de octubre de 1951 (*Foro Pad.*, 1952, I, 336 y en *Riv. dir. proc.*, 1952, II, 22), casada luego por la Corte Suprema con la citada sentencia del 21 de setiembre de 1954, n. 2453. En cuanto a la eficacia solamente parcial de la anulación se ha pronunciado *in iure condendo* el Convegno (Congreso) de Cadenabbia (*Atti*, cit., págs. 69, 116 y 200).

118 Así Redenti, *loc. cit.*

en curso el procedimiento arbitral acerca de las cuestiones sin decidir todavía, éste (que en espera de la decisión del juez ordinario sobre el laudo parcial, podría haber quedado en el ínterin suspendido si concurren los extremos del art. 819) resulta ya con ello improcedible (porque el vicio comprobado atañe, por ejemplo, a la validez del compromiso o de la cláusula compromisoria, o bien a la capacidad de un árbitro) o se pueda, en cambio, proseguir todavía, salvo la obligación en los árbitros de ajustarse al pronunciamiento del juez de la impugnación sobre los puntos decididos[119]. Lo cierto es que, en este último caso (el cual puede darse cuando el laudo parcial haya sido anulado, por ejemplo, por uno de los motivos contemplados en el n. 5 del art. 829, ap. 1°, o por un error *in iudicando*), no se puede ya decir que el arbitraje dé a las partes la decisión global que habían ellas mostrado desear cuando habían determinado la materia del litigio (n. 18), ni que la tal decisión quede totalmente eliminada, como debería ocurrir si fuese en definitiva única la suerte de todas las cuestiones resueltas por los árbitros. A una consideración análoga se llega en la hipótesis, todavía más clara, en que la anulación afecte al laudo definitivo por un vicio propio de él y no toque, en cambio, al laudo parcial que haya pasado ya en cosa juzgada en el momento de la proposición de la impugnación contra el definitivo o pase en ella posteriormente gracias a la autonomía de cada una de las impugnaciones y a la consiguiente bifurcación del proceso[120]. En consecuencia, solo queda concluir reconociendo que el principio de la llamada indivisibilidad de cada uno de los laudos no es suficiente para asegurar un destino único a la controversia encomendada a los árbitros, ya que se consiente que esta última sea resuelta mediante varios laudos impugnables por separado; por consiguiente, adicionalmente a las críticas que ya se han hecho a este principio, se pregunta uno si vale todavía la pena de prestarle obsequio.

56. El eventual nuevo juicio sobre el fondo

Una vez eliminada la sentencia arbitral, cualquiera que haya sido el motivo de anulación en virtud del art. 829, se pasa del *iudicium rescindens* al *iudicium rescissorium*, aun continuando este último de competencia del mismo juez de la impugnación, que sin más provee a él (salvo eventuales complicaciones)[121], tal como acaece en los juicios de revocación (art. 402). Al respecto dispone

---

119 Redenti, *ob. cit.*, vol. III, pág. 486, n. 271, I.

120 Por poner algún remedio a los inconvenientes dependientes de dicha bifurcación Redenti, *loc. cit.*, sostiene que para salvar la impugnación del laudo parcial es necesario impugnar también el definitivo y en lo posible reunir ambas impugnaciones. Pero esta reunión no es realizable si en el momento del pronunciamiento del laudo definitivo no es conseguible ya la primera impugnación.

121 Dependientes, por ejemplo, de que surja una cuestión prejudicial a tenor del art. 34, o de la proposición de la querella de falsedad: sobre esto, cfr. Redenti, *ob. cit.*, vol. III, págs. 485 y sigtes., n. 271, I.

la ley que en caso de admisión de la impugnación el pretor, el Tribunal o la Corte de apelación, no solo declara por sentencia la nulidad del juicio arbitral y de la sentencia, sino que pronuncia también sobre el fondo si la causa está en condición de ser decidida, o bien remite con ordenanza la causa al instructor cuando para la decisión del fondo sea necesaria una nueva instrucción (art. 830, ap. 1°). Siendo tal la compenetración en el mismo procedimiento o fase de causa entre el *rescindens* y el *rescissorium* (y viceversa) , nos parece que este último puede no encontrar lugar ante el juez de la impugnación solo en el caso excepcional, encontrado por la jurisprudencia, en que el examen del fondo corresponda a un juez especial (o sección especializada), quedando en firme la competencia del juez ordinario en cuanto a la anulación (n. 45). Fuera de esta hipótesis, no encontraríamos otras: en particular no nos parece que se consienta a las partes limitar su instancia al *rescindens*, como si el pasaje al *rescissorium* se remitiese a su libre discreción y no estuviese dispuesto por la ley[122]; mientras que no compartimos la opinión de quien en el caso de nulidad insanable y radical, igual a la jurídica inexistencia de la sentencia arbitral, conceptúa que la impugnación pueda y acaso deba limitarse a la declaración de certeza de la nulidad, sin dar lugar al *rescissorium* (*quodammodo* [en cierto modo] casación sin reenvío)[123], por el simple motivo de que, como ya hemos visto (n. 44), el remedio para nosotros utilizable en esta hipótesis consiste, no en la impugnación en virtud de los arts. 827 y sigtes., sino únicamente en la acción autónoma de declaración negativa de certeza, tal como debe proponerse ante el juez de primer grado.

Sobre el fondo se abre así una nueva fase de juicio, que se desarrolla ante la autoridad judicial ordinaria, aunque esté todavía en vigor la cláusula compromisoria de la cual haya tomado origen el proceso arbitral[124]. Esta nueva fase debe quedar dentro de los límites del *thema decidendi* ya sometido a los árbitros[125], salvo la facultad para las partes de precisar, dentro de dichos

---

122 En cambio, D'Onofrio, *Commento*, cit., yol. II, pág. 517, n. 1328, seguido por Vecchione, *ob. cit.*, pág. 370, n. 134, reconoce a las partes la facultad de limitar de común acuerdo la discusión a la sola disputa sobre la nulidad, reservando para otro momento la definición del fondo; en contra, esto es, en el sentido sostenido en el texto, Andrioli, *Commento*, cit., vol. III, pág. 581, y Camber, *ob. cit.*, pág. 179, nota 4.

123 Redenti, *ob, cit.*, vol. III, pág, 482, n. 271, I.

124 Cfr. por todos, Redenti, *ob. cit.*, vol. III, pág. 435, n. 271, I, quien observa exactamente que de este modo la cláusula compromisoria perderá efecto para aquel determinado caso (respecto del cual, agregamos, se podría decir que su efecto ha sido ya consumado), pero conservará vigor para todas las demás controversias que puedan todavía caer bajo su imperio. Sobre la imposibilidad, por otra parte, de remitir la causa para el juicio rescisorio para otro colegio arbitral, cfr. Casación, Sec. un., 26 de marzo de 1957, n. 1048 (*Mass. Giust. Civ.*, 1957, 415).

125 Schizzerotto, *ob. cit.*, pág. 433, n. 167, texto y nota 672 cop remisiones de jurisprudencia y de doctrina, a las cuales hay que agregar: Corte de Apelación de Lecce, 30 de junio de 1955 (*Corti Bari, Lecce e Potenza*, 1956, I, 80); Corte de Apelación de Génova, 29 de mayo de 1954 (*Banca Borsa, Tit. Cred.*, 1955, II, 91); Corte de Apelación de Venecia, 21 de mayo de 1948 (*Temi*, 1948, 436).

confines, sus instancias y conclusiones[126], y de integrar las pruebas que se sumen a las ya recogidas en el procedimiento arbitral todavía utilizables, pero libremente valorables[127]. A su vez el juez de la impugnación, al decidir el fondo, no puede menos de atenerse siempre a las reglas de derecho, pues en orden a él no tiene importancia el hecho de que las partes en el compromiso o en la cláusula compromisoria hayan requerido una decisión según equidad[128]; por consiguiente, en este último caso, la anulación de la sentencia arbitral por uno de los motivos indicados en el art. 829, ap. 1°, implica no solo la caída de la sentencia misma y la renovación del examen del fondo por obra de un juez ordinario y no ya de un árbitro, sino también el cambio del parámetro al cual debe ajustarse el juez. A menos que las partes no pidan de común acuerdo al juez de la impugnación que el fondo sea también decidido según equidad, ya que, aun no contemplando en la impugnación por nulidad una apelación (n. 44), creemos aplicable al juicio rescisorio del art. 830, ap. 1°, el art. 114 que admite dicho requerimiento también en segundo grado; con esto además, que aquí, a diferencia de lo que ocurre en el proceso ordinario, habría un juicio equitativo, que, gracias a la anulación, ocuparía el puesto de otro igualmente hecho según equidad.

Aunque la ley hable de la ordenanza solo como providencia mediante la cual el colegio, en los juicios de impugnación, en que sea competente el Tribunal o la Corte de apelación, remite la causa al instructor, es con ella con la que se dan también aquellas providencias para la nueva instrucción que entran en la competencia (interna) del órgano obligado a decidir si dicha nueva instrucción es o no necesaria. Por lo demás, en lo que concierne a la sentencia con la cual el juez de la impugnación se limita a acogerla o a resolver una parte del fondo, salvo remitir en cuanto a lo demás al instructor, es opinión predominante que entra bajo el régimen de las sentencias parciales[129], con todas las consecuencias que de ello se siguen también acerca de su impugnabilidad, inmediata o diferida, con los medios anteriormente indicados (n. 43).

---

126 Corte de Apelación de Palermo, 12 de mayo de 1954 (*Foro Sic.*, 1954, 216).

127 REDENTI, *loc. cit.*

128 En efecto, no ha tenido seguidores la opinión según la cual el juez de la impugnación tendría que decidir el fondo según equidad cuando las partes hubiesen pedido una simple decisión a los árbitros: en este sentido, COBIANCHI, *Il giudizio arbitrale di equità e il riesame del merito nel caso di annullamento della sentenza arbitrale* (*Monit. trib.*, 1949, 289); G. NAPPI, *Volontà delle parti e giudizio arbitrale secondo equità* (*Ibid.*, 1949, 289); ahora COBIANCHI, *Il patto di riferimento all'equità e l'annullamento della sentenza arbitrale* (*Ibid.*, 1950, 33): G. NAPPI, *Sulla sopravvivenza nel giudizio ordinario della volonta delle parti consacrata nel compromesso* (*Ibid.*; 1950, 34). En contra, ROCCO DI TORREPADULA, *Ancora in tema di pronuncia giudiziale ordinaria secondo equità* (*Ibid.*, 1950, 33); REDENTI, *loc. cit.*; VECCHIONE, *ob. cit.*, pág. 395, n. 143; SCHIZZEROTTO, *ob. cit.*, págs, 434 y sigtes., n. 167.

129 Casación, 9 de octubre de 1953, n. 3284 (*Mass. Foro it.*, 1953, 628); Id., 19 de junio de 1954, n. 2115 (*Giurispr. ital.*, 1955, I, 1, 159); SCHIZZEROTTO, *ob. cit.*, pág. 434, n. 167; en contra, VECCHIONE, *Questioni in materia di arbitrato*, cit., págs. 164 y sigtes., el cual contempla en ello una sentencia definitiva, pero el mismo autor en la más reciente reseña sobre el arbitraje (*Riv. dir. proc.*, 1957, 174), ha aprobado la jurisprudencia a que aquí remitimos.

57. La instancia de revocación

Ya hemos visto cómo el art. 827 declara que la sentencia arbitral es impugnable también con la instancia de revocación (n. 43). Pero el art. 831, si es conforme al correspondiente art. 30 del código de 1865 en admitir dicha impugnación pese a cualquier renuncia, se aparta de él, ya en el hecho de limitarla a los casos indicados en los ns. 1, 2, 3 y 6 del art. 395, ya en el de encomendar su cognición al juez superior a aquel que hubiese sido competente para conocer la causa, ya finalmente en el de exigir expresamente, para que se pueda pedir la revocación, que esté precluida la impugnación por nulidad.

De ello se sigue que los motivos contemplados en los ns. 4 y 5 del art. 395, no entrando siquiera entre aquellos por los cuales se concede la impugnación por nulidad[130], no pueden de todos modos servir para atacar la sentencia arbitral[131]; mientras que se pregunta uno qué ocurre si el descubrimiento del dolo o de la falsedad, o la recuperación de los documentos, o el pronunciamiento de la sentencia de que se habla en el n. 6, ocurren cuando no haya vencido todavía el plazo para proponer la impugnación por nulidad o cuando esté en curso el juicio correspondiente. Para resolver este problema, es preciso aclarar ante todo el significado de la premisa "cuando no puede proponerse impugnación por nulidad", teniendo presente, por un lado, que esta última, siendo por sí misma limitada, no absorbe los motivos de la revocación[132], y por otro, que la sentencia dada en sede de impugnación es a su vez atacable por medio de la revocación (n. 43). Por tanto, parece que hay que responder que la sentencia arbitral está sujeta a revocación extraordinaria cuando sobre ella haya de excluirse que pueda pronunciarse el juez de la impugnación, por lo cual, antes de ese momento, no queda más que suspender a tenor del art.

---

130 Contra la absorción en general de los motivos de revocación entre los de la impugnación de nulidad, cfr. Andrioli, *Domanda, di nullità e revocazione di sentenza arbitrale* (*Riv. dir. proc.*, 1946, I, 60 y sigtes.). También *Commento,* cit., vol. III, pág. 582, para quien no tiene razón D'Onofrio, *Commento,* cit., vo. II, pág. 519, n. 1329, cuando escribe que Andrioli habría cambiado en esta última obra la opinión sostenida en el otro escrito (en realidad es con tal escrito con lo que ha rectificado él la opinión expresada en la primera edición del *Commento*). Cfr. también Casación de 7 de mayo de 1952, n. 1275 (*Rep. Foro it.*, 1952, voz *Arbitramento,* 165, ns. 122, 123 y 124); Corte de Apelación de Nápoles, de 13 de junio de 1955 (*Dir. e Giur.*, 1955, 400). En cambio Satta, *Dir. proc. civile*, cit., pág. 644, n. 546, aun dejando constancia del texto inequívoco de ley, alude a la posibilidad de coordinar la revocación con la impugnación por nulidad, atribuyendo a esta última, si se la propone, el efecto de absorber a la primera.

131 Así Casación del 7 de mayo de 1952, n. 1275, cit.: Vecchione, *ob. cit.*, pág. 400, n. 146; Schizzerotto, *ob. cit.*, pág. 441, n. 171. Andrioli, *Commento*, cit., vol. III, pág. 582, afirma pero sin motivarlo, que la revocación sería experimentable por todos los motivos indicados en el art. 395, pero no vemos cómo pueda superar el inequívoco dictado del art. 831. En el sentido sostenido en el texto, Costa, *Manuale*, cit., págs. 90 y sigtes., n. 68, con quien, sin embargo, no estamos de acuerdo cuando, a pesar de que el art. 831 no remita al art. 397, admite que el Ministerio público pueda proponer la revocación contra la sentencia arbitral pronunciada sobre controversias no comprometibles.

132 Cfr. Las citas contenidas en la penúltima nota.

295 el juicio de revocación que haya sido oportunamente instaurado según el art. 326, ap. 2°[133]. No nos parece, en cambio, que el remedio consista, como querría una orientación doctrinal[134], en invocar el art. 396, ap. 29, que prorroga el plazo de la apelación (no el plazo para proponer revocación), en forma que se llegue a los treinta días a partir de la fecha del acontecimiento que legitima la revocación por los ns. 1, 2, 3 y 6 del art. 395: en efecto, no se trata aquí de facilitar la proposición de una impugnación capaz de absorber los motivos de la revocación misma, según ocurre con la apelación; los dos medios que la ley consiente contra la sentencia arbitral, son totalmente autónomos y, por tanto, en caso de concurso, faltando una explícita disposición que para uno suspenda el plazo, no queda más que dejarlos proponer los dos, salvo aprovechar luego el art. 295 para asegurar el juicio que debe dar la precedencia al otro: si este último no llega a puerto, entonces el proceso en revocación tendrá vía libre y, de lo contrario, no queda más que dirigir la revocación contra la sentencia del juez de la impugnación, pidiendo en todo caso su reunión con la ya instaurada.

También en lo que concierne a las formas con las cuales debe proponerse la instancia de revocación, el art. 831 remite explícitamente a las normas contenidas en el libro II del código. De aquí la necesidad de que vaya precedida del depósito para multa y que se la proponga ante el juez competente a tenor del art. 831, y no ante aquel de que se habla en el art. 398, ap. 1°, mediante acto de citación firmado por un defensor provisto de mandato especial y que contenga la indicación del motivo y de las pruebas mencionadas en el segundo apartado del antedicho art. 398[135]. Dicha citación y el escrito de respuesta deben ser depositados a tenor del art. 399, mientras que el juez de la revocación puede pronunciar, previa instancia de parte incluida en el auto de citación, la ordenanza prevista en el art. 373, con el mismo procedimiento en cámara de consejo allí establecido (art. 401).

---

133 Cfr. ANDRIOLI, *locs. cits.* En cambio, la Corte de Apelación de Génova, por sentencia del 17 de mayo de 1948 (*Temi*, 1948, 632), llegó incluso a excluir que la demanda de revocación sea admisible simultáneamente con la de nulidad, o cuando esta última haya sido ya propuesta y rechazada. En el mismo sentido, Corte de Apelación de Trieste, 13 de mayo de 1955 (*Rass. Giuliana*, 1955, 269).

134 Esta orientación toma su origen de una afirmación no motivada de GIUDICEANDREA, *ob. cit.*, vol. II, pág. 406, n. 357; luego adoptada también por VECCHIONE, *ob. cit.*, página 401, n. 146, y por SCHIZZEROTTO, *ob, cit.*, pág. 442, n. 171.

135 Sobre la aplicabilidad del art. 398, ap. 2°, a la revocación propuesta contra una sentencia arbitral, cfr. Corte de Apelación de Turín, 15 de enero de 1957 (*Giust, civ.*. 1957, I. 716).

Bibliografía

A) Para el conocimiento de la doctrina italiana sobre el Código de Procedimiento Civil de 1865, así como para el conocimiento de la doctrina extranjera, ambas hasta el año 1937, remitimos a CARNACINI y VASETTI en *Nuovo Digesto Italiano*, voz *Arbitri*, Torino, 1937, vol. I, págs. 648 y sigtes.

B) En cuanto a la doctrina sobre el código viejo, de 1937 a 1942, véanse:

Obras de carácter general: REDENTI, *Profili pratici del diritto processuale civile*, 2° edic., Milano, 1939, págs. 189 a 201.

Monografías: BARBARESCHI, *Gli arbitrati*, Milano, 1937.

Artículos, notas, escritos menores varios: entre los más importantes: BARBARESCHI, *Arbitro amichevole compositore, che giudica secondo diritto* (*Riv. Ital. Sc. Comm.*, 1937, 316); ID., *Liquidazione degli onorari degli arbitri* (*ibid.*, 1938, 56); ID., *Questioni in tema di poteri degli arbitri* (*ibid.*, 1939, 215); ID., *Nullità del lodo arbitrale per violazione di norme di ordine pubblico* (*ibid.*, 1940, 169); MICHELI, *Nullità del lodo arbitrale per deposito presso pretore incompetente* (*Rivista Dir. Proc. Civ.*, 1937, II, 141); ID., *Nullità del lodo arbitrale per violazione dell'art. 19 C. Proc. Civ. e rapporto fra l'azione di Nullità e il giudizio penale* (*ibid.*, 1939, II, 211); BASSANO, *Sede e nazionalità dell'arbitrato* (*Giur. Ital.*, 1938, I, 2, 33); BRANDI, *Il reclamo contro il decreto pretorio e l'impugnazione per motivi di nullità* (*Dir. e Giur.* 1938, 273); D'ONOFRIO, *Liquidazione del compenso agli arbitri e valore del lodo come titolo esecutivo a loro favore* (*Riv. Dir. Proc. Civ.*, 1938, II, 114: ANDRIOLI, *L'indivisibilità del lodo arbitrale* (*Ibid.*, 1939, II. 249); ID., *Arbitrato e arbitraggio nei trasferimenti coattivi* (*Foro Ital.*, 1940, I, 814); ZOLA, *Rinunzia a lodo arbitrale e caducazione del lodo per postuma cessazione del compromesso* (*Giur. Tor.*, 1939, 1295); CALABRIA, *Liquidazione delle spese e dell'onorario degli arbitri* (*Temi Lomb.*, 1939, 761); L. FERRARA, *Incapacità o incompatibilità ad essere arbitro* (*Giur. Ital.*. 1940, I, 1, 665); CACCIA, *Lodo non depositato e mezzi d'impugnativa* (*Giur. Tor.*, 1941, 117).

C) Con relación a la doctrina sobre el Código de Procedimiento Civil vigente, se consultarán:

Obras de carácter general: ANDRIOLI, *Commento al Codice di Procedura Civile*, 2ª edic., Napoli, 1947, vol. III, págs. 526 a 582; CALAMANDREI. *Istituzioni di diritto processuale civile*, Padova, 1944, vol. II, págs. 172 a 179; CARNELUTTI, *Istituzioni del processo civile italiano*, 5ª edic., Roma, 1956, vol. I, págs. 63 a 68; vol. II, págs. 230 a 237; CASTELLANI, *Diritto processuale civile*, Asti, 1948, págs. 167 a 169; CIOFFI, *Commento teorico-practico del Codice di procedura Civile*, Roma, 1957, vol.

III, págs. 482 a 558; COSTA, *Manuale di Dir. Proc. Civ.*, Torino, 1955, págs. 79 a 92; D'ONOFRIO, *Commento al Codice di Procedura Civile*, 4ª edic., Torino, 1957, vol. II, págs. 470 a 519; JAEGER, *Diritto processuale civile*, 2ª edic., Torino, 1943, págs. 73 a 75, 817 a 831; ID., *Corso di diritto processuale civile*, Milano, 1956, págs. 511 a 529; LUGO, *Manuale di diritto processuale civile*, Milano, 1955, págs. 373 a 384; REDENTI, *Diritto processuale civile*, 2ª edic., Milano, 1954, vol. III, págs. 445 a 487; U. ROCCO, *Corso di teoria e pratica del processo civile*, Napoli, 1951, vol. I, págs. 109 a 137; ID., *Trattato di diritto processuale civile*, Torino, 1957, vol. I, págs. 128 a 147; SATTA, *Diritto processuale civile*, 5ª edic., Padova, 1957, págs. 631 a 644; ZANZUCCHI-VOCINO, *Diritto processuale civile*, 5ª edic., Milano, 1955, vol. I, págs. 33 y 34.

Monografías: VECCHIONE, *L'arbitrato nel sistema del processo civile*, Napoli, 1953; NOBILI, *L'arbitrato delle associazioni commerciali*, Padova, 1957; CAPPACCIOLI, *L'arbitrato nel diritto amministrativo*, I: *Le Fonti*, Padova, 1957; SCHIZZEROTTO, *Dell'arbitrato*. Milano, 1958.

Artículos, notas, escritos menores varios: en consideración a su número ingente, remitimos a las citas contenidas a pie de página en este trabajo, así como a NAPOLITANO, *Dizionario bibliografico delle riviste giuridiche italiane*, Milano, 1956, págs. 98 a 103, y *Prima appendice*, Milano, 1957, págs. 21 a 22.

Reseñas de jurisprudencia: FAZZALARI, *Arbitrato* (*Rivista Dir. Proc.* 1946, II, 190); SBAIZ, *Arbitrato* (*Riv. Trim. Civ.*, 1948, 417); ROGNONI, *Arbitrato* (*Riv. Dir. Proc.*, 1953, II, 123); LEVONI, *Arbitrato*, 1ª parte (*Riv. Trim. Civ.*, 1956, 1079) ID., *Arbitrato*, 2° parte (*ibid.*, 1956, 1516); VECCHIONE, *Arbitrato* (*Riv. Dir. Proc.*, 1957, 141); *Rassegna di giurisprudenza sul Codice di Procedura Civile*, dirigida por V. ANDRIOLI, Milano, 1955, vol. IV, págs. 379 a 487.

D) Derecho comparado y extranjero (siempre posterior a 1937): *Atti del convegno internazionale per la riforma dell'arbitrato*. Milano. 1955; NOBILI, *L'arbitrato in America e l' "American Arbitration Association"* (*Riv. Dir. Comm*, 1957, II, 71); VECCHIONE, *Prospettive per una disciplina uniforme dell'arbitrato nelle legislazioni europeo* (*Annuario Dir. Comp. e Studi Legislat.*, 1957, XXXII); GAUPP-STEIN-JONAS-SCHÖNKE-POHLE, *Kommentar zur Zivilprozessordnung*, 18ª edic., Tübingen, 1956, vol. II, *sub* § 1025-48; BAUMBACH-LAUTERBACH *Zivilprozessordnung*, 24ª edic., München-Berlin, 1956, *sub*, 1025-48; ROSENBERG, *Lehrbuch des deutschen Zivilprozessrechts*, 7ª edic., Müncnen-Berlin, 1956, 807-39; ZOLLER, *Zivilprozessordnung*, 7ª edic., München, 1954, *sub* § 1025-48; SCHÖNKE, *Zivilprozessrecht*, 7ª edic., Karlsruhe, 1951, 438-60; Id., *Die Schiedsgerichtsbarkeit in Zivil-und Handelssachen in Europa*, Berlín, vol. I, 1944; vol. II, 1948; SCHÖNKE-KIELWEIN, *Die Schiedsgerichtsbarkeit in Zivil-und Handelssachen in Europa*, Berlin-Köln, 1956, vol. III; SCHÖNKE, *Das Schiedsgerichtsverfahren nach dem heutigen deutschen Recht*, 2ª edición, Berlín- Köln, 1954; FEES, *Schiedsgerichtsordnung vom 1 Oktober 1954, in der Fassung der Verornung*, München, 1955; BALSER-BOGNER, *Schiedsvertrag und Schiedsverfahren*, Frankfurt, 1954; SCHOTTELIUS, *Die kaufmännische Schiedsgerichtbarkeit*, Bremen, 1953; HABSCHEID, *Schiedsverfahren und freiwillige Gerichtsbarkeit* (*Zeitschrift für Zivilprozess*, 1953, LXVI, 188);

DANNENBRING, *Ueber die Bindung der private Schiedsgerichte an das materielle Recht. Zugleich ein Beitrag zur Kenntnis des amerikanischen Rechts* (*ibid.*, 1952, LXV, 136); MARX, *Der heutige Zustand der nationalen und internationalen Schiedsgerichtssysteme, Mitteilungen der deutschen Gruppe der Internationalen Handelskammer*, 1951, n. 4; MEIDINGER, *Der Begriff des ausländischen, Schiedsspruchs*, Erlangen, 1948; BEITZKE, *Zuständigkeitsstreit zwischen Staatlichem Gericht und Schiedsgericht* (*Zeitschrift für deutschen Zivilprozess*, 1937, LX, 317); WOLFF, *Grundriss des österreichischen Zivilprozessrechts*, 3ª edic., Wien, 1947, 252 y sigtes.; VIZIOZ, *Etudes de procédure*, Bordeaux, 1956, 585-92; BOBERT, en *Encyclopédie juridique Dalloz*, voz *Arbitrage*, Paris, 1955, vol. I, 232; AA., en *Juris-classeur de procédure civile*, voz *Arbitrages*, Paris, 1951, vol. VII, *sub* art. 1003-28; MOREL, *Traité élémentaire de procédure civile*, 2ª edic., Paris, 1949, 543-59; GLASSON, TISSIER y MOREL, *Traite de procédure civile*, 3ª edic., Paris, 1936, V. 308-406; ROBERT, *Traité de Varbitrage civil et commercial en droit interne*, 2ª edic., Paris, 1955; RETAIL, *Code annoté de l'expertise et de l'arbitrage*, Paris, 1954; GRECH, *Les chambres arbitrales et l'arbitrage commecial*, Paris, 1952; EISEMANN, *Projet d'une loi uniforme sur Varbitrage en droit privé, Chambre de commerce internationale*, 1947; ROSENTHAL, *Projet d'une loi uniforme sur Varbitrage, Chambre de commerce internationale*, Memorandum, Doc. n. 7992; BRISSAUD-GUEYDEN, *L'évolution sociale et la pratique de l'arbitrage*, Paris, 1939; MOUTON, *Nature juridique de la sentence arbitrale en droit privé et dans les conflits collectifs du travail*, Paris, 1938; LANDRAU, *L'arbitrage, dans le droit anglais et français comparés*, Paris, 1933; UNION INTERNATIONALE DES AVOCATS, *Arbitrage international commercial*, Paris, 1955; CANTINI, *L'arbitrage en procédure civile vandoise*, Lausanne, 1951; GÜLDENER, *Das schweizerische Zivilprozessrecht*, Zürich, 1947, 176; BERNARD, *Lärbitrage volontaire en droit privé, l'arbitrage en droit interne Belge et Français.* Étude critique comparée. L'arbitrage en *droit international privé. Droit comparé*, Bruxelles-París, 1937; BRAAS, *Précis de procédure civile*, 3ª edic., Bruxelles-Liége, 1945, 748-59; PRIETO CASTRO, *Derecho procesal civil*, 1ª edic., Madrid, 1956, vol. II, 266-301; ID., *Estudios y comentarios para la teoría y la práctica procesal civil*, Madrid, 1950, vol. II, 435-93; GUASP, *Derecho Procesal Civil*, Madrid, 1956, 1310-15; MENÉNDEZ-PIDAL, *Derecho procesal social*, Madrid, 1950, 217-22; DE LA PLAZA, *Derecho procesal civil español*, 39 edic., Madrid, 1955, II, 2, 521-31; PRIETO CASTRO, *El arbitraje según la legislación y la jurisprudencia españolas* (*Rev. Der. Proc. Argentina*, 1944, I, 171); ERCILLA, *Juicio arbitral* (*Enciclopedia Jurídica Española*, XX, 171); SIERRA POMARES, *Juicio de amigables componedores* (*ibid.*, XX, 194); RAMIRO PODETTI, *Tratado del proceso laboral*, Buenos Aires, 1949, 396-406; SÁNCHEZ PALACIOS, *El procedimiento arbitral en el Perú* (*Revista Der. Proc. Argentina*, 1945, I, 404); GRASSI, *Del juicio de árbitros y amigables componedores*, Buenos Aires, 1942; BATALLA GARCÍA, *Juicio de árbitros y amigables componedores*, Barcelona, 1945: GONZÁLEZ CERVANTES, *El arbitraje en materia civil y su aplicación al servicio social*, México, 1951; CASTRO ORTIZ, *El juicio arbitral en el código de procedimientos civiles del distrito y territorios federales*, México, 1948; MARTÍN PÉREZ, *La conciliación y el arbitraje en el derecho comparado* (*Secretaría del Trabajo de Previsión Social*, México, 1942); DOS REIS, *Comentario do Código de Processo*

Civil. Coimbra, 1946, III, 428-32; Burnand, Diamond, Burnett-Hall, *The annual practice 1957*, London, 1957, 3502-53; Kiralfy, *The English legal system*, 2ª edic., London, 1956, 345-50; Jackson, *The machinery of justice in England*, Cambridge, 1953 79-81; Russell, *On the law of arbitration*, 15ª edic., London, 1957; Cohn, *The unification of the law of commercial arbitration* (*transactions of the Grotius Society*, 24, 1938); Sturgess, *Same general Standards for a State arbitration Statute* (*Arbitration Journal*, 1952, 7); *Commercial arbitration and awards*, Kansas City, 1930: Sturgess-Murphy, *Same confusing matters relating to arbitration under the United States Arbitration act* (*Law and Contemporary Problems*, 1952).

Para una amplia reseña bibliográfica hasta el verano de 1954, cfr. finalmente: Alcalá Zamora, *Estudios y bibliografía sobre arbitraje de derecho privado* (*Revista de la Facultad de Derecho de México*, 1954, IV, 125-42).

Legislación. Arts. 806 a 831 C. Proc. Civ.; art. 196 D. Att. C. Proc. Civ.

ARBITRAJE
de Tito Carnacini
se imprimió en la República Argentina en marzo de 2021.

Made in United States
North Haven, CT
04 November 2026

21775152R00097